韩笑 著

# 旅游休闲小镇：
## 中国新型城镇化的创新与探索

四川大学出版社

责任编辑:陈　纯
责任校对:梁　胜
封面设计:优盛文化
责任印制:王　炜

**图书在版编目(CIP)数据**

旅游休闲小镇:中国新型城镇化的创新与探索 / 韩
笑著. —成都:四川大学出版社,2018.12
　ISBN 978-7-5690-2698-6

Ⅰ.①旅…　Ⅱ.①韩…　Ⅲ.①旅游业-关系-城市化
-发展-研究-中国　Ⅳ.①F592.3②F299.12

中国版本图书馆 CIP 数据核字（2018）第 293169 号

| | |
|---|---|
| 书　名 | 旅游休闲小镇——中国新型城镇化的创新与探索 |
| 著　者 | 韩　笑 |
| 出　版 | 四川大学出版社 |
| 地　址 | 成都市一环路南一段24号(610065) |
| 发　行 | 四川大学出版社 |
| 书　号 | ISBN 978-7-5690-2698-6 |
| 印　刷 | 三河市华晨印务有限公司 |
| 成品尺寸 | 185 mm×260 mm |
| 印　张 | 14 |
| 字　数 | 323 千字 |
| 版　次 | 2019年4月第1版 |
| 印　次 | 2019年4月第1次印刷 |
| 定　价 | 55.00 元 |

◆读者邮购本书,请与本社发行科联系。
电话:(028)85408408/(028)85401670/
(028)85408023　邮政编码:610065
◆本社图书如有印装质量问题,请
寄回出版社调换。
◆网址:http://press.scu.edu.cn

# 序

## 一

1984年9月，费孝通在《瞭望》杂志发表了《小城镇大问题》的调研报告，成为中国小城镇研究的开门之作，同年发表的《小城镇再探索》《小城镇苏北初探》《小城镇新开拓》等系列文章，引起中共中央、国务院及有关部门、学界的持续关注。1995年4月，中国国家体改委、中央机构编制委员会、财政部、建设部、农业部、民政部、公安部、统计局、国土局等11个部委联合发布了农村小城镇建设的指导性文件，并于当年11月与世界银行、亚洲开发银行等国际组织在北京召开了"中国小城镇建设高级国际研讨会"；1996年，11部委得到联合国开发计划署约180万美元的研究资助，与各省协商确定了首批57个国家级试点城镇。次年，国家级试点城镇扩大到100个。1998年10月党的十五届三中全会通过的《中共中央关于农业和农村工作若干重大问题的决定》指出："发展小城镇，是带动农村经济和社会发展的一个大战略。"（这就是后来文献中广泛使用的"小城镇大战略"）2000年中共中央、国务院发出了《关于促进小城镇健康发展的若干意见》（中发〔2000〕11号，简称中央11号文件），将发展小城镇作为"当前和今后较长时期农村改革与发展的一项重要任务"。进入21世纪，（小）城镇问题始终是我国三农问题、城乡协调发展的核心议题，党的十九大提出了"乡村振兴战略"，小城镇、特色城镇再次成为事关全国特别是农村社会经济发展的热门话题。

## 二

小镇本身是个充满情怀的词语，蕴涵着乡愁，自带特色。农业经济时期，小城镇通常是指集镇，是"十里八乡"范围内人口相对集中，手工业发达，集市贸易繁荣的地方。以往由于生产力落后，交通不发达，人们交往范围有限，小镇建设因地制宜、就地取材，生活也是"五里不同风，十里不同俗"，所以自然地具有各自地域风貌、社会民情特色。这类小城镇的特色主要体现为自然环境特色、乡土建筑特色、社会风貌特色、居民生活特色等。

镇在成为行政区域之后，政治社会经济管理功能、服务功能增强，必然要加强市政建设，强调经济发展。事实上，由乡改镇的核心指标就是产业规模和非农人口比例。我国农村工业化、城镇化过程中，以"一品一村、一乡（镇）一业"起步，逐渐形成产业集群，这个时期以产业聚集为特色的小镇得到很大发展，全国出现了众多知名度很高的特色小镇。这些特色小镇当时流行冠之以"XX都""XX城"之名。旅游特色小镇依不甘落后，有"温泉之都""生态之城"等。

# 三

我国早期的旅游休闲小镇大多属于传统古镇，丽江、凤凰、周庄等是其典型，利用保存完好的历史风貌，发展了观光、休闲、旅游接待服务等功能，旅游是这类小镇的主体功能。后来，旅游向更广的领域扩展，文化、生态、健康养生等蓬勃发展，相应地出现了民俗文化旅游小镇，森林旅游小镇等。

在政府层面推动发展旅游小城镇是比较早的。2006年5月26日国家旅游局和住建部联合召开了"全国旅游小城镇发展工作会议"。当时的背景是国家层面主推社会主义新农村建设，发展乡村旅游、建设旅游小城镇被看做是乡村发展的一种手段。

旅游特色小镇的提法由时下流行的"特色小镇"析出而来。2015年12月底，习近平总书记对浙江省"特色小镇"建设作出重要批示，"抓特色小镇、小城镇建设大有可为，对经济转型升级、新型城镇化建设，都大有重要意义"。此后，各部门、各地区迅速行动推动特色小镇建设。2016年7月，住建部、发改委、财政部三部委联合发布《关于开展特色小镇培育工作的通知》，要求到2020年，培育1000个左右各具特色、富有活力的休闲旅游、商贸物流、现代制造、教育科技、传统文化、美丽宜居等特色小镇，引领带动全国小城镇建设，不断提高建设水平和发展质量。住建部两年期间公布了两批次共403个国家级特色小镇。特色小镇建设强调休闲旅游功能，各部门建设旅游特色小镇热情高涨，文化部、国家体育总局发布了各自的特色（休闲）小镇建设计划。各地方政府除了尽力争取进入国家级名单外启动了省级、县级建设方案。

韩笑是非常上进的青年学者，既注重学术前沿理论探究、也有在旅游行政管理部门从事规划组织和大型旅游企业经营管理的丰富经历。她从新型城镇化的创新视角讨论旅游休闲小镇建设与发展，其著作《旅游休闲小镇：中国新型城镇化的创新与探索》出版之际嘱我写序，深感荣幸，书数语，以为序。

马 波

二零一捌年十二月二十六日于青岛大学

# 前言

为避免快速城镇化带来的各种社会问题和环境问题，我国实施了新型城镇化战略。《中共中央关于全面深化改革若干重大问题的决定》明确指出："坚持走中国特色新型城镇化道路，推进以人为核心的城镇化，推动大中小城市和小城镇协调发展、产业和城镇融合发展，促进城镇化和新农村建设协调推进。"相较传统城镇化，新型城镇化更强调内在质量的全面提升，在2013年底召开的全国新型城镇化工作会议中强调了新型城镇化"要让居民望得见山，看得见水，记得住乡愁""要保护和弘扬传统优秀文化，延续城市历史文脉"。

2016年年初，中央强调要在供给侧改革的基础上大力发展全域旅游。目前，我国旅游业开始从传统的以快节奏观光旅游为主逐步转向以慢节奏休闲度假为主，新型城镇化也从以往的忽视本土文化传承转向弘扬和延续城市历史文脉。这种新形势决定了我国的新型城镇化必须走特色发展之路。2016年，住建部、国家发改委和财政部联合发布了《关于开展特色小镇培育工作的通知》，提出计划到2020年，全国培育1000个各具特色、富有活力的休闲旅游、商贸物流、现代制造、教育科技、传统文化、美丽宜居等特色小镇，引领带动全国小城镇建设，在公布的首批127个特色小镇名单中，旅游类特色小镇共有64个，优势明显。

随着我国进入经济发展新常态，新型城镇化建设成了我国未来综合发展顶层设计的核心主题。本书正是结合这一时代背景，围绕旅游休闲小镇建设的现实需要展开探讨。本书内容共分为七章。第一章介绍了旅游休闲小镇与新型城镇化的概念，对旅游休闲小镇的相关概念进行了辨析，分析了旅游休闲小镇在新型城镇化建设中的重要意义及其建设的指导思想和基本原则，并指出了目前旅游休闲小镇建设中存在的问题与发展趋势。第二章围绕旅游休闲小镇的规划与设计展开论述，梳理了旅游休闲小镇规划的理论基础，分析了旅游资源的开发与规划，并简要介绍了旅游休闲小镇的总体规划和详细规划。第三章的主要内容是旅游休闲小镇的业态创新与优化，分析了常见的旅游业态、业态创新策略及业态优化。第四章提出了旅游休闲小镇的开发模式，阐述了旅游休闲小镇的开发动因与逻辑，分析了总体开发架构，并探讨了开发要点。第五章分析了旅游休闲小镇的运营与品牌打造，从运营理念、运营要点以及品牌的打造三方面进行了详细论述。第六章分析了旅游休闲小镇的投融资问题，总结了目前旅游休闲小镇投融资的现状与特点，探讨了旅游休闲小镇的投融资模式创新，论述了旅游休闲小镇的投融资规划和相应的保障体系。第七章分析了旅游休闲小镇的评价体系，并在总结国内外旅游休闲小镇建设的实践与经验的基础上提出了我国旅游休闲小镇建设的对策与建议。

由于笔者水平和学识有限，本书难免会存在一些不足，请广大读者指正并谅解！

韩笑

2018 年 5 月

# 目 录

# 第一章

## 旅游休闲小镇与新型城镇化

随着社会主义市场经济的快速发展，我国城镇化进程逐步加快，城镇化水平日益提高。但城镇化过程中的各种问题和矛盾也不断涌现。为了确保城镇的健康发展，党中央作出了建设城镇、推进新型城镇化的重大战略部署。历史的发展表明，新型城镇化没有统一的模式，许多国家都依据自身的国情选择了适合的新型城镇化道路。我国是一个地域辽阔的多民族大家庭，历史文化、民情风俗、自然条件和经济发展速度均有所不同。这就决定了我们要从实际出发，创造出既有地方特色又有时代特色，并可持续发展和风貌独特的城镇，才能更好地推动城镇建设向更高的水平发展。旅游休闲小镇的提出便是这样的一种创新和探索。

# 第一节　旅游休闲小镇概念解析

2016 年，作为"促进经济转型，推动新型城镇化和新农村建设"重要载体的特色小镇，成为国家城镇化发展的战略选择。作为特色小镇的一个下属分类，旅游休闲小镇不仅顺应旅游业发展的基本逻辑，也贴合我国基于城镇化发展的框架结构。旅游休闲小镇以旅游资源为依托，以城市规划标准和旅游业规划要求为前提，发展旅游业，使城镇建设与城市的旅游职能相互配合，从而实现产业发展与城镇建设的产城一体化系统整合。

## 一、旅游休闲小镇概述

### （一）旅游休闲小镇的概念

关于旅游休闲小镇，学术界还没有统一明确的定义。各地在旅游开发实践中形成了对旅游休闲小镇的一种普遍认识，即旅游休闲小镇是指依靠发展中极具开发价值的旅游资源，提供旅游服务和产品，并在休闲产业和旅游业的支持下集聚相对较大比例的旅游业人口。这不是行政概念，是集度假村、特色小镇、观赏景区一体的"旅游景区"或"旅游综合体"。

从大的方面来看，旅游休闲小镇是小城镇中的一部分，但与建制村镇的概念又有所不同。从一般规律上看，旅游休闲小镇位于乡镇政府所在地，与行政区域为一体的概率很高，这是由于镇政府的所在地一般是该地区经济、政治和文化的中心，是区域内资源与资金、人口与文化的聚集区，开发基础相对较好。尽管如此，但对大部分的旅游休闲小镇而言，其本身并不是行政建制村镇，这些小镇可能依托于某项突出的旅游资源（如生态资源、历史文物等）在建制村镇的其他区域形成旅游聚集区。

从旅游休闲小镇的区位、资源特色、市场特征等来看，部分旅游休闲小镇（如位于乡镇区域内或以农业资源为基础的旅游休闲小镇）在一定程度上隶属于乡村旅游的范畴，但作为旅游产品，旅游休闲小镇与乡村旅游又有很大的不同。乡村旅游的核心是依托生态、自然或文化资源解决"三农"问题，而旅游休闲小镇是基于生态、自然或文化资源发展泛旅游产业，兼顾解决"三农"问题，更侧重城镇生产生活体系的构建。

从旅游观光产品、休闲和娱乐的角度来看，旅游休闲小镇不仅是游客旅游的度假胜地，也是"旅游综合体、旅游聚集区或新兴旅游目的地"。旅游休闲小镇的建设并不是一个普遍的景区视角，游客来此不是单一的观光或休闲，而是有多种目的的旅游；旅游休闲小镇也不是一般的度假区，因为旅游者来此不仅仅是为了度假，还有更多样的个性化旅游需求。旅游休闲小镇是保留原住民生活结构的新兴旅游目的地，旅游者的观光、休闲、娱乐、购物等多种需求在这里都可以得到满足。

### （二）旅游休闲小镇的特点

#### 1. 具有丰富的旅游资源，聚集大量的旅游要素

一般来说，建设旅游休闲城市需要具有丰富的旅游资源。旅游资源主要涉及可以吸引游客和具有旅游产品开发价值的东西，其中包含有形和无形的资源，自然的、文化的或者社会上的资源。与邻近地区相比，旅游和娱乐经济中的旅游资源明显具有优势，资源丰富，特色鲜明。大量的旅游要素的聚集是旅游资源发展必然带来的产物，特别是建设基础设施和公共服务机构。

#### 2. 以旅游产业为主导产业并具备完整的产业链

旅游休闲小镇建设必须具有一个完整的产业链，可以为游客提供娱乐服务、日常生活旅行服务，包括吃饭、住宿、旅行和金融服务等。城镇产业发展的主要核心是旅游业，而且旅游业和相关产业在经济发展方面起着领导和引领作用，还能提高产业之间的凝聚力。它在整个产业结构系统中占有很大比例，产业增长效率高，对城镇的经济发展产生了重大影响。

#### 3. 政府主导作用突出

政府在发展旅游休闲小镇方面起着重要作用，这个特点在中国尤其显著。我国的旅游休闲小镇的发展和演化过程中政府主导作用的形成是受中国的政治制度和文化传统的影响，在这样的影响下，政府的角色越来越重要。

#### 4. 分布规律与地域区位有关

旅游休闲小镇的分布受到地域区位的影响，呈现规律性。地域区位包括小镇的地理位置是否处于旅游重要路线、城镇和运输主要道路之间的距离、城镇与邻近大城市的距离等，这些都会影响旅游休闲小镇的分布。

### （三）旅游休闲小镇的分类

#### 1. 从建设模式角度

旅游休闲小镇从设计模式的角度来加以区分，包括大规模成片开发和由下到上生长两种模式小镇。

大规模成片开发，是由具有一定能力的公司进行大片区的旅游开发，开发区域的面积可大可小。从下到上生长的小镇，主要是接待小型旅游团队，旅游服务业和休闲娱乐业逐渐成为领先的主导行业，拉动整个地区的经济增长，同时旅游服务业人员和游客已成为小镇最大比例的人口，小镇规模也从以前几个街区发展为传统意义上的小镇。

#### 2. 从建筑风貌角度

小镇的建筑主要有中国传统的古镇和带有异域风光的小镇两种类型。

　　中国传统的古镇主要是具有中国传统建筑风格，包括具有悠久历史和文化的小镇以及新建造的古城古镇，如乌镇西栅、西塘等。带有异域风光的小镇是少数民族城镇或者是带有异国风情的小镇，如丽江古城。

　　**3. 从旅游主题角度**

　　从旅游主题类别来看，依据提供给游客的适宜休闲度假的旅游产品来划分，旅游休闲小镇大致可以分为六大类。

　　（1）文化休闲类。这类旅游休闲小镇主要以传统文化、历史文化、宗教文化等作为主题，具有浓郁的文化氛围，如平遥古城、佛教道教小镇、三国文化小镇等。

　　（2）运动休闲类。例如，高尔夫度假小镇、滑雪小镇、少林功夫小镇等依托某种休闲体育运动的休闲度假城镇。

　　（3）民俗休闲类。丽江古城、彝人古镇等展示民俗文化的旅游休闲城镇。

　　（4）艺术休闲类。壁画小镇、音乐小镇等用特定艺术手段营造休闲氛围的城镇。

　　（5）饮食休闲类。茶文化小镇、葡萄酒小镇等以饮食文化为主题的旅游休闲小镇。

　　（6）特定主题类。温泉小镇、滨海旅游休闲小镇等以当地特色旅游资源为依托的旅游休闲小镇。

　　**4. 从依托旅游资源的角度**

　　旅游休闲小镇主要依靠优越的休闲条件、运输交通或者环境并结合周围城市旅游资源，建设游客既可以休闲也可以旅游的分布集聚中心和具有特色发展结构的城镇。其类型主要分为以下三类。

　　（1）景区依托型旅游休闲小镇。此小镇既可以实现游客的分散聚集，分担景区压力，也可以对游客进行旅游休闲服务，这两个是小镇的核心功能。依托著名的圣地或旅游景区，基于旅游休闲需求，确定发展方向，重点开发地产、休闲、商业等。该小镇的发展通常借助周边景区的吸引力，承担数量众多的旅游者的接待任务，以分散景区接待游客的压力，促进旅游业发展。

　　（2）大城市依托型旅游休闲小镇。城郊休闲小镇基于强大的旅游城市市场需求应运而生。这类小镇非常适合接待城市居民、农业观光者等，目前接待的主体和数量相对较大。

　　（3）文化资源依托型旅游休闲小镇。以当地的风土人情、民俗文化等资源为依托，在特色旅游休闲产品和特色旅游业地产项目的支持下，建立人们熟知的古城、古镇等城市化发展结构。

## 二、旅游休闲小镇与特色小镇

　　特色小镇是依赖某一特色产业和特色环境因素（如地域特色、生态特色、文化特色等）建立的一个综合发展体系，具有一定的社区功能、文化内涵、明确的产业方向和旅游特征。旅游休闲小镇实质上是特色小镇中的一个下属分类，其结构不仅符合旅游业发展的基本逻辑，还符合城市化发展的基本框架。

不仅如此，旅游还是特色小镇发展中不可或缺的一种动力。比如，浙江省要求非旅游类特色小镇必须按照 3A 级景区的标准建设，国家发改委发布的《关于加快美丽特色小（城）镇建设的指导意见》中，鼓励具有条件的小城市建立不低于 3A 级的景区，将美丽资源转化为"美丽经济"。因此，顺应未来的发展趋势，特色小镇都应该成为旅游休闲小镇。

以著名的古北水镇与古北口镇为例，对旅游休闲小镇与特色小镇两种架构进行解析。

古北水镇由 IDG 战略资本、中青旅控股股份有限公司、乌镇旅游股份有限公司和北京能源投资（集团）有限公司共同投资建设，北京古北水镇旅游有限公司统一运营。古北水镇的收益构成除门票外，还包括全部的生活消费收益，即旅游者的住宿、餐饮、购物、娱乐以及各种各样的活动收益，因此古北水镇以景区方式出现的是一个具有完整系统的封闭式的综合体，是一个达到完美的旅游综合体的典范模式，它可以实现所有消费收入的完整覆盖。也就是说，古北水镇将所有旅游收入都放在一个封闭的系统中，并在垄断收入结构模式和全方位覆盖模式下创造了高溢价。它是巨额投资下实现旅游收益的典范。

古北口镇为北京市密云区辖镇，面积 84.71 平方千米，古北水镇则为古北口镇区划内的一个独立封闭式景区，面积 9 平方千米。古北口镇有两大核心区结构，一个是古北水镇核心，另一个是新的开放式的长城古镇。后一个核心作为原来建制镇中心区文化传承的载体，主要打造长城古镇核心聚集区。长城古镇以长城为核心，以古北口的口文化为重点，以水关结构为发展区，形成两万到三万个床位，大规模吸纳游客，构成大量的可以随时往返不需要门票的开放式度假区。其经营模式与收益模式与封闭式结构的古北水镇有明显不同。在经营模式方面，长城古镇采用"古镇免费＋景点收费"的开放模式进行经营。即古镇免费对外开放，在古镇内打造若干景点，景点联合起来形成一张120～150 元的门票。经营模式的不同直接导致了两个小镇收益模式的差异。古北水镇的收益由"三分之一的门票收入、三分之一的酒店收入、三分之一的景区综合收入"构成，主要包括索道、温泉、餐饮住宿、娱乐演艺、展览等项目收入；长城古镇则由联票、地产与休闲消费构成，包括旅游板块的综合演艺、门票、旅游商品、交通、产品体验、游乐等项目收入，以及土地升值、商铺地产、客栈地产、公寓地产、产业地产、住宅地产等地产板块收入。比较而言，开放式结构的长城古镇比封闭式结构的古北水镇在收益结构方面更加多样、灵活。

综上所述，以古北水镇、长城古镇为代表的旅游休闲小镇与以古北口镇为代表的特色小镇相互支撑，相互促进。旅游休闲小镇通过资本的运作，旅游核心吸引力的打造，形成商业化的收益模式和市场化产业。进而形成与区域发展、就业融合的协调发展机制，这成为旅游休闲小镇开发建设的核心理念。

### 三、旅游休闲小镇与旅游综合体

城市综合体的概念引出了旅游综合体的概念，但它们之间存在不同之处。城市综合体是一个基于城市的建筑群(功能聚合和国家密集的城市经济聚合)，它集商业零售、商务办公、酒店餐饮、公寓住宅、综合娱乐于一体，是"城中之城"。还可以把旅游综合体称为"度假(休闲)综合体"，主要以旅游休闲为导向，在拥有一定土地资源与旅游资源的基础上，进行综合开发，并以度假酒店集群、综合休闲项目、休闲地产社区为核心功能构架，从而建成服务水平较高的旅游休闲聚集区。作为聚集综合旅游功能的特定空间，旅游综合体是一个泛旅游产业聚集区，也是一个旅游经济系统，还具有成为旅游休闲目的地的可能性。2008年，杭州市政委员会第十四次全体会议明确介绍了100座城市建筑复杂的战略计划，并第一次引入了多个旅游综合体的构建想法。

旅游休闲小镇不是单一的旅游景区或产业园区，也不完全是建制镇，而是旅游景区、产业集聚区、新型城镇化发展区三区功能合一、产城乡一体化的新型城镇化模式。旅游综合体是一种特殊的新型城镇化形态，既不是传统的旅游景区，也不是纯粹的住宅社区，也并非是新型的农村社区，它是非建制就地城镇化的典范，实现了泛旅游产业集约、旅游人口集约及相关配套设备集成的发展。由以上分析可知，旅游休闲小镇与旅游综合体的本质类似，两者之间存在以下共同点。

第一，都需要依托本地区的土地和旅游资源。旅游资源和土地是构建旅游综合体和旅游休闲小镇的前提。这里提到的旅游资源是指包含人工资源在内的泛观光资源的概念，如何将它们转化为具有独特魅力的观光商品是其核心指向。

第二，都是以观光和旅游休闲功能为主导。旅游综合体和旅游休闲小镇建设的主导方向是既可以实现游客在此地游览观光，也可以进行休闲活动。旅游综合体和旅游休闲小镇以泛旅游产业的综合开发框架为建设基础，将旅游、娱乐、体育运动、会议、休息和居住等各种各样的旅游功能综合开发。通过构筑休闲平台，形成强大的观光行业综合效果，可以驱动地区特色产业和产业开发，有效地形成以旅游休闲为中心的产业聚集地，形成旅游现代服务产业集群。

第三，开发过程都要进行土地综合开发。旅游综合体和旅游休闲小镇都是通过对土地的综合开发实现其价值的，是以旅游休闲为导向，以综合性土地开发为目标，进行多功能、多业态的集聚，以旅游发展提升土地价值、推动衍生产业发展，最终实现开发收益的最佳化。

第四，两者都有就地城镇化的价值。旅游综合体和旅游休闲小镇的开发不仅需要考虑产业结构和发展动力因素，还需要考虑城镇和产业的要求以及人们对生活的要求，以配置基础设施和公共设施，包括照明、垃圾处理、综合性管网等基础设施和商业、农业、银行等公共设施。通过这些问题的解决，旅游综合体和旅游休闲小镇与当地的产业发展、三农问题解决、农村城镇化的推进进行有效的结合，与周围村落、城镇实现互补，融为一个整体，不仅实现了产业、旅游特色和地域功能上的有效对接，充分发挥了当地旅游观光资源的市场价值，还有利于推动区域发展，推动城镇化发展，有效地形成对本地农民的就地城镇化效应，进一步形成区域就业人口的聚集。

尽管旅游休闲小镇与旅游综合体有以上诸多的共同之处，但是实践经验表明，旅游休闲小镇一般面积大于等于 2 平方千米，而旅游综合体一般在 0.2 ～ 2 平方千米之间。

## 四、旅游休闲小镇与田园综合体

中共中央、国务院于 2017 年 2 月发布了《关于深入推进农业供给侧结构性改革加快培育农业农村发展新动能的若干意见》，田园综合体的概念在这一文件中被首次提出。该文件指出："支持有条件的乡村建设以农民合作社为主要载体，让农民充分参与和受益，集循环农业、创意农业、农事体验于一体的田园综合体，通过农业综合开发、农村综合改革转移支付等渠道开展试点示范。"

田园综合体建立在"休闲农业"和"旅游综合体"概念的基础上，这是城市周边农村地区城市化发展的新模式。"田园综合体"是指在"旅游综合体"构架下，根据农业资源和土地基础，将农业和休闲游憩相结合，以农业为切入点，以景观打造为基础，并引入观光旅游业，形成集循环农业、创意农业、农事体验于一体的土地综合开发。田园综合体是旅游休闲小镇中的一种重要组成架构，规模相对较小，容易操作，是推动旅游休闲小镇发展最可行的模式之一。

在新型城镇化的定义范围中，田园综合体由景观吸引核、休闲聚集区、农业生产区、居住发展带、社区配套网构成，如图 1-1 所示。

景观吸引核。它是吸引游客观光、提升本区域土地价值的重要部分，也是田园综合体建设过程中的重中之重。大多数的田园综合体地处地形丰富、景观资质良好的地段，依托景观型农田、果园、花园、湿地等，游客可以体验到各种各样的田园景观，放松身心，获得精神享受。

休闲聚集区。它是一个综合的休闲空间产品系统，目的是为满足由旅游休闲小镇核心吸引物带来的客源的不同休闲需求。事实上，这是不同的旅游休闲业态的聚集，通过农场风格的建筑、农村风格的活动场所、钓鱼区域等，游客就可以感受到农村生活风貌，也可以享受休闲农业的乐趣。

农业生产区。它通常在土地、气候、灌溉和排水设施良好的区域中进行选择，主要的生产项目包括园艺、森林管理、畜牧业、渔业、农作物等。农业生产区以现代农业科技开展循环农业，创新游客参与其中的方式，使游客获得丰富的感受，促进农产品的有效流通。另外，还可以向游客展示生态农业、科技农业的示范项目，这样不仅能向游客推广农业知识，还可以向游客展现农业生产魅力，增加吸引力。

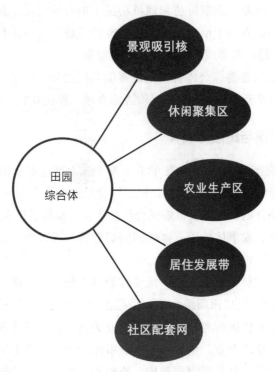

图1-1　田园综合体结构体系

　　居住发展带。它是田园综合体城镇化的主要功能体现。将旅游产业与农业观光休闲项目相融合，吸引大量人员聚集，形成不同类型人口的集中居住区，继而形成以休闲农业发展为聚集的居住社区，构建城镇化的核心基础。

　　社区配套网。它支撑着田园综合体的城镇化发展，包含产业配套和公共服务配套两部分。产业配套主要是指服务农业、休闲旅游的商业、金融、科技等设施，公共服务配套是指服务社区居民生活的基础设施，如医疗、体育、教育、娱乐休闲等。

## 第二节　旅游休闲小镇在新型城镇化建设中的重要意义

　　新型城镇化是大中小城市、小城市和新的农村社区协调发展的城镇化，基本特征如下：城乡一体、产城互动、节约集约、宜居的生态环境、和谐发展。新型城镇化的核心是人的城镇化，关键在于提高城镇化质量，目的是使农民富裕。由旅游业引导的新型城镇发展的有效途径之一就是建设旅游休闲小镇，它的产生是城镇化进程和旅游产业聚集两个因素推动的共同结果，是城镇建设和产业发展的产城一体化系统整合。

## 一、旅游休闲小镇在新型城镇化建设中的地位

### （一）产城一体化是未来新型城镇化的主流模式

新型城镇化作为未来城镇化发展最主要的目标动力，是客观存在的。它的发展也要面对人的城镇化，还要解决许多问题，如户口、社会安全、农民的城市转型、农民工的城市化等。新型城镇化的前提是人的城镇化。为了实现这一前提，必须促进产业和城市一体化发展。一体化产城功能聚集的形成是由于产业形成了人口聚合，从而促进了相关服务的发展、完善。产城一体化有两种增长模式：第一种模式是基于土地和房地产的升值带来财富的增长；第二种模式是通过提高工作效率和实现技术进步，从而实现产业增长、财富升值。以产城一体化为核心的新型城镇化是这两个增长因素组合的结果，是下一阶段中国城镇化发展的主要形态。

### （二）旅游休闲小镇是新型城镇化的重要成长结构之一

建设旅游休闲小镇是实现中国城镇化建设的一个重要环节，是将大多数农民转变为城镇居民的重要途径，是改善我国城镇体系中农村的发展状态和拉动经济社会发展的重要战略措施。新型城镇化的主要成长结构之一就是旅游休闲小镇的成长和发展。

从国家经济和社会发展的高度以及旅游休闲需求的角度来看，旅游休闲小镇具有产业聚集、消费聚集、泛旅游产业聚集、解决人口就业、生态优化、幸福价值提升的作用，是引领中国小城镇特色化发展的主要动力。

#### 1. 实现产城一体化发展

一座城镇的产业是其发展的基础，而区域经济发展的主流模式是产业的聚集和集合。基于现代服务行业的城镇化，是世界发展的趋势和方向。

旅游休闲小镇发展，不仅要以休闲产业带动泛旅游产业的发展，还要创造产品，真正形成城市吸引核的结构，构建城市发展的核心机制。这一核心机制是通过吸引人气，进一步创造出休闲产业聚集，给人们创造就业机会，这样就会聚集劳动力，增加常驻人口，推进土地开发、交通建设，促进基础设施的完善和社会公共机构的建设，并与小镇的商业化服务融合，形成新型城镇化发展。

#### 2. 带动城乡社会经济协调发展

新型城镇化是城乡一体化和城乡统筹发展的城市化，是一个高性能、良好的产业聚集群，能推动区域社会经济的全面发展。

旅游业不仅是一个产业化经济，还有一个全面的社会治理机制。旅游经济的本质是以"游客搬运"为前提，形成游客在旅游过程中的规模消费，从而实现"消费搬运"的效应。这种搬运是通过旅游跨越地区和城乡二元经济结构，是带动旅游地发展的一种最佳途径。

旅游休闲小镇在旅游消费的拉动下形成了一个全面、综合且种类多样的消费经济链，增加了居民的就业机会，增加了收入，减少了城市和农村地区之间的差距，美化了城市环境，完善了城市服务机构，提升了城镇的品牌知名度，实现了新型城镇化城乡社会经

济的协调发展。

### 3. 打造生态宜居环境，实现绿色集约化发展

新型城镇化是和谐发展、生态环境良好的城镇化。旅游休闲小镇的建设改变了城镇化的发展模式，打造了智能、节约、绿色和环保的概念。旅游经济是绿色集约化发展的经济模式，建设旅游休闲小镇可以在生态城市建设中获取经验。

休闲环境氛围是促进旅游休闲小镇发展的核心条件，也是吸引游客的动力源泉。它的创立需要环境清洁、美化和整洁，还需要整个环境基础设施的支持，包括净化和活化城市河流、湖泊、池塘和沼泽，绿化和美化城市自然植被、城市林业、城市农业和道路，建设有特色的城市建筑物、道路等，实现山形水系、风水、生态廊道等生态要素的有机整合。旅游休闲小镇实现了绿色生态城镇建设新的路径。

### 4. 传承地方文化特色，实现"一城一貌"

在新型城镇的推广过程中不应盲目复制国外的建筑物，而要继承、发展自己的文化传统。没有自己的文化背景，小镇就不能充分利用自己的特点和优势，就会和普通城市一样千篇一律。

旅游休闲小镇的建设，强调传统文化渗透在城市肌理中，应该被挖掘、保护、继承和发展，以使旅游休闲小镇具备地方性和唯一性，形成富有吸引力的城市风貌与城市品牌形象。

## 二、旅游休闲小镇在新型城镇化建设中的作用

在新型城镇化建设进程中，旅游休闲小镇是一种非常有效的实践模式。其具体的作用主要体现在以下几个方面。

### （一）旅游休闲小镇是新型城镇化建设的重要支撑

现在正值中国城市化急速发展的重要时期，也是城市化进程中各种矛盾和问题集中爆发的时期。城市发展质量差、城市和农村地区之间的差距变大等问题以及资源、环境和社会之间的矛盾随着中国城市化的快速发展逐渐暴露。

首先，虽然城镇化滞后于工业化的现状已有所改善，但在某些地区还是很严重。根据钱纳里的模式，正常的城镇化率和工业化利率之间的比例大约是 $1 : 2$。很明显，21世纪之前中国的城镇化滞后于工业化。1952年，中国的城镇化率为 12.6％，工业化率为17.6％，城镇化速度比工业化速度慢 5.0％。1978年，工业化率为 43.1％，城镇化率只有 17.9％。到21世纪这一比值已经有了变化，2001年，中国的工业化率为 50.2％，城镇化率为 37.7％，2003年城镇化、工业化的比率上升 0.79％。目前，这一比值在东部沿海地区更加趋于平衡，但在中西部地区，城镇化的发展滞后于工业化的局面仍在恶化。

二是体制改革落后，城镇化的驱动机制也不完善。中华人民共和国成立初期到改革开放前，中国处于计划经济体制阶段，城镇化驱动机制是政府主导，主要依靠政策驱动。改革开放以来，市场经济体制不断健全和完善，城镇化的驱动模式也逐渐从政府驱动转变为市场驱动、政府引导。比如，中央政府及时调整了一系列旨在促进城镇化发展的制

度规定，加快了城市化进程。但计划经济体制遗留下来的以"分割"城乡的二元城乡体制改革困难重重，仍然存在限制城镇化发展的政策和制度，如二元的户籍制度、土地制度、社会保障制度等。由于这些制度和政策限制，为城镇化发展作出巨大贡献的农民很难公平地获得与市民同等的待遇。目前的城镇化政策还不能适应工业化、城市化和市场化的要求。一方面，市场经济的发展为农村人口进城提供了强大的吸引力；另一方面，为了维护城市居民的利益，相关政策限制了农村人口转化为城市人口，突出表现在现存的户籍制度以及与户籍制度捆绑在一起的社会保障、社会救助、医疗卫生和教育制度等方面。近年来，户籍制度在部分地区已经进行了调整，城镇住宅的限制被放宽，但限于城市承载能力与需要接纳人口之间的矛盾，大多数大中城镇都是有选择性和有条件的开放，这间接地拒绝了进城务工人员落户。小城镇就业机会的饱和，催生农村过剩劳动力向具有更多就业机会的经济发达的大中城市转移，但由于城市体制的限制，流动性人口规模不断扩大，"进城不留城"的问题更加突出。

三是注重数量不注重质量，城镇化发展质量参差不齐。城镇化进程的一个普遍现象是过于强调城镇化的数量指标和速度，却忽视质量。许多地方依赖管理结构的调整，扩大城镇辖区，使城镇变得更大，形成煎饼式的开发。近年来，许多地市合并，整个地区成为一个城市，但实际上城市建成区只是该地区的一个点（中心），城镇发展的质量没有得到适当改善，大多数城市的经济力量相对较弱。一些地方热衷于数字游戏，通过调整城镇和区的设立标准，撤消大量县和乡镇，盲目增加城镇和区的数量，以致行政主体和实际的城镇区域不一致。这种情况下，城镇和区的人口数量在某种程度上增加了，但是大量的乡村人口实际上并未发生职业和地域转移，根本没有转化为城镇人口，造成了城镇实体地域与行政地域的混乱。在许多地方，促进城镇化被认为只是建设城镇，没有意识到农民在城镇建设中的作用，将城镇发展与城镇规模扩大画等号，不顾及经济发展的实际需求，盲目扩大建设用地规模，大搞各种形象工程和政绩工程，"开发区热"屡禁不止，耕地资源被无节制地占用和浪费，而非农业行业尚未充分发展，以致人口和土地之间的矛盾越来越严重。

面对目前城市发展中存在的诸多问题，探索一条新的发展之路——新型城镇化便成了当务之急。新型城镇化的重点在于"新"，即没有已有的实践经验可以借鉴，需要在探索中实现创新。旅游休闲小镇便是其中的一个重要探索模式，其作为我国新型城镇化建设的实验工程，可以避免一拥而上的风险，是一种以最小的代价来探索新型城镇化发展之路的手段。

**（二）旅游休闲小镇是就地城镇化的新引擎**

随着我国经济社会发展逐步迈入新常态，寻找新引擎、突破发展瓶颈已经成为区域经济发展的第一要务。旅游休闲小镇就是这样的一种创新引擎，其以游客、休闲客的大规模聚集为基础，以外来的而非本地的消费持续性聚集为核心，创新性地带动了区域消费，带动消费产业依照三、二、一产业顺序，拉动相关加工原材料及农业等产业链下游，并进一步带动就业与乡村，最后带动就地城镇化的发展，成为一种突破区域劣势限制，依靠引导外来消费聚集，促进消费产业链延伸与三产融合发展，成为大城市周边卫星镇、小县城中心镇、具有文化旅游资源特色的偏远乡镇就地城镇化的创新突破模式。在能源、资源、环境制约影响的经济新常态之下，第三产业、消费需求将逐步成为经济发展的主体，以消费聚集为引擎的城镇化发展模式正在成为代表未来的创新发展模式。谁掌握了消费引擎带动区域发展的规律，谁便能在未来占据高点和创新点。谁顺应了自主旅游时代下碎片化、体验化、圈子化的发展趋势，孵化了更多的创业就业创客，谁便能在供给侧改革中形成强有力的突破。

作为景区生态系统、消费者产业的聚集地和新型城镇综合发展结构的旅游休闲小镇，满足改善民生、产业发展、经济带动的需要，是经济转型和现代化过程中新的增长动力，也是旅游行业面对新局面、新形势具有划时代意义的发展模式。这是一个快速变革、呼唤创意的时代，各地已逐渐认识到旅游休闲小镇的强大带动作用，纷纷制定相关发展战略推动旅游休闲小镇的建设，旅游休闲小镇进入发展的高潮期，一大批旅游休闲小镇也在如火如荼的建设之中。

### （三）旅游休闲小镇是传承地方文化特色的重要举措

城市化和乡愁就像两条连在一起的绳子，牵挂着现代人的心灵。现代社会，城镇化是一个不可避免的趋势，但随着高楼大厦的拔地而起，文化记忆、家庭概念、风俗礼仪等维系人们情感寄托的乡土观念却日渐式微。于是，一边有高楼大厦的现代化生活，另一边是没有家乡可回的忧愁。在这种情况下，人们开始思考如何才能既拥有现代生活，又保存乡土的脉脉温情。

这个问题的答案是旅游休闲小镇在人们视野中的出现。2016 年 7 月，住建部、国家发改委和财政部决定在我国全面建设旅游休闲小镇，到 2020 年建成大约 1000 个旅游休闲小镇，它们各具特色，充满发展的活力，并且具有休闲、现代制造、教育和技术、传统文化、风景美丽和宜于居住等特性。通过开发旅游休闲小镇、改变生产模式、改善公共服务设施等，人们愿意留在自己的家乡，实现就地城镇化，在享受城市生活舒适性的同时，还能"看得见山水，留得住乡愁"。这显然是国家如何发展城市化的答案，使人们的思乡之情得到包容。

以往城镇化的机械外部扩张难以满足人们对城市的情感和物质需要，为了满足人们的这一要求，城镇化必须走品质提升、注重人性的内聚式发展之路。在城镇化较早的发达国家中，如法国的普罗旺斯、意大利的锡耶纳，各种旅游休闲小镇展示了不同的文化意识和文化内涵，也为乡愁提供了真实的依托。在城市环境和人类文明的进步中，世代传承传统文化，人文习俗得到继承。旅游休闲小镇作为旅游休闲小镇最具典型的代表，是我们对乡愁文化传承与延续的重要载体，可以实现真正意义上的留住乡愁，留住风情。

### （四）旅游休闲小镇能优化区域旅游产品供给结构

我国社会经济发展面临动力不足、结构失衡和效率失速等风险。鉴于此，很多省份把新型城镇化的驱动产业设定为旅游业，并且把旅游业作为我国供给侧改革和宏观经济条件下经济改革的重点。在建设旅游休闲小镇的过程中重视产业驱动、产品创新，并且积极推动产业机制进行改革，这对推进观光游向休闲度假游转变、实施好"旅游+"战略具有重大的战略影响。

然而，还有很多乡村存在基础设施落后、产业基础薄弱、生活质量不高、休闲氛围缺失、开发管理不善的问题。当前如何做到"旅游催生城镇，城镇成就旅游"仍是一个难题。

首先，应立足本地资源禀赋的旅游产品化。旅游休闲小镇是旅游者文化体验和享乐体验的主要空间载体，是休闲度假时代的主要产品类型，应当找准本地文脉进行特色资源产品化，吸引旅游消费与享乐，推动旅游城镇化进程。

其次，应保护地方文化脉络与地域生活化改造。所谓生活化改造，是旅游休闲小镇居民生活质量和人居环境的提升，并注重对商业化的适度控制，保留原有生态系统的完整性和原真性。

最后，应符合市场需求的体验化改造。目前，旅游业发展到了个人旅游、全民旅游和自驾旅游的新阶段。移动互联网时代和体验经济时代下，游客的个性化体验需求得到全面释放，推进旅游休闲小镇的开发和建设，必将有利于优化区域旅游产品供给结构的转型和改革。

# 第三节　旅游休闲小镇建设的指导思想和基本原则

旅游休闲小镇是根据创新、协调、绿色、开放和交流的发展理念构建的。它拥有一个发展的空间平台，其中包括明确的工业定位、科学和技术要素、文化注意力、环境功能、旅游格式和特定社区功能，展现了极具特色又高质量的产业发展、聚合的功能集成、充满活力而且方式新鲜的运营机制。旅游休闲小镇不是一般的行政管理结构的"镇"，也不是产业区和风景区。它通常分布在城镇、高铁站、景区周围以及适合产业和人口聚集的交通轴线周围，实施创新、协调、绿色、开放的发展概念，适应当地环境，充分发挥当地优势和市场的主要作用，创新和改变发展模式，通过建立环境优美、绿色生态、具有自我特色的旅游休闲小镇，研究探索城市建设的健康发展路径，以及推动建设新型城镇和农村。

## 一、旅游休闲小镇建设的指导思想

### （一）坚持规划先行

旅游休闲小镇的规划应包括许多方面，要突出特色打造，彰显一个城市的产业特征、文化特征、建筑特征和环境特征等，突出功能集成，推进"多规合一"，体现"产业、城镇、人口和文化"的四合一发展以及生产生活生态一体化，要展现产业节约和集约，用合理的方法来界定人口、资源和环境的可持续发展的承载力，并严格限制小城镇的边界。现有的环境优势应该得到充分发挥，并有理性地规划生产、生活和生态环境的空间布局。

选址应该满足整个城市和农村规划的要求，独立于城市和乡镇建成区中心，即建立在城乡结合部，以连片开发建设为宜。应该突出历史文化传承，重点保护历史遗迹和民俗文化，挖掘文化底蕴，并开发旅游业资源。

### （二）重视产业定位

特色产业是旅游休闲小镇发展的重要支撑力量。它需要专业人员进行合理的选择、规划、培育，然后向周围的集群进行辐射，最后需要升级为产业品牌，走出一条具有自我特色发展的道路。旅游休闲小镇应该专注于文化保护和具有特色产业行业的集聚，还有养老等健康服务。城市的特色发展必须以一个拥有最基础、极具优势和潜力的产业为主要方向，进行差异定位，挖掘潜力，以加强建设。基本上，每个细分行业只规划一个旅游休闲小镇（旅游业除外）。新引进的大型产业项目优先在同一类的旅游休闲小镇进行布局，以避免同行业竞争对手之间的恶性竞争。在产业筛选方面，各级政府应从客观的角度尊重地方发展和需求，用科学思维来规划工业发展的前景，以超前的眼光突破传统深化改革，大胆创新，促进特色产业领先发展。

### （三）突出有效投资

坚持高强度投入和高效益产出，规划一批建设项目，基于政府、企业和金融机构的合作，通过直投基金、政府引导子基金、产业基金等方式，我们建立了一个产业发展金融平台，借助这个平台将特色产业聚集。创新旅游休闲小镇投融资机制，有力促进政府与社会资本之间的合作，鼓励利用财政资金撬动社会资金，共同设立旅游休闲小镇建设基金。对特色产业的投资相对较高，对部分旅游休闲小镇的投资可以适当放宽，包括金融、技术创新、旅游、历史经典产业类小镇，对目标和任务进行评估，不合格的勒令退出。一方面，为企业提供便捷的资金渠道和金融服务，促进企业发展和产业建立；另一方面，对产业研究进行扶持，实现生产、学习和研究的集成，并从技术创新的角度推动产业发展。鼓励有条件的旅游休闲小镇通过发行债券等多种方式拓宽融资渠道。

### （四）集聚高端要素

打破惯例和常规限制，根据产业定位量身定制政策，创建创新创业平台，引进企业管理人才、科技创业者等创新人才，引进新技术，进行新产品的开发，从而增强特色行业的竞争力和实力。在引进人才方面，我们可以设立引进人才交流会议，制定相关的人才交流政策，并促进"人才落地"。对人才培育式模式进行创新，基于特色产业方向和发展趋势，针对产业发展所需人才进行针对性培养，由此可以迅速拉动技术提升和产业进步。在人才服务方面，各项配套设施与支持需同步，特别是福利待遇和住房保障，可以按人才的贡献率设立人才扶持资金。

建设旅游休闲小镇公共服务 APP，提供商务服务、贸易、文化展示等综合功能。积极应用先进的传输技术、网络技术和信息集成技术，实现区域公共 WiFi 和数字化管理的全方位覆盖，并构建一个现代、开放的旅游休闲小镇。在旅游休闲小镇的建设过程中，需要动态跟踪投资、建设和运营的状况，利用科学技术建立一个智能服务中心，其中以产业大数据作为核心。使用互联网技术、大数据挖掘技术和 GIS 技术构建旅游休闲小镇网，为旅游休闲小镇规划、设施建设和产业运营等提供服务。

### （五）创新运作方式

建造旅游休闲小镇应坚持政府领导、企业主体、市场运作，并以社会资本为主投资建设旅游休闲小镇。在发展特色产业的过程中，不仅要充分发挥企业作为主体的重要作用，政府还应该充分发挥自身的领导作用。在"纵向""横向"产业集聚的发展战略下，政府应该从土地利用、环境保护和服务能力提升等方面提供全面的服务。

## 二、旅游休闲小镇建设的基本原则

旅游休闲小镇的发展和建设，有利于提高乡镇居民的生活水平和质量。为了在建设过程中不"跑偏"，有必要坚持以下原则。

### （一）坚持因地制宜的原则

旅游业的发展需要依靠某些资源，而分布在名山大川附近的城镇在发展特色旅游业方面具有自然的优势。人造城镇，如迪士尼城市，它与我国的旅游休闲小镇不同，带有明显的主题，而且必须投入大量的人力和物资。在与周围地域特色形成相互呼应的案例中，希腊的圣托里尼小镇是全球的典范模式。这个悬崖边缘的小镇成了世界各地游客的浪漫旅行目标。建造旅游休闲小镇，特别是那些基于自然资源的城市，应充分利用资源的特性。

### （二）坚持挖掘本土文化的原则

旅游休闲小镇最先在国外崛起，许多城镇都举世闻名。如今，中国许多地方建造的旅游休闲小镇都带有模仿国外的痕迹，幻想着复制达沃斯小镇，或者幻想着复制普罗旺斯小镇，结果最后不伦不类。需要意识到，模仿并不是特色，旅游休闲小镇的最大特性应该是地方文化。凤凰古城拥有湘西风情，突尼斯蓝白小镇则拥有阿拉伯风情。可见，只有深入挖掘地方历史文化和习俗，才能创造出独特的旅游休闲小镇。

### （三）把握合理开发的原则

近几年，很多地方都迎来了旅游休闲小镇建设的热潮，继而出现了一系列的问题，其中最严重的一个问题便是"房地产化"，表现出来的就是在一些自然生态好的地方，开发商大多只重视经济利益，大力建设洋房和别墅，在旅游地产备受喜爱与推崇的今天，房价也是水涨船高。虽然说旅游地产是旅游发展的产物，但是如果过度开发，会导致旅游休闲小镇逐渐失去活力和吸引力，从而导致竞争力不断下降，不利于其长远发展。因此，在建设旅游小镇的过程中，要注意合理开发。

### （四）坚持惠民利民的原则

在旅游休闲小镇的建设中，目标之一就是能让当地的居民充分享受到其中的发展福利。然而，在实际情况中，"大企业吃肉，小企业喝汤，当地居民连汤都喝不上"的现象却时有发生。因此，在对旅游休闲小镇进行规划和设计时，要充分与当地的居民进行沟通和交流，并尽量满足他们的要求。

# 第四节　旅游休闲小镇建设存在的问题及发展趋势

国家政治层面对促进旅游休闲小镇的建设提供了强大的支持，同时旅游休闲小镇在实践中迅速得到了推广。目前，国内旅游休闲小镇发展势头迅猛，各类旅游休闲小镇不断涌现。在未来城镇化进程中，旅游休闲小镇势必会成为新型城镇化建设的破题良方。旅游休闲小镇因集文化休闲、娱乐体验、旅游服务、度假生活等多重旅游功能于一体，符合现代国民文化性和休闲性的旅游偏好，备受市场欢迎。但我国小城镇大都规模较小，产业集聚能力较弱。同时，基础设施建设滞后，在道路交通、垃圾处理等方面还有所欠缺。这就需要旅游休闲小镇在建设中跳出固有的思维定式和路径依赖，坚持政府引导、企业主导、市场化运作。

## 一、旅游休闲小镇建设存在的问题

就目前我国旅游休闲小镇的建设情况来看，虽然取得了不错的发展，但同时也出现了一系列问题，具体体现在以下几个方面。

### （一）相关法规制度不完善

目前，中国制定了规划和建造小城镇的相关法律和规定，而没有专门针对旅游休闲小镇建设的相关规定和条例。旅游休闲小镇的特点在于各个方面都具有特殊性，现有的城市和农村规划标准很难对旅游休闲小镇进行指导，旅游休闲小镇的规划和建设突出表现在以下几方面：第一，土地使用指标是以城镇的常住人口为统计基础，而游客具有流动性，由于没有适当的用地使用指标，所以没有土地可以用于支配；第二，有关用地的分类，旅游休闲小镇需要有大量的土地建设设施，这些旅游用地很难按照小镇的有关规划标准划分，也很难进行分类；第三，小城镇建设、基础设施建设和配套设施的标准是基于城市标准适当下降的，但要建设高质量的旅游休闲小镇，旅游服务设施的标准通常比普通城市高。

### （二）缺乏统筹规划

建造旅游休闲小镇必须考虑到每个地方的发展规划，这些地方通常属于不同的系统，因此牵扯许多部门。如果没有总体规划布局，那么规划的协同作用就很难发挥出来，这些会限制旅游休闲小镇的发展。虽然在开发过程中政府认识到了旅游休闲小镇在整体布局中的重要性，并且为其制定相关的支持政策，但仍然心有余而力不足。许多旅游休闲小镇的规划水平不高，对城镇的旅游和其他资源、公共基础设施和发展潜力以及未来的前景没有进行深入的探究和调查。例如，旅游休闲小镇的会展需要大量的道路运输、旅馆、建筑物等。由于会展带来的乘客数量庞大，展览需要小镇内部运输系统。但是，有些政府难以给这些功能系统制定详细规划，加上项目在进行时准备不足，以至于造成了城市功能布局的不协调，没有形成完善的不同服务系统之间的链接。

### （三）旅游地产化现象严重

旅游地产的开发可以吸引大量的就业人群和消费人群，这是旅游休闲小镇城镇化不断发展的重要推动力。同时，旅游休闲小镇的地产也进入了新的发展。在这种情况下，大量已知的房地产公司开始陆续投资旅游业的地产。比如，在海南省，中信、万科、雅居乐、鲁能等开发商开始了许多旅游地产项目。与其他房地产开发模式相比，旅游业地产的入口要求相对较低，使许多开发商群体扎堆，导致一些小城镇呈现地产化。旅游休闲小镇地产化的快速发展削弱了旅游功能，而且侵占了休闲和娱乐的空间。所以，只是片面地建设旅游休闲小镇，会使城镇丧失本土文化的真实性和缺乏个性，导致产品品种单一、重复，主题特色不鲜明。

### （四）缺乏对传统文化的保护和挖掘

目前，旅游休闲小镇同质化现象严重，大部分小镇的发展模式都是依托一两个旅游景点来吸引游客，然后在周边建设一些度假村、采摘等休闲项目，不能充分体现出小镇的鲜明特色，而这又恰好是重要的旅游吸引物。随着经济和社会的快速发展，现代化和国际化的进步，小城市的一些传统历史特征消失了，导致千篇一律的城市出现。另外，一些旅游休闲小镇很容易进入对规划和建筑工程的大肆修建和重建的误区，而破坏性的建筑往往会对城市的风格和特征造成不可逆转的改变。

此外，旅游休闲小镇旅游产品的开发很难与当地文化产生共鸣，并且当地具有自我特色的文化资源很难得到有效利用。要开发一些具有文化特色、吸引力长久的产品，就不可以只考虑眼前的利益。

### （五）旅游休闲产品过于单一

许多旅游休闲小镇为游客提供的是单一且不能及时更新的休闲旅游产品。例如，目前许多温泉小镇只是简单地把观光与泡温泉相结合，没有对温泉旅游资源进行深度开发，如养生食品的开发、特色餐饮的开发等，无法提升温泉旅游产品的附加值。大部分旅游休闲小镇还是以提供简单的观光、游览以及季节性的采摘产品为主，由于缺乏核心竞争力，大企业的价格竞争激烈。

总体而言，我国旅游休闲小镇的开发尚处于起步阶段，开发层次偏低，未来要走的路还很长。

## 二、旅游休闲小镇的发展趋势

### （一）一体化发展

新型城镇化的核心是"产城一体化发展"。旅游休闲小镇应以旅游业发展的资源为基础，对多种生产要素（劳动力、技术、资本、信息、交通等）进行创新组合以及升级，从而生产新外形、规格的产品。也就是通过聚集、创新和现代化生产因素来实现新的生产和管理。与此同时，旅游休闲小镇除了依靠劳动力、生产要素和产业外，还应该为当地人和旅游者提供良好的生产、住房和服务环境，并且不断加强其在产业发展和生活服务中的作用。所以，旅游休闲小镇具有以"休闲产业主导的产业体系"构建为基础，推进产业发展、土地开发，形成人口聚集、公共服务配套发展，结合商业化服务，持续激发自身发展活力的产城一体化发展趋势。

## （二）主题化发展

旅游休闲小镇摆脱商品同质化竞争的最有效方法是建立一个特征鲜明的主题。因此，旅游休闲小镇发展逐渐呈现主题化，在发展进程中强调城镇的特征，并在建筑物中展现小镇的特色。通常是一个中心主题来反映整个城镇的文化灵魂和特性。但核心主题化，并不代表小镇的文化是单一文化，而应以主题文化打造为重点，通过文化体系的梳理，形成多元文化整合延伸的架构，进而实现文化的景观化、建筑化、娱乐化。

## （三）休闲化发展

旅游休闲小镇的发展形式推动了小城镇商业的发展。不同形式的商业发展趋势逐渐从传统模式转向休闲娱乐，游客从观光旅游到休闲旅游，休闲已不再是一种消费行为点缀，而是商业业态发展的大势所趋。因此，打造完善的产品体系，让尽量多的旅游者获得最大程度的满足，增加其主动驻留时间，并且为今后的可持续发展留下良好的基础和广阔的空间，这是旅游休闲小镇未来发展的必然趋势。

## （四）体验化发展

目前，体验型旅游消费开始慢慢成为主流。旅游者希望在目的地获得丰富的旅游经验。鉴于世界各地成功的旅游休闲小镇，丰富的项目吸引了许多游客，并通过参与性设施和活动，如自行车手旅行、鸟类观光森林和瑜伽森林，获得观光的强烈体验。这样，既可以吸引游客的注意，也可以带动更多消费。因此，旅游休闲小镇的建设应在满足消费者需求的基础上，加强体验性、参与性旅游项目的建设。

综上所述，未来旅游休闲小镇的发展将呈现一体化、主题化、休闲化、体验化四大发展趋势。

# 第二章

# 旅游休闲小镇规划

近年来，随着城市化进程的加快，小城镇的特色问题越来越受到重视。由于人们缺乏对地域文化的研究以及对城镇特色的认知，也缺乏对城镇的准确定位和规划，导致了"千镇一面"现象的出现。因此，探索新型城镇化背景下旅游休闲小镇的规划设计具有重要的社会意义和现实意义。

本章主要从小镇规划设计的一般思想和理论入手，试图从解决实际问题的角度出发，探索出一条适合旅游休闲小镇的规划设计方法。由于旅游休闲小镇的建设意义主要在于推动小镇旅游业的发展。因此，很有必要加深对旅游资源开发相关问题的认识。在此基础上，从总体规划和详细规划两个层面上阐述如何科学合理地进行旅游休闲小镇的规划设计，为旅游休闲小镇在建设中既能充分地挖掘和利用当地优势资源，又能展现特色文化提供依据，最终实现小镇的快速发展和特色发展。

# 第一节　旅游休闲小镇规划的理论基础

科学规划、建设和发展小城镇是农村转变为城市的基础和前提，这进一步促进了农村经济的发展和社会发展风貌的转型。特别是建造具有特色产业和个性特征的小城镇，促进城镇区域经济增长，促进城市和农村地区之间有序的生产因素流动。在改善农村地区城市化方面，扩大城市和社区对农村地区的影响，带动农村二、三级产业的发展以及向非农业产业和城镇转移过剩劳动提供先决条件方面起着重要作用。我们不仅可以促进农业经济和农村产业结构的调整，加快农村经济的发展，还可以提供促进农业发展和城市与农村融合的模式。科学规划、建设和发展小城镇对促进社会和国家经济的协调发展至关重要。为了实现小城镇的健康发展，我们应该开始进行规划，充分挖掘当地特色资源优势。因此，规划是旅游休闲小镇建设中至关重要的环节，小镇策划之后的实际建设都需要依靠规划才能得以实施。

发展新型城镇化是理念和理论的创新。旅游休闲小镇的规划与建设不仅有力推进了新型城镇化，也丰富了新型城镇化理论的内涵和外延。

## 一、规划设计思想与理论

### （一）生态文明思想

从人与自然和谐的生态文明观来阐释，生态文明是人类物质文化和精神文明的总和，是环境保护的体现，是精神的和系统的成果，贯穿于经济、政治、文化和社会建设的各个方面，是一个可以反映社会进步的系统性工程。生态文明是对现有文明的一大超越，引领人类放弃工业文明时期形成的重功利、重物欲的享乐主义，摆脱生态与人类不能和谐相处带来的伤害。这对人类来说是非常重要的历史意义。在历史上，某些古老文明的衰败都与人和自然之间的关系密切相关。实现生态文明将成为人类文明的一个重要先决条件。

习近平指出，"牢固树立保护生态环境就是保护生产力、改善生态环境就是发展生产力的理念"。这一重要理论深刻阐明了环境与生产力之间的关系，并揭示正确处理好经济发展同生态环境保护关系的重要性，这也是对马克思主义生产力理论的重大发展。我们应明确了解保护环境和控制环境污染的紧迫性和整顿工作的重要性，加强建立环境文明的重要性和必要性，努力走向社会主义生态文明新时代，为人类创造良好的生产和生活空间。

建立生态环境文明是一种有机、统一的系统协调。生态文明是自然与人之间和谐发展的复杂系统，健康的生态系统将把这三个系统整合到一个和谐的循环中。无论人类如何分析生态系统，在生态系统的不同元素之间以及在生态系统和宇宙中其他系统之间的物质、能量和信息的转化总是处于和谐状态。当系统和元素之间的协调转换链断开或是处于不和谐状态时，人与自然之间的关系天平就会失去平衡。

不要把生态文明与人类的实践和反思分开。生态文明的可行性反映了人类的实际活动以及人与自然之间的关系。人类的生存和发展不可与自然和实践分离。人类的有限和自然的无限之间的矛盾确定了人类活动离不开反思。采用绿色发展概念进行实践，依靠绿水和绿山来建造特色城市。在旅游休闲小镇建设方面，我们应当坚持绿色发展，坚持基本的资源节约开发和环境保护政策，坚持文明发展道路，建设富有的生活和良好的生态环境，加快资源保护和环境社会的建设，建立人与自然之间和谐发展的新模式，为建设美丽的中国贡献力量，并为全球生态安全做出新的贡献。

### （二）霍华德田园城市理论

19世纪末20世纪初，英国社会改革家埃比尼泽·霍华德针对当时英国大城市所面临的各种问题，提出了建设田园城市的办法，来建立城乡一体化的新社会。他在1898年出版的《明日：一条通往真正改革的和平道路》中提出了著名的城市建设和社会改革理论——"田园城市"理论，并提出了较为完善的田园城市理论体系。

#### 1.田园城市概念

霍华德对田园城市的定义是：田园城市是一个为生活、健康和产业而设计的城市。它的规模足以提供不超过一定水平的丰富的社会生活，被永久性农业区包围，城市土地将由公众拥有，并由委员会管理。

#### 2.田园城市框架

根据霍华德的愿景，牧场可以分布在城市和农村地区，农业用地围绕城市，为城市提供新农业产品。农业产品有最近的市场，但市场并不局限于当地领域。城市居民在这里工作和生活，工厂和企业在农村城市的边缘地区建设。

#### 3.田园城市规模

霍华德指出，每个田园城市的人口限制为30000人，一旦超出这个规模，就必须建造另一个新城市，以确保城市的人口不会过度集中和过度拥挤，避免由此产生的不利影响，使每个家庭都拥有自然舒适的生活空间。

**4. 田园城市体系**

田园城市本质上是城市和村庄的结合，形成了"无贫民窟、无烟尘的城市群"，人口规模为 58000 人的中心城市被几个田园城市围绕着。

**5. 田园城市用地**

田园城市总面积约 24.28 平方千米，其中城市居住用地约 4.05 平方千米，农业用地约 20.23 平方千米，包括耕地、水果园和森林以及农业学院和疗养院等。农业用地是保留的不得用于其他用途的绿色带。

**6. 田园城市布局**

这些田园城市遍布整个区域，布局呈圈状，每个田园城市周围都有农业地区，以便实现"将城市生活的所有好处与乡村的美丽和幸福联系起来"的目标。

**7. 田园城市交通**

有六条主要道路从城市中心向外辐射，并通过快速、即时的交通运输将城市连接起来。通过快速运输（铁路）只需要几分钟的时间就可以实现田园城市和中心城市或其他城市之间的跨越。

**8. 田园城市经营管理**

全体居民集体拥有土地的所有权，但必须支付租金才能使用土地。城市所有收入都来自租金，而这些收入均属于集体所有。

**（三）城市设计理论**

城市设计虽然不是法定规划，也不是规划的一个阶段或者层次，但它作为一种思想贯穿规划始末，为规划创造形象空间。城市设计涵盖内容之广，可以与规划的各个环节进行衔接。相应的有总体规划阶段、控规阶段以及修规阶段的城市设计。

城市规划的最终落脚点一定是在城市空间的营造上，城市设计则体现在城市各种环境、空间的营造上。有研究者提出："在众多的规划设计方法之中，只有城市设计是从整体形态出发，以三维的方式进行城市的规划设计，也只有城市设计才能够完整地表现出城镇建设的最终结果。"从这点来说，旅游休闲小镇的规划设计实质上就是城市设计，是旅游空间的营造，城市设计的理论及手法同样适用于旅游休闲小镇设计，只是根据旅游主题的不同，城市设计的侧重点也不同。城市设计有三个层次：整体环境城市设计、重点片区城市设计、重点地段城市设计。

在城市设计领域中，"城市中一切看到的东西都是要素"，建筑、地段、广场、公园、环境设施、公共艺术、街道小品、植物配置等都是具体的考虑对象。根据城市设计的研究，其基本要素主要包括以下几个方面：土地使用、建筑形态及其组合、开放空间、步行街区、交通与停车、保护与改造、环境设施与建筑小品、城市标志系统等。

**（四）比较优势理论**

亚当·斯密在《国富论》中提出的绝对优势学说开创了比较优势理论的源头。他认为，按照各国绝对有利的生产条件进行国际分工，会使各国的资源得到有效利用并在对外贸中处于优势地位。比较优势理论强调运用本国和地区相对优势的资源来确定国家的贸易结构、产业结构，以此促进经济发展。比较优势是经济理论的重要内容，旅游特色小城镇要以比较优势为基础和优势，发挥小镇的产业优势、资源优势或其他优势，在发展过程中创造符合市场需要的产品和项目。

比较优势理论为自由贸易政策提供了理论基础。但是，比较优势理论只是提出来一个国际工作分工的依据，未能揭示出国际分工形成和发展的主要原因。成本和自然条件等因素会对工作的分工产生某些影响，但它们并不是唯一的基本因素。事实上，生产力和开发条件是比较优势不断发展的原因。李嘉图创立的比较成本论是西方国际贸易理论的基石。这在西方国际贸易理论的发展和进化中有突出表现，主要是在对比较优势说的继承基础上的丰富和完善。从李嘉图的"比较成本说"，到俄林的"资源禀赋说"、弗农的"产品周期论说"以及人力资本、研究与开发、信息、管理等新要素，再到20世纪70年代随着部门贸易产生出现的部门内部贸易论，包括规模经济、产品差异、不完全竞争、需求偏好等。

随着国际贸易理论的发展，对比较成本和比较优势的因素分析，从最初劳动生产要素的比较到劳动力、资本、土地等要素存量比重的比较，再到技术、人力资本、福利、管理、信息等要素的分析，最终到产品差异性、规模经济和需求偏好等各种要素的分析。一般来说，比较优势理论在不同的时期，有不同的发展方案和理论，一直在随着社会的进步而不断发展，是以比较原则为基础的。

旅游休闲小镇应找准和发挥比较优势，这是发展的基础和前提。比如，龙泉市上垟镇的"中国青瓷小镇"，上垟镇曾是龙泉制瓷业的中心，也是现代龙泉青瓷的发祥地。历史经典产业，邂逅绿水青山。龙泉倾力打造的上垟"中国青瓷小镇"项目，不仅盘活了废弃的老瓷厂，带动了青瓷产业、生态旅游业的快速发展，成为振兴历史经典文化产业的一个示范样本，也被认为是"绿水青山就是金山银山"在龙泉的成功实践。因此，旅游休闲小镇只有找准特色和比较优势才能获得发展。

### （五）城乡统筹理论

中国共产党第十六届中央委员会第三次全体会议强调，要按照统筹城乡发展、统筹区域发展、统筹经济社会发展的要求，建立城乡一体化的经济体制，促进经济和社会的可持续发展。城乡统筹就是充分发挥工业对农业的支持和反哺作用、城市对农村的辐射和带动作用，建立以工促农、以城带乡的长期机制，促进城市和农村地区的协调发展。统筹城乡发展是一项系统工程，涉及经济、社会和文化等方面，符合城乡规划的战略特征，能够起到统筹协调各种关系，引领城乡和谐发展的先导作用。其本质是对城市和农村地区的经济发展、环境保护以及项目进行通盘规划和统一考虑。

城乡统筹发展是一种理想的、新的境界，一种新的发展观，一种科学合理的政策导向，实质就是解决"三农"问题，促进城乡二元经济结构转变为现代结构。从整个区域发展的角度来看，打破了一个城市作为中心的传统规划模式，转变研究角度，从区域整体发展角度考虑城乡建设，分析区域位置、空间和资源的特性，概述农村空间的发展方向，并制定重要措施，如战略方针、任务、空间布局、基础设施和社会设施，以化解以城镇为单位的发展矛盾，全面促进新农村建设的整体发展。城乡统筹均衡发展的终极目标是理性地将所有类型的社会资源分配给各个地区，促进每一个地区的发展，确保每一个公民的利益，从而促进社会主义现代化和全面建设小康社会。

城乡统筹发展包括五个协调：一是产业协调，就是产业比例和发展速度的协调；二是市场协调，城市和农村市场应该建立一个统一的大市场；三是规划和建设的协调，考虑农村的建设，把城市和农村的建设看成一个整体；四是帮助农村治理环境；五是体制和政策的协调，使城乡联合协调发展有法律法规可依。由此可见，城乡统筹发展是一个很庞大的体系。

在新时期和新形势下，城乡统筹的本质是城市与农村的协调、规划。城乡统筹的内容包括城乡基础设施和城乡产业的统筹、城乡就业和社会保障的统筹等。城乡统筹的目标有多个。不同的地区和不同的发展阶段应该采取不同的模式，并提供制度保证，包括农业系统、土地拥有权和公共品供给等方面的支持和保护。因此，在旅游休闲小镇建设过程中，应找准自身功能定位，主要依托农村产业实现一、二、三产业融合，城乡一体化发展。

### （六）可持续发展理论

1987 年，世界环境与发展委员会公布了《我们共同的未来》和可持续发展的概念。1992 年，联合国环境与发展会议召开，并通过了《关于环境与发展的里约宣言》和《21 世纪议程》，可持续发展成为人类经济社会发展的一个重要议题，标志着可持续发展从理论到实践的过渡。1990 年，"地球 90 国际大会"在加拿大召开，明确了可持续旅游的理论框架和可持续旅游业发展的主要目的。1995 年 4 月，《可持续旅游发展宪章》和《可持续旅游发展行动计划》在世界可持续旅游发展会议上实施。这些会议标明了从理论研究中可持续发展开始步入实践的行列。

可持续发展的内涵包括人类需要、资源限制和公平三大要素。人类需要是指在现代社会中人类的生存和发展需求。资源限制是指本地区的各种资源和地球的自然环境的承载力是有限的，不能通过资源掠夺来利用。公平是指在发展过程中不同的区域、国家和族群之间要实现公平。可持续发展不仅满足了现代人的需求，也不会损害后代的利益。核心思想是健康的经济发展应该建立在生态可持续能力、社会公正和居民积极参与自身发展的基础上。旅游业的发展很大程度上取决于环境，并有可持续发展的固有动力，是实践可持续发展理论的主要领域。

旅游休闲小镇规划涉及多个学科，包括经济学、地理学、社会学与人类学、生态学、系统科学、市场学等，在规划的每个阶段都会运用到不同的方法，从而加强规划的科学性，如图 2-1 所示。

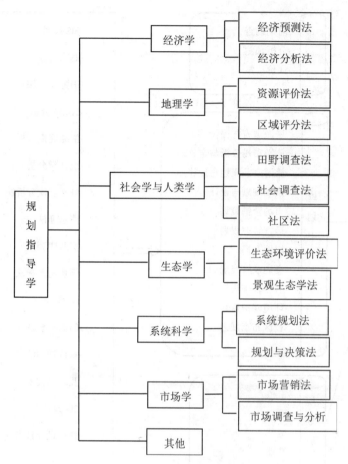

图 2-1　旅游休闲小镇规划指导学科

按照规划的顺序对规划用到的方法技术体系进行梳理，如图 2-2 所示。

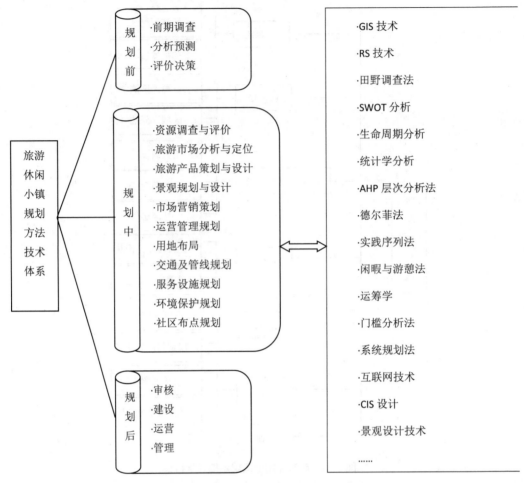

图 2-2　旅游休闲小镇规划方法技术体系

# 第二节　旅游资源的开发与规划

旅游休闲小镇的建设与旅游资源的发展息息相关。旅游资源是旅游业发展的基础，在旅游业、区域发展、资源保护等方面被广泛使用，吸引了更多的注意力。开发和规划旅游资源是根据本地特点，以产品设计和满足游客需求为重点，对旅游地六大消费要素及相关行业的发展、保护和管理等内容进行科学编排、组合的选择过程。

## 一、旅游资源的调查与评价

### （一）旅游资源的调查

1. 旅游资源调查的目的、意义与作用

旅游资源调查的主要目的是围绕旅游业发展的需求，为旅游业的发展查明可供利用的旅游资源状况，系统而全面地掌握旅游资源的类型、特点、数量、规模、质量、级别、成因、时代、价值、密度、地域组合、季节性变化及所在的区位环境状况等，为旅游资源评价、分级分区、开发规划、合理利用和保护做好准备，为旅游业发展提供决策依据。

旅游资源调查的意义主要有以下几个方面。

（1）通过旅游资源调查，可以充分了解旅游区域内旅游资源的类型、数量、特征、规模和开发潜力等因素，从而为后续工作奠定基础，提供准确的工作资料。

（2）通过旅游资源调查所获取的各类基础资料，可以为建立旅游资源信息系统奠定基础，从而起到摸清家底、了解现状的作用，对区域经济发展和旅游资源的开发、管理有极高的参考价值。

（3）通过旅游资源自身及其外部开发条件的深入调查，可以全面掌握旅游资源的开发、利用和保护的现状及存在的问题，从而为确定旅游资源的开发导向、开发时序、开发重点和提出有针对性的管理措施提供真实可靠的资料。

（4）通过旅游资源的定期调查，可以动态、全面地掌握旅游资源的开发进展状况，检测其保护情况，从而及时、准确地为旅游管理部门提供有效的信息，有利于其工作的科学化。

旅游资源调查有描述、诊断、预测、管理和效益等五大作用，如图 2-3 所示。

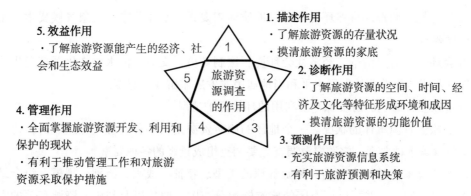

图 2-3 旅游资源调查的作用

**2. 旅游资源调查的类型**

旅游资源调查的类型可以按旅游资源调查需解决的问题以及不同对象分为两个大类，两个大类之下又能再进行细分，如图 2-4 所示。

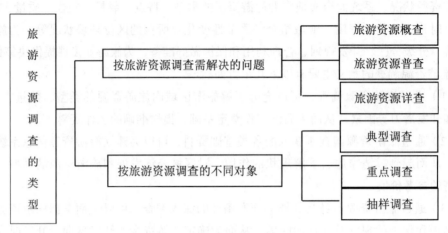

图 2-4　旅游资源调查的类型

**3. 旅游资源调查的内容**

旅游资源调查的内容主要包含以下三个环节。

（1）旅游资源形成的背景条件。了解旅游资源形成的背景条件主要在于了解和掌握调查区内的基本情况，从而找出资源的整体特色及内在联系。包括自然环境、社会环境和环境质量。

自然环境：调查区自然环境状况、地质地貌要素、水体要素、气象气候要素、土壤和动植物要素。

社会环境：历史沿革、经济社会环境、法制环境、交通、供水、文化医疗卫生等基础条件以及当地旅游业的发展水平和当地居民对发展旅游业的态度。

环境质量：影响旅游资源开发利用的环境保护情况。

（2）旅游资源本体的状况。一个地区的旅游资源是由多种资源类型组成的，每一种类型又包含若干种要素。旅游资源调查先要调查组成景观的各种要素。

旅游资源本体的调查包括对旅游资源的类型、特征、成因、级别、规模、组合结构等基本情况的调查，并提供调查区的旅游资源分布图、照片以及与旅游资源有关的重大历史事件、名人活动、文艺作品等。

（3）旅游资源开发现状及开发条件的调查。旅游要素调查：餐饮、饭店、交通、游览、购物、娱乐等软硬件的调查。

客源市场的调查：旅游地和客源地居民消费水平和出游率，依据旅游资源吸引力的大小进行客源分析。

**4. 旅游资源调查的方法**

在旅游资源实际调查的过程中，由于涉及学科范围较广，因此使用的方法较多。常见的方法有以下几种。

（1）资料统计分析法。进行旅游资源调查时，应先收集现有资料，包活广泛存在于书籍、报纸、杂志、宣传材料上的有关调查区域旅游资源的资料，邻近地区旅游资源的情况，旅游主管部门及进行过部分或局部调查的机构或研究人员保留的有关文字资料、影像资料和地图资料。这些二手资料可以使调查者对调查区旅游资源概况形成一个笼统的印象，便于野外实地调查。

（2）现代科技分析法。卫星或航测图片，经处理、加工、判读、转绘等，将区域范围内的旅游资源有选择地予以查明。遥感技术已应用于旅游资源的调查，因为航片、卫片有视野广阔、立体感强、地面分辨率高等优点，还可以节约人力、物力、时间，提高工作效率，发现野外调查不易发现的景物，为开发旅游资源提供可靠的线索。另外，还能在深山、险坡等常规方法无法穿越的地区调查和监测管理。

（3）野外调查法。野外调查是最基本的调查方法。调查人员只有通过实地观察、调查、测量、记录、描绘、摄像等才能获得宝贵的第一手资料，对亲眼所见、亲耳所闻的旅游资源形成直观、全面的系统认识。

实地勘察是一项艰巨的任务，应尽可能地细致深入，勇于探索，善于发现，才能发掘出旅游资源的真正价值。在现有条件的情况下，随影录像，并将现场不能判明的提取标本，再进行分析。

（4）询问调查法。询问调查法是旅游资源调查的一种辅助方式，调查对象应具有代表性，如各主要部门领导、学生、文化馆工作人员和从事历史、地理研究的人员等，它对配合实地勘察、扩大资源信息具有重要意义。通常可以采用设计调查问卷、调查表等，通过面谈调查、会议调查、电话调查等形式进行询问访谈。

询问调查可以弥补调查人员人手少、时间短等缺陷，对某些无法实地勘察的资源更有实际意义。

（5）专家调查法。一般通过与专家进行多次协商，对所研究问题的影响因子体系按其权重值进行打分，并逐渐集中形成协商意见，从而对所调查研究的问题得出结论。

## （二）旅游资源的评价

旅游资源评价要求基于旅游资源的调查，科学分析旅游资源的规模、质量、类别、开发条件等，从而为旅游资源的开发、规划和管理提供依据。

### 1. 旅游资源评价的目的

评价旅游资源有助于规划人员了解旅游资源的价值和吸引力，并明确旅游资源的规划和发展方向。此外，旅游资源的评价直接影响旅游资源所在地旅游业的发展状况。因此，旅游资源评价是旅游地规划与开发的重要环节。具体来说，旅游资源评价的目的主要有以下几方面。

（1）明确旅游资源的质量。对旅游资源类型、规模、结构、质量和功能的评估，可以为旅游资源规划与开发的后续工作提供科学的论证。

（2）明确旅游地的性质。对旅游地的评价，可以确定旅游地的性质，为国家及各地区进行分级规划和管理提供评价的依据，也有助于拟定未来旅游地中旅游资源的主次关系和开发重点。

（3）确定旅游资源开发的秩序。全面评估区域旅游资源，有助于提高资源利用率，明确一般影响决策条件，确定各旅游目的地的建设流程。

（4）提供开发利用的科学依据。通过对旅游资源规模及水平的评价，为国家和地区的旅游资源分层规划和管理提供系统的评估标准。

简言之，通过评估旅游资源，我们可以全面了解旅游资源的水平、特征、开发条件和发展潜力，并为进一步规划和开发旅游资源提供科学依据。

2. 旅游资源评价的原则

旅游资源的结构、性质千差万变，从而就导致了旅游资源的评价是一项复杂和繁重的工作。特别是旅游资源评价具有主观能动性，不同的专家、学者评价的角度、方向也不一样。为了做到公正客观和便于开发利用，在进行旅游资源评价时应遵循的原则如图2-5所示。

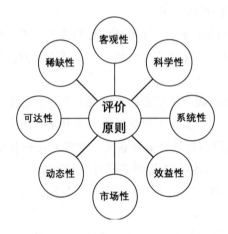

图 2-5　旅游资源评价的原则

3. 旅游资源评价的内容

旅游资源评价是由几个不同方面构成的有机统一体，其主要内容包含以下几个方面。

（1）旅游资源自身价值评价。国家技术标准《旅游资源分类、调查与评价》（GB/T 18972 - 2003）要求按照资源要素价值、资源影响力和附加值三个项目对旅游资源单体进行评价。

（2）旅游资源开发条件评价。旅游资源开发条件评价主要涉及区位条件、客源条件、自然环境、经济环境、社会环境和旅游影响六个方面。

4. 旅游资源评价的方法

有许多方法可以评价旅游资源，并且不同的专家、学者提供了不同的评价方法。一些专家、学者从宏观角度全面概括了旅游资源，还有一些专家、学者对旅游资源的某一方面进行了评价。旅游资源的评价方法主要有两种：定性评价和定量评价。

（1）旅游资源的定性评价。对旅游资源的定性评价是指评价者通过现有的知识、经验和分析能力评价旅游资源的总体情况，对调查或勘查旅游业后获得的信息进行分析。定性评价是揭示旅游业资源现象和改变其主要属性的必要手段。它易于实施，不需要高数据和精度。①一般体验性评价。一般体验性评价是指根据旅行者个人经验对特定地点或一系列游客资源的整体质量进行质量评价。一般采用的办法是，游客回答关于旅游资源优势和劣势的问题，或者由来自不同领域的专家讨论和评价，或者统计出平时常见的报纸、旅游书籍、旅游指南上的频率。此评价通常由媒体或管理组织发起，如中国"十大风景名胜"和"旅游胜地四十佳"的评选。这一评价通常用于促进旅游地的客流量，进行宣传或者推销。评价结果可以使旅游目的地的知名度提高，并且客观地推动旅游需求的流动。评价的特点是评价的项目非常简单，但仅限于少数知名度较高的旅行目的地，而不适用于一般类型或未开发的旅游资源。②"三三六"评价法。三大价值：旅游资源的历史文化价值、艺术价值以及科学研究价值。三大效益：旅游资源开发后的经济效益、社会效益、环境效益。六大开发条件：旅游资源所在地的位置和交通条件、景象地域组合条件、旅游环境容量、旅游客源市场、投资能力、施工难易程度。③"六字七标准"评价法。评价旅游资源，可以采用六字评价标准，即"美、古、名、特、奇、用"。评价旅游资源所处环境时，可采用七个标准，即"季节性、污染状况、联系性、可进入性、基础结构、社会经济环境、市场"。

（2）旅游资源的定量评价。对旅游资源的定量评价是指评价者根据大量的旅游资源进行量化衡量和评价，其中包括使用科学统计方法和数学评价模型，根据各种数据及固定的评价标准来确定评价对象的数量变化和结构关系。①技术性单因子定量评价。旅游资源的技术性单因子定量评价侧重评价旅游资源各个要素对旅游者从事特定活动的适宜程度。技术性单因子定量评价仅限于对自然旅游资源的评价，通常采用一系列技术指标作为评价标准，这些指标是在实际工作中收集的经验价值。每一项旅游活动都有一个或几个旅游资源因素影响着自身质量。旅游资源的技术性单因子定量评价可以针对这些关键旅游资源对旅游活动的影响进行适宜性评价，以确定旅游业务的适宜性。比如，对于海水浴，海滩和海水是决定性因素。另外，还可以针对某种旅游活动将旅游资源的一种或者几种要素组合起来进行评价，据此来确定这一旅游资源适合从事某种等级的旅游活动。②综合性多因子定量评价。综合性多因子定量评价旅游资源的重点是评价旅游地旅游资源的综合价值或旅游地的开发价值。评价的对象通常是一系列旅游目的地，或仅比较每个旅游目的地的旅游资源的开发价值。对于一个类型的旅游资源，评估工作遵循一个统一的评估制度，并有一定的共同评估标准。评估系统中大多数评估的因素都具有相应的权重值。评估结果通常是量化数值。综合性多因子定量评价必然要用到旅游资源体验性评价和技术性评价的结论，因此综合性多因子定量评价包括旅游资源体验性评价和技术性评价的过程。

## 二、旅游资源的开发

### （一）旅游资源开发条件分析

旅游开发是对旅游资源进行评估的终极目标，是一个系统性项目，涉及社会、经济、文化、环境等部门。旅游资源开发受到外部和客观条件的影响和限制，因此需要研究、分析和评价地点、条件、旅游业、旅游客源市场、旅游资源环境容量等因素。

1. 旅游资源的区位条件分析

区位条件是指拟开发的旅游区的地理位置与客源地、附近城镇的距离，交通的可达性和相邻旅游区的空间关系。在很大程度上影响着该旅游地在宏观区域旅游发展中的地位、作用以及该区域在宏观旅游业开发中的时序、水平、结构和组织等。旅游业发展规划中，区位条件的分析非常重要，不仅能为区域旅游发展规划提供依据，也是旅游开发最重要的基础。区位条件对区域旅游发展规划的影响主要是通过地理位置、交通、经济、文化、信息等相互作用、密切联系而发挥作用的。区位条件对开发区的吸引力有加强或减弱的作用，必须进行认真分析和恰当评价。一般认为旅游地的区位条件主要从与客源地的距离、与城镇的依托关系、交通的可及性、与相邻旅游区的关系四个方面来分析。

（1）与客源地的距离。旅游资源开发的目的是为了吸引游客，一定数量的客源也是维持旅游经济活动的必要条件，不管旅游资源有多好，如果没有一定数量的游客支持，旅游资源开发也不会产生好的效益。但旅游资源的吸引力随着距离的推移而减少。旅游资源的开发能否成功在很大程度上取决于旅游目的地的距离，特别是与经济发达地区的距离。一般来说，在经济发达地区或附近开发和利用旅游资源比在经济欠发达地区开发旅游资源更好。

（2）与城镇的依托关系。与城镇的依托关系，是指开发旅游资源时要依托景区附近的城镇。一方面，在旅游景区开发初始阶段，可以依托城镇现有的各种公共设施，如住宿、餐饮、娱乐、邮电、医疗、电力、供水和交通，为旅游业服务；另一方面，城镇居民是我国旅游产品消费的主流人群。随着物质文化生活水平的提高，恩格尔系数的下降，我国城镇居民已逐步进入小康社会，人们的消费观念、消费档次也发生了根本的变化，外出休闲旅游成为人们在紧张、单调的工作之余放松自己的重要方式。注重与旅游开发地区城镇的依托关系，也为旅游景区获得了大批的潜在旅游者。

（3）交通的可及性。交通是联系客源地和旅游区的桥梁，是构成完整的旅游功能系统的必要组成部分。交通的可及性即旅游者进得来、散得开、出得去，是旅游资源开发和发展的前提条件。旅游资源所处的交通位置的优越性直接影响其开发价值。

（4）与相邻旅游区的关系。与邻近旅游地区的关系是指某一特定旅游资源与其周围的旅游资源之间的关系。旅游业是否可以繁荣既取决于资源的绝对价值，也取决于资源的相对价值，即地点与邻近地区的其他旅游资源之间的关系。旅游资源有两个主要的空间交互作用：第一，同一类旅游资源之间的抑制替代作用；第二，不同类旅游资源之间的互补增强作用。当然，不同层次旅游资源之间的相互作用也是不同的。性质相同、级别相同的旅游资源之间具有明显的相互转化关系，以此为基础形成的旅游区之间的竞争也最为激烈，这不可避免地导致市场机会重新分配；性质相同、级别不同的旅游资源之间则表现为高级对低级的单方替代关系，在这种情况下，级别较低的旅游资源的开发价值将受到严重影响。性质不同、级别相同的旅游资源之间存在明显的互补关系，以此为基础形成的旅游区之间能相互合作，获益良多；性质不同、级别不同的旅游资源则表现为高级对低级的单向替补关系。

2. 客源条件分析

客源条件是指游客来源地（本地的与外地的）游客参与旅游活动的环境状况。一个地区的旅游产业是否能够有长足的进步，主要取决于游客对该地区的认知程度、市场客源覆盖面积的大小、单位时间内游客的数量等因素。这些因素都直接关系着该地区的旅游收益情况。所以在对旅游资源开发条件评估中，被评估对象所面对的客源市场在哪些地区、该旅游区游客的构成情况、目标人群的消费状况等因素都是被评估地区最关心的问题。一定数量的客源是维持旅游经济活动的必要条件，不管旅游资源有多好，如果没有特定数目的游客支持，旅游资源的发展也不会产生好的成就。游客资源的客源可以从两个方面分析。

（1）客源地的空间构成。分析客源地的空间构成主要是分析旅游来源的区域范围、最大可以辐射的地域半径和吸引游客的特征。特别是主要游客来源地有哪些、主要客源地的距离和交通条件、主要客源地的人口特征及其经济和文化条件、被开发地的旅游资源和客源地的旅游资源的关系等。经过对以上因素的合理分析，应得出一级客源市场的城市或地区，二级、三级客源市场的城市或地区，通过统计以上各城市或地区的人口的出游率，分析出游客可能进入被开发区的游人率，得出被开发区的基础年游人量。

（2）客源时间变化。从时间方面主要是分析因客源季节变化而可能形成的旅游淡旺季时间，这与旅游资源开发地的气候特征、景观的季节变化、节假日旅游区需求的影响有一定的关系。在对以上条件进行分析的基础上，确定出被开发的旅游区各月游人量变化规律、日最大游人量、月平均最大游人量等指标。

旅游资源的类型、等级不同，其客源市场指向也不同。视旅游资源的价值和重要性而定，旅游资源分为国际性、全国性和区域性资源，应当在评估过程中根据实际情况予以解释。对客源条件的评估应与旅游资源价值、区位条件和交通条件等因素结合起来全面考虑。

3. 社会环境条件分析

社会环境条件主要涉及政治局势、政策和法规、政府及当地居民对旅游业的态度、医疗保健状况、当地开放性程度和旅游资源习惯。在社会治安不好的地方，即使有高质量的旅游资源，也无法吸引游客前去旅游。如果政府对旅游业非常重视，并且政策对旅游业的发展有利，就会调动人们对旅游资源开发的积极性，投资旅游业，促进旅游业的发展。医疗保健好的旅游目的地可以吸引更多游客。如果当地居民的文化水平和个人素质高，人们很友善，并且对旅游业有正确的认识，那么他们在促进旅游资源开发和旅游业发展方面就会发挥积极作用。

4. 开发效益分析

对旅游资源开发的评估要从以下三方面分析：生态效益、社会效益和经济效益。经济效益是通过开发和利用旅游资源可以获得的经济回报。社会效益是旅游资源开发对智力发展、知识增长、扩大视野、科学和文化交流、友好交往和其他方面的影响。生态效益是指旅游资源开发和利用对环境的影响。

旅游业是一个经济产业，因此需要进行投入产出分析。为了评估旅游资源开发后的经济效益，我们不仅应该估算直接的经济指标，如投资量和投资获得收益的时间，而且还应评估因关联带动作用由乘数效应带来的综合经济效益。旅游业发展的社会效益分为积极的和消极的两方面。积极的一面包括扩大视野、增加知识、增强爱国主义与国际主义精神、破除保守落后的思想，并促进各地的人们建立友好关系。消极的一面是影响到旅游地的社会风尚、伦理道德等，如贪图享乐、赌博、色情以及其他丑恶现象，这些都是因为旅游景点门户开放引起的。因此，我们应该分析可能带来的社会效益，杜绝一切与我国社会主义精神文明背道而驰的旅游项目的开发。旅游业的发展带来了积极影响，如城市美化、交通便利、建立自然保护区和保护稀有动植物。然而，旅游业也会对环境产生负面影响，如资源破坏，因为在景区接待过多的游客而导致环境恶化。因此，还必须评估旅游资源开发的环境效益。若是在发展旅游资源和保护环境之间存在巨大的矛盾，则保护环境至关重要。环境保护、社会效益和经济效益是相互联系和相互影响的。在评估过程中，我们应该进行全面的分析，从而得出科学的结论。

### （二）旅游资源开发模式

旅游资源开发模式可以按资源类型、投资主体分为两大类。

**1. 按资源类型划分的旅游资源开发模式**

（1）自然类旅游资源开发模式。自然类旅游资源是指由地质、地貌、水体、气象气候和生物等自然地理要素所构成的，具有观赏、文化和科学考察价值，能吸引人们前往从而进行旅游活动的自然景物和环境。自然类旅游资源以其特有的天然风貌和纯朴本色，对旅游者产生强烈的吸引力。它可供旅游者进行游览、度假、休憩、避暑、避寒、疗养、学习、垂钓、滑雪、登山、探险、野营、考察等旅游和娱乐活动。有些自然类旅游资源不经过开发，原汁原味就可吸引旅游者开展旅游活动，但绝大多数自然旅游资源都要经过开发建设才能具有较强的吸引力，才能方便旅游者进行旅游活动。旅游资源开发建设的主要内容是交通线路布设、协调配套的旅游设施，包括各种基础设施和旅游专用设施等。但是在建设的过程中，又要力求保持自然景观的原始风貌，减少人为因素的干扰和建设中的破坏。

自然类旅游资源通常具有观光、娱乐、健身、度假、科学研究和各种主题旅游等功能。一般来说，观光旅游是一项基本功能。其他，如地质地貌类旅游资源，也具有健身、登山探险、科考教育的功能。自然类旅游资源的开发一般要尽量突出资源的本色特点，在保障旅游者可以进入及环境保护设施达到要求的前提下，尽量减少和避免人为的干扰性建设及资源地的城市化倾向，使之源于自然，体现自然。而对自然、人文相互交融的旅游资源，由于人类对大自然的长期作用，往往在资源地打上了深深的烙印，这类旅游资源的开发应在突出自然美的基础上，深入挖掘其文化底蕴，做到情景交融，自然美和人文美交相辉映、相得益彰。

（2）文物古迹类旅游资源开发模式。中国是一个文明古国，文物古迹类旅游资源丰富。这种旅游资源对中国旅游业发展具有推动作用，从某种意义上说，代表了我国作为文明古国在世界上的旅游形象，其开发价值极大。文物古迹类旅游资源是人类文明的宝藏，具有多种多样的旅游功能，如观光游览、考古寻迹、修学教育、学习考察、访古探幽、文化娱乐等。文物古迹类旅游资源可供游人参观瞻仰，可进行考古研究和历史教育，还可以深入挖掘其历史文化内涵，开展形式多样、参与性强的文化娱乐活动，如文物复制、古陶器制作、古乐器演奏等。文物古迹类旅游资源一般都和历史文化名城相伴而生，并以历史文化名城作为依托。因此，开发文物类旅游资源，主要着眼点应在历史文物古迹的修复、整理、保护，并向游人说明和展示其历史价值。此外，文物古迹类旅游资源的开发还要与城市的总体发展规划结合起来，使历史文化名城既保持其历史性和文化性，又能满足现代社会的需要。

文物古迹类旅游资源的吸引力在于它的民族性、文化性、艺术性和历史性。它的开发可以从展示旅游资源的艺术价值、历史价值、文化价值、科学价值、美学价值和稀有价值入手，着重反映和展示旅游资源所代表的历史时期的政治、经济、文化、社会、文学艺术等的发展水平及其历史意义，着力打造特色鲜明、主题突出的文物古迹类旅游产品。文物古迹类旅游资源是在漫长的历史长河中逐渐形成的，具有不可再生性，一旦受到破坏，将永远消失。因此，我们在开发旅游资源时，必须遵守"保护第一，可持续利用第一，在开发中保护，在保护中开发"的原则。

（3）社会风情类旅游资源开发模式。我国的56个民族是社会风情类旅游资源最广泛的基础。这种游客资源是以人为主要载体，特别是通过人的生产劳动、日常生活、婚丧嫁娶及人际交往关系等行为方式而表现出来。所以，参与性是其第一大旅游功能；动态性强是其第一大特点。社会风情类旅游资源往往具有表演性、活动性和精神指向性，体现当地独特的民风民俗和人文特征。此外，该类旅游资源还具有传播文化、促进交流与合作的作用。所以，社会风情类旅游资源具有观光游览、愉悦体验的功能。与其他旅游资源开发方式不同，社会风情类旅游资源的开发更强调参与性、动态性和体验性，要尽可能地使旅游者参与到旅游地的社会活动和民俗仪式中去，让他们对当地的社会风情、民族习惯有切身的体验。具体可以通过举办各种富有当地特色的旅游活动来吸引游客。需要指出的是，对这类旅游资源的开发一定要保持当地风情的原汁原味，不能单纯为了商业目的而改变或同化了当地民风民情的特色。

（4）宗教文化类旅游资源开发模式。宗教文化是人类精神财富的重要组成部分，已成为非常重要的人文旅游资源。宗教文化具有浓重的精神文化色彩，文化艺术性极强。宗教文化有很大的游客市场，不仅吸引了很多信徒，还吸引了非宗教信仰者，他们喜欢不同的文化。同时，宗教活动具有浓厚的氛围、神秘的表演性和广泛的参与性，且节庆日多，易于开展各种专题旅游活动。

宗教文化类旅游资源具有观光游览、朝拜祭祀、猎奇探秘、参与游乐等旅游功能。宗教文化类旅游资源往往由宗教组织进行开发，开发者深谙宗教特色和内涵。但从旅游的角度来看，开发时强调参与性、神秘性以及动态的表演性，并营造宗教氛围，以展示宗教的活动特点、艺术特色、建筑特色，开发设计时要留足进行宗教活动的空间场所。

（5）现代人工吸引物类旅游资源开发模式。改革开放以来，中国经济快速发展，通过改善交通状况，不断完善基础设施，可用于开发旅游地的各种现代人工旅游吸引物大量涌现，成为重要的旅游资源。这些旅游资源可分为两类：观光型和游乐型。前者如上海的东方明珠电视塔以及北京、上海、深圳等地由整个城市新建筑群所构成的现代都市风貌，后者如深圳世界之窗、苏州乐园等主题公园。

建造人工旅游吸引物，对于那些缺乏旅游资源，但又具备较好的开展旅游的外部条件（如经济发达、交通便利、人口密集、客源丰富）的地区是旅游资源开发的一种最好的思路。建造人工旅游吸引物有利于增加旅游内容，延长游客停留时间，丰富当地居民的业余文化生活。现代人工旅游吸引物通常具有娱乐、观光、演艺体验等旅游功能。

然而，建造人工旅游吸引物投资大、周期长，且要和周围的环境、已有建筑物相协调，是一种难度较大的旅游资源开发模式。这种开发模式需要在地点选择、性质与格调确定、产品定位、市场定位、规模体量、整体设计等方面都进行认真细致的调研，并要特色突出，个性鲜明，在某一方面具有垄断性，注意大众化、娱乐性和参与性。

2. 按投资主体划分的旅游资源开发模式

（1）政府主导型旅游资源开发模式。政府在对跨地区旅游资源开发和在旅游区建设一些基础设施方面发挥至关重要的作用。政府作为投资主体，分为中央政府和地方政府。中央政府投资主要集中于宏观意义上的，投资规模大、回收期长、风险大、跨区域、涉及多方利益的大型公益性开发项目上，如跨区域交通道路建设、能源基地、大型环保项目、码头、机场的修建。这些基础设施对旅游业生存和发展至关重要，只有中央政府才有能力投资和建设这些基础设施。地方政府主要投资于一些地方基础设施项目，如区域内除中央投资外的交通道路建设，大型旅游开发项目建设，大型环保工程、机场、码头的建设等。

该模式的特点是政府运用掌握的开发规划审批权力对旅游资源开发进行宏观管理。开发资金的投入主要依赖中央、地方财政，但可能对一些公共设施的投入引入相关的市场招商引资机制。对具体的旅游开发项目不进行具体干预，主要通过开发规划和行政审批来调控。该模式适用于旅游资源待开发区域及经济欠发达地区的旅游开发，多见于铁路、高速公路、旅游专用公路、环保工程等旅游基础设施建设。

（2）企业主导型旅游资源开发模式。企业主导型旅游资源开发模式是当地政府出让其职权范围内的旅游资源开发和经营权，吸引投资商进行开发经营，政府只在行业宏观层面通过规划、政策法规、宏观市场促销等方式对投资、开发商进行管理的模式。按照投资企业的不同，可划分为不同的投资、开发类型，如国有企业型、集体企业型、民营企业型及混合经济型（国有、集体、非国有企业中的几个企业共同投资开发，按照股份制组成开发经营董事会）等。

这种模式主要面向不同类型的旅游资源开发项目。旅游景点项目管理相对较为容易，具有明显的经济效益，投入产出比值高，投资回收期较短。近年来，随着国内企业的发展，投资领域逐渐扩大，呈现多家公司一起投资旅游项目的趋势。随着政府职能的转变，在未来的旅游业发展中，企业投资开发经营旅游景区景点将会成为我国旅游资源开发最主要的模式。这种模式的特点是政府从宏观层面上管理市场、审批开发规划项目、制定法规和旅游发展战略等，不直接进行投资，而对旅游资源开发项目引入市场机制，引导企业来开发建设、经营旅游项目，按照市场经济的法则来发展旅游业。该模式是我国优先支持的旅游资源开发模式，适用于所有不同类型的旅游资源开发区域。

（3）民间投资型旅游资源开发模式。民间投资型旅游资源开发模式是指普通私营企业或个人投资中小型旅游资源开发项目，或者在旅游地区投资经营饮食、住宿和购物项目，如地方风味餐厅、旅店、农家乐项目等。这一类投资主体往往较注重投资的短期效益，追求投资回报率。他们通过个体投资或多人筹集资金来开发旅游项目。虽然民间投资只是单个或几个旅游项目的资本投资，但对关联性很强的旅游业来说，这一点非常重要。根据"谁投资谁受益"的原则，民间资本对旅游业的投资热情将不断提高。

民间投资给旅游业的快速发展注入了一定的活力，可以在聚集资金和填补缺口方面发挥重要作用，为旅游者提供舒适的旅游消费条件，这是发展城镇特色旅游业的重要组成部分。此模式的特点是投资规模通常不大，投资涉及的范围相对较广。一些旅游开发项目投资较少，收益较快，能够获得这些投资者的青睐。这种模式适用于旅游业相对成熟并获得了良好经济效益的项目，或旅游业刚开始发展的旅游资源开发领域。

（4）外商投资型旅游资源开发模式。外商对我国旅游项目的投资目前集中在酒店、餐厅、旅行社和汽车租赁行业。投资的主要方法是合资。为了进一步增加外商对我国旅游业投资的机率，引导外资投向建设旅游基础设施和开发旅游资源是中国旅游业吸引国外投资的重要发展方向。这种投资方式将变得更加灵活和多样化。例如，旅游资源地的开发和建设是通过 BOT 进行的，在一般情况下，政府首先将项目的投资权直接给外国投资者，然后让他们自己投资开发和建设。项目完成后，投资者独立经营，因此投资者可以在规定的时间段内投资并获得收益。在经营年限期满后，当地政府把旅游项目的经营权从投资者手中转移过来。

这种资源开发模式的特点是投资规模可能很大，外商将带来先进的管理理念和管理模式，对地方旅游业发展可能起到一种示范带动作用。该模式适合于经济欠发达地区的旅游资源开发，或资源开发需要资金量很大，当地不可能进行开发的旅游项目。

上述模式并非完全独立。通过进一步完善旅游资源开发投资管理体制，在实际的旅游资源开发项目中，以上四种模式可能会相互交叉结合。"以政府为主导，以企业和外商为投资主体，民间和个人投资为投资补充，共同进行旅游资源开发"的模式将会成为我国旅游业发展的主体形式。

## 三、旅游产品开发

### （一）旅游产品的概念与构成

可以将旅游产品理解为产品经营者为满足旅游者的需要而提供的一系列的实物和服

务的总和。从游客的角度来看，旅游产品是旅游者花了一段时间、一定成本得到的一次完整的旅游经历。旅游者通过购买和消费旅游产品获得心理和精神满足。

旅游产品是一个综合概念，其中包括旅游资源、旅游设施、旅游商品和旅游服务等，满足旅游者对饮食、住宿、旅游、购物和娱乐等的需要。总而言之，旅游产品可分为目的地景观与环境、目的地设施与服务、目的地的可进入性、目的地形象、提供给顾客的价格等几大要素。

1. 目的地景观与环境

旅游产品要素的基础是目的地景观与环境，主要包括以下要素。

（1）自然景观。自然旅游资源及其本我特质的释放是自然旅游资源表征或特色的展示，展示给旅游者的是能够构成景观（景致）的资源体，如峰丛、沙滩、冰川、雪山等。

（2）人文景观。人文景观是人文旅游资源转化为旅游产品的部分内容，如寺院建筑、历史建筑遗迹，现代建筑如滑雪场、高尔夫球场、保龄球馆、足球场、工厂、主题建筑物等。

（3）文化吸引物。文化吸引物包括历史人物故事、历史事件发生地、艺术、民俗、民族风情、节庆活动等。

（4）社区吸引物。社区吸引物是社区居民的生产方式、生活方式、交往方式，如劳动工具、生活工具、语言、婚姻习俗、宗教仪式等。

（5）社区环境。社区环境主要是生态环境，如森林覆盖率、空气纯净度、气温舒适度、湿度大小、水体环境等。

2. 目的地设施与服务

目的地设施与服务是游客在目的地购买的软产品和硬产品的总和，包括以下几个方面。

（1）住宿设施。住宿设施包括酒店、青年旅馆、度假村、度假别墅、度假公寓、露营地等。

（2）餐饮设施及服务。餐饮设施及服务包括各类餐厅、酒吧、咖啡屋、茶楼及其提供的相应服务。

（3）交通设施。交通设施包括游道、公路、索道、缆车、滑道、出租车、大巴、自行车、滑竿等。

（4）娱乐设施及服务。娱乐设施及服务包括歌舞厅、卡拉 OK 厅、博彩馆、跑马场、斗牛场等。

（5）体育健身设施。体育健身设施包括滑雪设施、高尔夫俱乐部、滑翔设施、攀岩设施、健身房等。

（6）购物设施。购物设施包括旅游商品商店、免税商店、手工艺品制作点、露营用品商店等。

（7）商务设施。商务设施包括传真、文件打印设备、会议室、商务谈判室等。

（8）安全卫生设施及服务。安全卫生设施及服务包括旅游警察或保安服务、贵重物品寄存服务、高档卫生间、垃圾清除设施等。

（9）其他便民设施。其他便民设施包括问讯处、残疾人通道、医疗点、急救室等。

### 3. 目的地的可进入性

目的地可进入性主要指的是从旅游客源地到旅游目的地的水陆空等交通设施和基础建设状况。

### 4. 目的地形象

旅游目的地形象是旅游者对旅游目的地的认识和感知。旅游地之间的竞争在很大程度上是形象的竞争，这是地方政府、企业必须共同解决的一个大问题。

世界上许多著名的旅游目的地的形象都具有丰富的内容，具有强大的吸引力。例如，巴黎的旅游形象是"花都"，给人以浪漫、艺术天堂的暗示。旅游业发达的地方，旅游形象往往熠熠生辉。

### 5. 提供给顾客的价格

提供给顾客的价格是旅游者离开家居所在地到达目的地旅游，再回到家中的整个旅游经历过程中产生的所有费用的总和。包含了吃、住、行、游、购、娱的所有支出。这是旅游者考虑旅行成本的重要方面，旅游者希望价廉物美和物超所值。旅游产品的定价基本上有以下三种方式。

（1）成本加成定价法。成本加成定价法是在对所开发的旅游产品的成本做出计价后，再加上企业的利润而最终形成产品价格的方法。这种定价方法的关键是确定企业利润的大小，通常在旅游产品的定价中，由于整个行业已经形成了比较固定的利润率，所以可根据通行的利润率来定价。对于新开发的产品，或具有垄断性质的产品，其利润率的确定相对来说比较自由，但是也要考虑消费者的承受程度，在固定的价格弹性范围内做出一个合理的定价，使利润达到最大化。

（2）竞争导向定价法。价格是竞争的一个重要手段，可以通过产品价格的调整来进行或避免竞争。在考虑自身资金的前提下，降低价格，从而吸引更多顾客，以提高自身在市场中的地位，增加所占的市场份额。如果企业资金实力较弱，可以采取与同行业中大多数企业制定的价格相对平衡的定价。在这种定价方法中，要注意维护整个行业价格的稳定性，避免恶性竞争。

（3）认知价值定价法。这是以顾客为中心的定价方法，顾客的价值认知是价格制定的基础。认知价值定价法是指调查消费者对价格的认知度后，再确定相符合的价格。价格认知度是消费者就有关产品和服务支付多少钱才认为比较合适的感觉。因为最关注的是消费者的评价，"便宜的"价格并不见得能取得预期效果。影响消费者对价格的认知度的原因是多种多样的，其中最主要的是消费者的价值观。然而由于旅游产品的实际价值往往难以判断，所以对产品的宣传、营销策略等会在很大程度上影响顾客对产品价值的理解。

## （二）旅游产品的特点

### 1. 功能（效用）上的审美与愉悦性

旅游产品的使用价值表现为它能满足游客在旅游过程中物质生活和文化精神生活的需要，特别是文化精神生活的需要。旅游产品中的许多旅游资源都是历史文化和现代文化科技的结晶，具有艺术性、观赏性和审美的特征。

### 2. 空间上的不可转移性

旅游产品不能转移到旅游出发地供给游客，也不能像其他物质产品一样可以带走。旅游产品只能将旅游地的名胜古迹、文化遗产等历代劳动者所创造的价值和历史价值通过消费者的空间转移而得到延续。因此，旅游产品的吸引力成为旅游业成功或失败的决定性因素，这种吸引力往往随着空间距离的扩展而下降，所以信息流通、交通便利非常重要。

### 3. 生产与消费的同步性

旅游产品作为服务性产品，通常当游客到达旅游目的地时，才开始生产并且交付使用。这意味着完成旅游服务活动需要生产者和消费者参与，生产和消费同步。旅游产品的生产和消费在同一时间背景下是不可分割的，而且它们通常是一个过程的两个方面：何时开始生产旅游产品，就何时开始消费，消费结束时，生产也停止。这种特性使旅游产品与普通消费品有很大的不同，给旅游产品的开发和管理带来了严峻的考验。

### 4. 时间上的不可储存性

旅游服务和旅游设施的时间性决定了旅游产品的不可储存性。旅游产品和制造业产品有本质上的不同，制造业产品卖不出去可以放起来，但是旅游产品如果没有人购买，就会出现配套设施和服务人员闲置。因此，旅游目的地和旅游产品和服务的供应部门应特别注意开拓客源市场，增加产品销售量。

### 5. 所有权的不可转让性

旅游产品的不可转移性是由它的无形性决定的。它的交换过程不是倾向于实物的交换，而是游客带着倾向亲自到旅游目的地进行交换和消费。游客购买的不是其所有权，而只是使用权。这一特点决定了旅游产品和服务的供应部门应很好地利用旅游产品和服务生产所依托的设施、设备的所有权，充分发挥旅游服务产品的功能，设法提高其使用期限和使用率，以获得更大的经营效益。

## （三）旅游产品的类型

旅游产品按性质不同可分为观光、度假、专项旅游产品三种基本类型。

### 1. 观光旅游产品

观光旅游产品是供游客观赏、访问和参与的旅游产品，是供游客购买的自然风光、文化内涵的展示品和民俗风情体验等方面的旅游经历。这是旅游产品的初级产品，但从一开始就是基本产品，不会随着旅游业的发展而失去市场购买力。从游客的消费情况来看，游客购买的观光旅游产品样式新颖，但是游客停留时间很短，所以消费不高，并且没有太多回头客。然而，游客的基本数量是很大的。观光旅游产品主要包括自然风光观光和人文观光产品。

2. 度假旅游产品

度假旅游产品是供游客在一定时间内度假消费的旅游产品。度假者在一个地方花费的时间比观光旅游多，而且他们在单位时间内消费更多，他们对环境、设施和服务质量的要求也更高。此外，娱乐、健身、疗养等产品的开发是度假旅游产品的重要内容。

度假旅游是比观光旅游更高的一种旅游形式。随着经济的发展和人们可支配收入的增加，对度假旅游产品的需求越来越多。特别是我国政府目前制定的公民带薪休假和奖励旅游的制度将有效推进中国的度假旅游。

3. 专项旅游产品

专项旅游产品旨在提供专门化、主题化、特种性的产品。游客以特定目的购买专项旅游产品。随着目标市场的细分越来越专门化，这种产品的外延不断扩展，游客对专项旅游产品的需求也不断增加。专项旅游产品的大规模开发是旅游业中等和更高水平的象征。

我国旅游业从总体上看尚处于初级阶段。但在旅游业发达的区域和大都市，旅游业发展已经向中高级阶段迈进，因而这些地区游客对专项旅游产品的需求也在不断增长。专项旅游产品的类型丰富多彩，如会议旅游、商务旅游、购物旅游等。

### （四）旅游产品的开发

旅游产品在旅游业务链中是一个非常重要的环节，在旅游业，乃至其影响几乎无所不及的行业里，有着举足轻重的地位和作用。旅游产品开发已经成为旅游行业能否迅速提升服务素质、占领更大市场的关键。谁率先在旅游产品开发上走出了一条创新发展之路，谁就可以占领更大的市场份额，谁就可以迅速地成长起来。

1. 旅游产品开发的原则

旅游产品的设计和开发原则取决于旅游需求和旅游产品的特征。

（1）市场导向原则。旅游需求是旅游产品产生、发展和消亡的直接决定性因素。因此，旅游产品的设计和开发要重视游客的需求，以此来确定旅游产品的价值指向。尤其重要的是调查、细分、定位和预测旅游市场以及旅游业的未来走向。以市场为出发点，依照具体情况对旅游产品进行有针对性的设计和开发。旅游产品开发导向包括资源导向和市场导向。资源导向是从本地所拥有的旅游资源条件出发，以旅游地的旅游资源开发和建设为基础。市场导向是以市场为中心，在旅游产品开发中强调市场需求的重要作用。这一思想的来源如下：首先，在很多旅游地旅游项目的开发中，都是以旅游资源开发项目的可行性为基础，但是这也并非唯一的考察方面；其次，旅游资源基础往往可设计与开发多种旅游产品，但某一产品一定要符合当前和未来旅游市场的需求；再次，良好的资源可能由于可进入性差和供求结构性矛盾而成为不值得开发的资源，不能成为旅游产品；最后，许多成功的做法表明，在旅游资源短缺，但是需求量大的情况下，旅游产品的设计和开发需要因地制宜，根据经济、技术和地域条件，以低成本开发旅游产品，如深圳的锦绣中华和世界之窗人造主题公园。由此可以看出，游客需求是旅游产品设计和开发的基本指南或基础，而资源导向不一定是正确的。在确立旅游产品设计和开发的市场导向之后，需要深入调查和研究旅游需求的各种因素，进行市场分类和定位，以此获得最大经济效益。

（2）符合美学要求的原则。旅游的本质是使游客获得视觉享受，使游客心情舒畅。旅游业是现代人对美的追求，旅游产品的设计和开发是在旅游资源中发现美，并根据美学原理创造美，将独特的相对分散的美集中在一起，满足游客的审美需求。旅游审美可以分为三种基本类型：自然审美、社会审美和艺术审美。自然审美具有共同性和随意性，其审美对象主要是大自然。随着工业化和城市化的发展，越来越多的人向往"久在樊笼里，复得返自然"的乐趣。回归自然已成为现代旅游业发展的主要趋势之一。具有不同个性特征的游客都有自然旅游观光的愿望和能力，但自然美也需要被发现，这与游客的审美能力和审美趣味有关。社会审美的对象主要是由人的存在和活动构成的，通常存在于人与历史、道德伦理、习俗、婚姻家庭、经济政策、宗教信仰、社会工作和社会产品中。它们不仅具有持续的魅力，而且有意义。独特的社会审美旅游产品具有强大的游客吸引力和竞争力。我们应扩大社会审美领域，开发典型的和独特的相关旅游产品，并有意识地培育旅游地良好的社会风尚。艺术审美的对象是人们创造的有意味的形象，即艺术品，这些艺术品具有主观性和真实性等特征，这些特征又决定了旅游艺术审美的主导性和强制性特征。艺术品的审美价值不在于它的存在，而在于它的存在意义。艺术品不仅能为游客带来快乐，还具有美育功能。艺术审美不仅存在于一般艺术品的鉴赏中，也产生于旅游者与旅游企业之间的审美关系中。旅游艺术审美的特征决定了在开发旅游产品的过程中，要重视艺术创造，提高艺术品位，建设导游系统。旅游产品的设计和开发不仅要强调自然、社会和艺术审美的要求，还要努力实现三者之间的协调和融合。旅游产品的审美特征越突出，它们的旅游吸引力和市场竞争力就越大。

（3）注重特色的原则。强调主题和特色的原则是旅游产品的灵魂、吸引游客的源泉以及市场竞争的核心。主题是将旅游产品和相关因素结合起来，形成内在和统一的基调。主题的设计应该具有自己的特色。自然状态下的旅游资源通常看起来很单调，而且主题并不明显。旅游产品的设计和开发应以全面分析资源特性为基础，进行概括、优化、选择，去粗取精，突出重点，通过加强、丰富、协调、剪裁和创新等方式来实现。设计和开发旅游产品的主题和特色，首先应全面分析区域背景和资源特性，确定其文化和资源是否具有突出的地方特色，具有相对优势或普遍特性，然后通过协调文脉、突破文脉或者协调与突破相结合的方法，确定旅游产品的主题。文脉是指旅游产品所在区域的地质、地貌、气候、土壤、水文等自然环境特征和历史、社会、经济、文化等人文地理特征，是一种具有区域性的自然基础、历史文化传统以及时间和空间的组合。当然，与环境协调的旅游产品具有当地特征。在地方特色不明显、具有一定普遍性的旅游地突破文脉则能形成出奇制胜的旅游产品。旅游产品的特征主要表现在地域性、民族性、原始性或现代性等方面，这些方面必须围绕主题加以强调。其次，旅游产品的主题和特色主要通过主体景观和景物体现出来，因此必须使主题和主体相互协调和配合，避免它们之间存在偏离。同时，旅游媒体的配置也应与旅游产品的主题和特色相协调，以表现或凸显旅游产品的主题和特色。再次，确定旅游业产品的主题也应该满足市场和竞争的需求。研究和分析其他区域的旅游产品开发和构成，特别是周围的旅游区，以形成合理的分工和协作，避免产品主题的雷同、重复开发及近距离旅游市场的恶性竞争。最后，在设计和开发区域旅游产品系列时，应注意产品结构的协调和优化，突出产品系列中的主导产品，主导产品可以是一系列产品中具有典型特性的产品。或者根据"你无我有，你有我优，你优我新，你新我奇"的原则选出具有垄断性的产品。也可以进行规模和品牌开发，在旅游业产生具有强大影响力和竞争力的产品。

（4）塑造形象的原则。引导消费的原则对旅游产品需求产生影响的因素多种多样。实际上，每个影响因素都在变化。因此，旅游需求的基本特征是具有灵活性，这决定了形象塑造和信息传播对推销旅游产品的重要性。在如今的旅游市场竞争中，旅游工作者和研究人员在旅游地综合开发的过程中，更注重旅游形象设计在开发旅游产品和增强旅游产品市场竞争力方面的作用。国内外旅游发展形势较好且具有持续吸引力的旅游目的地一般都有独特且吸引人的旅游形象。旅游目的地的形象设计具有市场营销成分，并强调旅游目的地的特色。通过系统地设计、公众参与、各类活动和媒体强化旅游目的地的精神文化理念，这些理念积累了形象的价值，增强了旅游目的地的凝聚力和吸引力，并改善了旅游目的地的内部和外部环境。旅游产品的研究表明，旅游产品的营销取决于自身形象的传播。这种形象的作用会激发潜在的旅游者对旅游地的意识以及对旅游目的地的初步印象，让他们感受到对旅游地的向往，并且愿意动身前往旅游目的地。旅游形象是吸引旅游者的主要因素，对发展和稳定旅游市场，实现旅游业的可持续发展具有重要意义。同时，旅游形象对新兴、后起旅游地的未来发展也有重要的作用。旅游形象设计首先要分析旅游产品及其所在地区的背景，建立旅游产品的理念基础，并优化和提炼为主题宣传口号。其次，通过管理行为、服务行为和公关行为的设计，形成相应的活动行为准则。最后，游客所看到的旅游标志、标准字体、标准颜色、吉祥物等形成一系列重复的视觉形象。这样，旅游形象设计系统包括理念基础、行为准则和视觉形象，然后通过客源市场的公众识别、旅游形象的定位、大众广告传媒、市场营销渠道、社会公关活动等，为旅游地导入旅游形象识别系统，实施旅游形象战略，建立具有强大竞争力的旅游产品品牌。

**2. 旅游产品的开发步骤**

（1）旅游资源调查与综合评价。旅游资源的全面调查研究和准确的分析评价是旅游产品开发的前提。调查研究的内容主要包括旅游资源的类型、数量、分布、个性、特色等。对自然景观类旅游资源要着重弄清其成因及演变，对人文旅游资源则应查清其历史渊源及文学艺术价值等。但无论何种旅游资源，都要分析其旅游价值、功能、空间组合特征及旅游容量。

（2）旅游市场调查与分析。认识市场是产品开发的基本依据，通过市场调研等形式，了解旅游者的需求，这样才能达到真正认识市场的目的。①客源市场调查。调查客源市场是获取旅游市场基本信息的重要途径，通常通过抽样调查方法完成。因此，通过抽样调查获取信息是旅游市场科学研究的先决条件和基础。

旅游市场调查的目的是通过收集旅游市场需求信息及相关的影响因素，克服人为的主观臆断，以便在旅游资源开发时进行正确的规划和实施。首先，通过旅游客源市场调查，分析拟开发的旅游资源的市场前景、对消费者的吸引力，确定旅游项目建设的可行性；其次，通过全面、详细的调查，了解其他区域的旅游开发项目的动向，避免旅游资源开发中出现形式雷同，没有地方特色，能够通过调查论证出对旅游者有吸引力和具有市场竞争力的旅游项目；最后，通过对旅游客源市场的调查，了解游客对旅游景区接待服务设施的档次、标准及规模的要求，使旅游资源开发者针对游客需求去规划设计各种项目，满足市场需求，为将来的经营打下良好的基础。

客源市场的调查内容主要有客源地的市场环境、市场需求和游客评价等。第一，客源地市场环境主要包括客源地的经济环境、政治环境和社会文化环境。经济环境是指客源地的国民收入、家庭收入中可自由支配的比例、人口数量、物价水平、消费结构等情况。政治环境是指客源地的政局变化、社会安定状况，政府对旅游业及其相关行业的法令法规，境外客源地的关税、外汇汇率等情况。社会文化环境是指客源地的民族和民俗状况、受教育程度、对旅游的意识程度以及职业种类等。第二，市场需求是旅游供需关系的总和，这是确定旅游资源开发规模的基础。市场需求调查包括调查现有和潜在的消费者数量、旅游动机、游客道路、市场竞争等。第三，游客评价。对于已开发经营的景区，游客的评价至关重要。各地慕名而来观光的旅游者游览后得出的感受和评价不但决定今后是否会有回头客，而且是一种活广告。②客源市场细分。所谓客源市场的细分，是按照特定标准和方法将客源市场划分为具有不同需求、个性或行为的消费者群体，并为每个消费者群体制定独立的产品和市场营销组合策略。这些群体将成为不同产品的目标市场。消费者处于不同的地理和社会环境，其接受的教育、心理素质和购买动机不同，对产品的价格、质量和性质有不同的要求，所以消费者需求也有所不同。有所不同就能区分，因此就能区分出具有不同特征的细分市场。

市场需求分析需要掌握市场细分的标准和方法，并知道如何调查市场和如何进行市场细分。当然，市场分析的内容不仅包括游客的数量，还包括客源的类型、消费层次与结构、市场竞争形式及市场发展趋势等。在实际调研中，要确定这些指标并不是很容易的，这中间有大量的资料需要收集、整理和分析。例如，客源主要是国内游客还是国外游客，国外游客又主要来自哪些城市或哪些国家，游客的年龄结构如何，总消费额可以达到多少，附近旅游地的竞争能力和竞争手段如何，等等。这一系列问题都是市场分析和调研所要做的工作。

在对客源市场进行细分的过程中，要注意细分的标准和方法科学合理，市场细分结果有效，有市场价值，并对实际工作有所帮助。为此，必须注意以下几点：第一，可衡量性。要知道细分市场的规模，而且一定要有比较准确的数据，不能用概数定性描述，因为不确定的目标市场无法使营销人员准确地开展工作。第二，获利性。细分市场必须足够大，具有广阔的前景和投资回报，才能为企业带来利润。这需要细分旅游市场，虽然要细分，但是不要太精细、太小，这样，市场价值不高。第三，可接近性（可获得性）。这意味着可以有效地实现市场细分，并能够制定吸引和满足细分市场的有效方案。第四，区分性。有效的客源市场细分必须明确具有不同特征的不同市场之间的界限，以实现有针对性的产品开发和市场营销，并进行精确的市场定位。为了实现这一目标，要求细分的标准要科学合理。第五，可行性。选择不可以进入的市场对企业来说是毫无意义的。即使市场价值非常高且稳定，企业也应该有进入选定的细分市场的能力。③选择目标市场。目标市场是企业决定进入的市场。在细分整个市场之后，企业应评估每个细分市场，然后根据各种因素（如细分市场潜力）决定把哪一个或哪几个细分市场作为目标市场，以及公司的竞争情况和资源条件，也就是企业产品或劳务的消费对象或企业的服务对象。每个企业都应该选择目标市场，但并非所有的细分市场都对企业具有同样的吸引力。

通常，企业进入的目标市场应符合以下标准和条件：第一，有特定的规模和发展潜力，企业预计可以从目标市场获利。如果市场很小或者正在缩小，企业很难在进入之后获得发展。此时，应慎重考虑，不要轻易进入此市场。当然，企业不应该以市场吸引力作为唯一的标准，特别是避免"多数谬误"，这意味着它们遵循与竞争企业相同的思维逻辑，并将最大、最有吸引力的市场作为目标。由于人们共同竞争的结果，产生了过度竞争和不必要的社会资源浪费，使消费者的一些本应得到满足的需求被忽视。如果转换一下思维角度，一些目前经营尚不理想的企业没准会后来居上，实现盈利。第二，细分市场结构的吸引力。细分市场可能具有理想的规模和发展特性，但从获利能力的角度来看，它不一定有吸引力。行业专家通常认为，同一行业的竞争对手、潜在的新竞争对手、替代产品、客户和供应商等因素决定市场的吸引力。④市场预测。市场预测是根据旅游市场需求规律对旅游市场做出推测。它是旅游资源开发决策最重要的基础，预测工作是否客观、准确是旅游区开发成败的关键。对现有市场潜力的评估和市场需求的预测是旅游市场分析的一项重要任务。关于市场需求预测的方法很多，在旅游规划中常用的市场预测方法是德尔菲法和时间序列法。相关预测法与仿真模型预测法也有部分专家运用。⑤旅游产品定位。旅游产品定位是指确定公司或产品在顾客或消费者心目中的形象和地位，这个形象和地位应该是与众不同的。但是，对于如何定位，部分人士认为，定位是给产品定位，是对企业的产品进行设计，从而使其能在目标顾客心目中占有一个独特的、有价值的位置。营销研究与竞争实践表明，仅有产品定位还不够，必须从产品定位扩展至营销定位。一方面需要针对目标客户需求塑造产品、服务、组织形象及其品牌，进行竞争性产品特色定位；另一方面需要有效地将这种塑造的结果通过广告和营销等活动传播到目标顾客的心智空间，占有恰当的位置，也即形象定位。

## 四、旅游规划的编制

### （一）旅游规划的内容

目前，区域旅游规划的编制没有普遍适用的常规框架模型，也没有相关管理机构的统一规定。由于各国各地区的政策不同，参与区域旅游规划编制的工作人员的专业背景不同，都会导致在实际的规划编制工作中产生结构各异的规划文本。但是，区域旅游计划是一种大型旅游计划，不仅侧重于特定旅游项目的设计和推出单个旅游产品，还侧重于定位旅游业的发展战略和区域旅游业发展布局，对各阶段的发展重点与实施措施进行安排，选择有利的项目，并处理好眼前利益和长期利益之间的关系，制定预防措施，以控制旅游业发展中经济、社会和环境的负面影响。区域旅游规划是整个旅游系统结构的规划。区域旅游业规划的核心是以科学的方式组织和规划区域旅游系统结构，以实现区域旅游系统的最优化。区域旅游规划的核心内容通常包括以下几方面。

1. 确定区域旅游产业地位，明确发展目标

目标是区域旅游发展的预期成果，通常涉及区域旅游发展带来的经济效益、生态效益和社会效益。规划区域旅游发展目标直接影响着区域旅游规划调查分析的方式和政策、规划和建议的制定。制定区域旅游发展目标应在区域旅游规划框架内，根据实际情况进行市场可能性、资源承受性、社会接受性的检验。

2. 确定旅游发展指标

旅游规划目标通常以带有陈述性的语言描述，但描述是抽象的，必须通过实际操作中的某些指标进行衡量。规划指标是对规划所确定的发展目标进一步量化，构成一系列可衡量的标准。

3. 制定区域旅游发展战略

区域旅游发展战略是对实现长期规划的区域旅游发展的主要目标的思路或措施的总体规划和安排，为实现区域旅游发展规划的目标提供了一个行动框架。因此，区域旅游发展战略具有前瞻性、全局性、指导性、区域性、时期性、相对稳定性、实用性等特征。在区域旅游发展规划系统中，发展战略解决了区域旅游发展的问题，并确定了发展方向，渗透于整个规划中，是区域旅游发展规划成败的关键。作为区域旅游发展战略，规划应针对其资源重点、空间格局、市场方向、产品功能、最终目的等进行总体设计，做出科学合理、切实可行的战略安排，给决策者一个完整的思路。

4. 区域旅游形象策划

随着旅游业的发展，越来越多的研究人员认为形象是吸引游客的重要因素之一。近年来，随着全国性旅游业的大发展，区域间的竞争日益激烈，因此设计和推广区域旅游形象尤为重要。区域旅游形象是对区域旅游活动总体的、抽象的、概括的认识和评价。区域旅游形象的设计直接影响区域旅游客源市场的建立和游客数量。区域旅游形象的设计不仅应考虑当地的情况，还应满足旅游者的需求，同时激发他们的兴趣，使他们产生出行的想法，同时要简洁凝练。

5. 进行合理的旅游规划分区

一个地区具有丰富的旅游资源和明显的区域差异，如何认识这一现象并划分区域，对认识区域各种旅游资源的优势至关重要。规划分区的基本目的是客观地了解每个旅游

区划单位的特性，查明各自的优势，建立适当的旅游地区分工体系，为开发、使用和保护旅游资源提供科学依据，确定旅游发展方向、目标、战略、产业结构和各个旅游建设的布局，协调各区域间和各区域内的不同旅游活动，促进区域经济发展。因此，区域旅游规划分区的任务是确定每个旅游区划单位的范围和边界。第二，认识旅游业发展的好处，确定旅游发展方向。

6.确定旅游发展的空间布局

区域旅游空间布局以全面评估区域旅游发展潜力为基础，通过对旅游优先开发地域的确定、旅游生产要素的配置和旅游接待网络的策划，实现区域旅游发展的总体部署。

7.确定区域旅游发展重点，并安排其空间及开发时序

区域旅游规划的核心任务包括确定具有发展潜力的主要旅游地区，确定旅游发展的重点和突破口，以便在整个区域寻找最具发展潜力的旅游地区。重点旅游区应当有丰富的旅游资源，市场需求量大，有良好的社会和经济保障、明显的收益、便利的可进入性，在区域旅游发展中发挥主导作用。可进入性是一个可改变的因素。如果旅游资源的价值很高，那么它可以适当地补偿这些缺陷。对于具有重要旅游资源的区域，还应该将其与规划区域以外的区域进行比较，看看它们是否具有省级、国家级和世界级的价值，以便正确理解它们的价值。

8.旅游产品开发规划

旅游产品的开发基于旅游资源的开发。对于区域旅游来说，旅游产品通常是相对宏观、全面和广义化的旅游产品体系。

9.提出区域旅游发展保护、开发、利用措施

在区域旅游计划中，应当正确处理发展与保护旅游资源之间的关系，并按照可持续发展原则，采取适当的措施。区域旅游业的可持续发展不但是经济发展，而且是生态、经济和社会整体的可持续发展。因此，必须根据对区域环境的研究和分析，预测在实施各种方案和措施时可能出现的环境问题，优选方案，并制定保护开发方案。

（二）旅游规划的流程

旅游规划是一个复杂的过程，主要由五个部分组成：调查分析、确定目标、规划部署、规划优化与评审、实施监管与规划修编。

1.调查分析

（1）工作准备。①明确任务。以计划和可控制的方式发展旅游业，确定旅游规划的任务和范围。②组织准备。选择或设立一个规划小组（以旅游规划专家为核心的、专业化的多学科队伍），并设立一个旅游规划领导小组（包括与旅游有关的各职能部门）。③工作计划。在规划人员结构、财力、设备、信息和时间条件后，有效组织、安排规划，确定工作任务，包括最终结果、完成时间、短期目标、工作方式和技术可行性安排。

（2）资料准备工作。规划资料包括基础资料和专业资料。基础资料通常由旅游规划的委托方提供，委托方必须准确地了解旅游系统的关键因素，包括地质和地貌调查数据、

测绘资料、气象数据、水文数据、历史资料、社会文化资料、社会经济统计数据、交通运输资料、基础设施数据、服务设施数据、宣传媒体数据、土地使用状况、环境资料、灾害与治安资料、风景旅游资料、相关政策等。

专业资料包括外部环境信息，如国内和国外局势、发展趋势、研究结果、旅游供求情况、相关案例等，通常由规划组和委托方合作收集或专题检索。

（3）调查工作。对当地和相关地区与旅游有关的因素进行调查。通过进行专项调查和抽样调查，了解现有旅游者构成情况和潜在客源市场。目前，许多国家有专门的调查机构和定期的旅游调查，如机场乘客调查。这些调查资料直接为公众所共享。还可以使用其他调查方法，如座谈会、电话采访和调查表。调查包括现有的旅游基础设施，现有的旅游服务设施和服务，交通运输条件，土地利用情况，经济和社会发展模式，旅游开发项目情况，自然和文化环境特性，可以参与的文化习俗和节日活动，目前政府的发展政策，本地投资和融资能力，游客满意度，现有的管理体系、科学和技术、培训、劳动力等。

（4）规划评价。规划评价包括市场评价、资源评价、开发评价、保护评价、产业结构评价、管理机制评价、规划与政策实施评价。

（5）发展预测。考虑游客到达该地区所需的时间和消费能力，并且与竞争地点的情况相比，确定可以吸引游客的类型和数量，并对真正的旅游需求（市场状况）进行分析和预测。这是预测经济规模，建设服务设施和基础设施，预测劳动力需求以及评估经济、环境和社会影响的前提。了解游客的消费习惯变化非常重要，因此要进行适当的调查和研究，以便随着时间的推移捕捉市场需求的变化。

（6）综合分析。这一阶段的任务是在市场调查、现状评价、发展预测的基础上，进行旅游市场的综合分析、情况分析、发展机会和风险分析，研究与当地社会经济发展规划、城市规划和其他有关规划的关系，并研究旅游发展政策、管理机制。在客观和全面了解现状的基础上，通过分析优势、缺点、机会和风险，确定目前拥有的优势和机会、劣势和阻力。综合分析阶段是旅游规划的核心阶段。一般而言，在这个阶段，应提出与旅游项目、信息和营销、旅游支持体系、旅游安全体系等有关的具体目标。

2. 确定目标

（1）确定旅游系统的性质。旅游系统的本质涉及旅游在国家经济和社会发展中的地位和作用，以及该系统在区域旅游网络中的分工和职能。规划定性通过现状定位和理想定位反映旅游系统的总体发展方向。一般来说，有四种方法可确定性质：上级确定、当地政府确定、开发商确定和规划自主确定。

（2）确定指导思想。指导思想是指导规划工作的指导方针，通常是对宏观政策背景、社会价值观背景、科技发展背景、经济发展形势与客观条件综合分析的客观反映和理性认识。

（3）确定目标。确定目标意味着确定旅游业的预期发展方向。该目标无论由谁、由何种方法确定，都必须根据规划过程中的实际情况对资源进行市场可能性和社会接收性检验。旅游发展目标必须充分衡量经济、环境和社会因素。应与居民和政府密切合作，确定旅游发展目标。

（4）确定指标。发展指标反映了发展的具体坐标。它将定性、概略和抽象的规划目标具体化为一组量化的技术数据。发展指标在初步确定后，通常在规划制定过程中依据所反馈的信息加以斟酌变动。

（5）确定战略。根据现状定位和理想定位所提出的发展任务、总体目标和具体指标，在全面综合分析优势与可能、劣势与阻力的基础上，研究、选择和制定发展方针、战略举措和发展模式。

### 3. 规划部署

（1）寻求法规、政策依据。国家或地方旅游法律和政策包括专项旅游法规、政策以及有关旅游的具体法规、政策，都是旅游规划的主要依据。专项旅游法规、政策是在一个国家或地区发展旅游业的专项政策，这些政策通常与发展旅游业的总体目标有关。在西方，旅游的政策目标往往包括四个方面：经济目标、社会目标、环境目标和政府职能目标。相关旅游法规、政策是政府部门所制定的和旅游业有关的政策，虽然这些政策并非专门针对旅游业而制定，但它们对旅游业的发展有很大的影响。

（2）结构布局。结构布局的任务是根据规划目标、战略、法律和政策，对旅游系统进行结构性调控，推动旅游系统的结构向特定的方向变换，以满足旅游系统合理发展的要求。

以规划目标为中枢，通过结构布局，解决保护与发展之间的矛盾、规模与承受力之间的矛盾、重点与一般的矛盾、短期和长期的矛盾，建立各部分的协同关系。

（3）各项规划部署。规划部署是旅游规划的主体。通过分析旅游客源市场确定旅游系统的主要消费市场；通过规划旅游产品体系，建立旅游系统的主要结构；通过支持体系的规划，将当地社会经济体系中现有的服务设施和基础设施协调、提升到支持旅游系统合理运行的水平；通过保障体系规划，使原本保障本地社会、经济发展的组织体系提升到能保障旅游者的旅游需求水平。

### 4. 规划优化与评审

（1）规划优化工作。规划的初步设计完成后，根据与各方协商，在各系统之间进行全面的平衡、协调和规划优化。

（2）规划成果制作。规划成果分为两部分：规划文件和规划图纸。规划文件包括三个部分：规划文本、规划说明书和基础资料汇编。规划文本是对旅游规划的目标、战略、规划内容所提出的规定性文件；规划说明书是对规划文本的具体解释；基础资料汇编包括规划编制过程中汇集整理的基础资料、技术数据、调查统计资料、计算过程、专题研究报告等。

规划图纸的比例、内容分项、绘制手段、绘制精度可视规划阶段、规划类型及实际需要而定。但是，勘察测量图纸必须符合勘察测绘主管部门的有关规定和质量要求。

（3）规划评审与审批。旅游规划涉及各部门、各社区和各个利益团体。它们又必须自我约束，共同遵守旅游规划，故需取得人们的广泛理解和支持，并报政府、人大审批。因此，旅游规划方案形成后，要广泛征求专家和各部门意见，鼓励公众积极参与，接受社会评判和修改，报政府有关部门审查，或者经政府修改定稿后，报人大审批、公布旅游规划文件。

5.实施监管与规划修编

旅游规划审批以后，规划工作远远没有结束。为了实现旅游业发展的理想，必须继续通过行政、经济、法律、技术和其他手段实施旅游规划和规划修编。这也是旅游规划整个过程中最有价值的组成部分之一。

# 第三节　旅游休闲小镇总体规划

旅游休闲小镇的打造离不开规划的引领。通过制定科学的发展规划，能够对旅游休闲小镇的整体功能进行定位和空间布局，强化对旅游休闲小镇的整体策划和特色创意，最终实现特色发展。旅游休闲小镇建设的目的在于创造一个以旅游为特色，集生活、生态与生产为一体的能体现小城镇特有生活模式和传达小城镇文化底蕴的小城镇空间环境。

## 一、旅游休闲小镇总体规划

党的十六届三中全会提出了"五个统筹"的发展观，其中"统筹城乡发展"位于首位，城市和农村发展的差距是中国经济发展中最重要的矛盾之一。改革开放之后，乡镇企业迅速发展，特别是沿海地区的企业发展，极大地促进了小城镇的发展。小城镇的整体规划可以进一步指导小城镇的规划编制，结合小城镇独特的地理环境和空间布局，确定小城镇的用地布局总体规划要求、重要轴线和节点、空间结构形态的保护及发展等。

总的来说，城镇总体规划是促进城镇发展的战略性规划，主要是以空间部署为核心制定城市发展战略。城镇总体规划与区域规划、国民经济和社会发展规划、土地利用规划有着密切的联系。总体的城镇规划是确定基础设施、产业布局和人口布局的整体框架。国民经济社会发展规划是整个城镇规划的重要基础，也是确定区域土地使用结构的宏观基础。通过控制土地使用，确保城镇的发展空间，正确处理城市和乡村的关系，确保城镇健康发展，同时体现布局合理、资源节约、环境良好型原则，突出城镇特色，并满足城镇安全和国防建设需要。城镇与农村紧密联系，而不是大城市的版本缩小或某一地块的区划。虽然城镇的整体规划与大中城市有些相似之处，但也有明显的区别和特点。

旅游休闲小镇的总体规划应包括以下几方面：第一，小镇中功能区的布局结构；第二，小镇的人口、规模和范围；第三，小镇基础设施规划发展目标；第四，小镇的发展目标和长期规划；第五，小镇道路交通系统的布局，并确定道路交通节点和交叉点。开展旅游休闲小镇的全面规划是必要的措施，尽可能避免小镇建设战略失误，避免乱占耕地的现象频繁发生，完善基础设施，有效规划和统筹安排城镇长期发展问题。

## 二、总体规划阶段的城市设计

旅游休闲小镇总体规划阶段的城市设计将决定小镇未来的发展格局，特别是结合城市的整体规划，对小镇的功能、结构、景观、公共基础设施以及发展前景进行深入的研究和分析，并选择一些能代表城镇空间环境特点的方面进行策略性城市设计。这一阶段的城市设计主要涉及以下几方面。

### （一）总体空间形态设计

制定小镇总体空间形态的保护和发展计划，可以确定城市的主要发展轴线和重要的城镇空间风景布局。特别是综合考虑到小城镇的自然环境和历史文化背景，结合小镇规划中所要求的土地布局来构建小镇的整个空间发展模式。整个小镇的空间布局设计必须全面研究和分析当前的地面和立体空间条件，分析城镇更新和发展过程，利用城镇所在的自然地形和景观，将城镇周边的自然景观资源与小城镇的景观融合在一起，形成一个立体、开放的空间布局。

### （二）景观系统设计

小镇的景观系统由景观区域、景观节点和景观轴线组成。要构建一个完整的景观系统，必须系统化小城镇的各种景观元素。应首先分析小镇的景观元素，然后根据每个区域的城镇土地布局和景观特征，拟定特色景观区，进而确定重要的景点、视线廊道。构建小城镇的景观体系，还必须提出公园绿地系统的布局，包括主要广场的位置、大小、数量。

### （三）竖向设计与天际线控制

绵延起伏的山丘、多彩的林地和错落有致的建筑形成了小镇的活动空间，小镇的垂直设计对建设美丽的小镇至关重要。小镇的垂直设计必须根据小镇的土地状况、风景和建筑特征，对小镇的地面高度进行分区，根据每个功能区的需要确定建筑的高度、高建筑的位置、建筑的轮廓以及具有相似高度的连续建筑的最大长度。

对小镇天际线的控制是体现小镇形象特色的重要内容。游客经常可以从远处看到小镇的轮廓，这是对小镇的初步印象。城镇的天际线可以从城镇相对开放的空间（如广场、街道、河流、公园等）看到，主要的高度通常是制高点，这些制高点有时是城镇标志物，并且可以在高点处观赏全镇风景，这是需要重点处理的地方。天际线和制高点通常随着城市的发展而形成，带有不确定性。城镇设计必须找到天际线形成的必然因素，以便在不确定的情况下提前规划，形成有序的小镇天际线轮廓。

### （四）色彩控制

城镇的色彩主要反映在建筑中，建筑的颜色和风格对视觉和心理的感觉有很大的影响。城镇设计应根据城镇周围的自然环境条件来控制颜色。颜色控制是创造小城镇个性化的手段之一，不仅可以控制和引导小城镇的一般功能，还要让建筑师充分发挥创造力。颜色控制必须提出小城镇的基本色调，并对建筑的风格和样式提出控制性意见。颜色控制以协调为主，以色彩对比为辅。

### （五）绿地系统设计

小城镇的周围通常是广阔的田野，这是城镇和村庄之间联系的纽带。这种环境决定绿地系统的设计是整个城镇的主要设计内容。在小镇绿地系统中，除了公园、行道树、小区绿化之外，还包括植被区、河流和农田，这是具有自然作用的环境特点。通过绿色廊道、楔形绿地的形式，将城镇的公园、绿地、庭院、自然保护地、农田、滨水绿带和山体绿化等纳入绿色网络，形成了一个自然、高效、多样化的绿色景观结构系统，具有特定的自我维持能力，从而促进城镇和自然的协调发展。

### （六）水网系统设计

小城镇中的水网系统设计包括河流、湖泊、鱼池和其他水域空间，以及与生态环境有关的自然元素，如滩地、湿地、水生植被、水生生物等，它们形成复杂的水网关系，起到了对水质的控制和清洁作用。

小镇城市设计中的水网系统设计重点在于如何使用空间来建设美丽的城镇以及富有韵味的小镇滨水空间景观环境。小城镇的水景观设计必须以全面的城镇河道水系综合治理为基础。第一，要有大量的水和充足的水源；第二，清除污染，以确保水质清洁；第三，河道清淤，拓宽河面，这是成功设计水景观的基本条件。

# 第四节　旅游休闲小镇详细规划

总体规划为旅游休闲小镇的建设指明了大方向，而项目的开展与实施离不开详细规划的制定，详细规划作为实际和有效的规划手段，用于协调规划设计和建设管理，起到承上启下的作用，并将总体规划宏观的管理要求转化为具体的地块建设管理指标，也是指导城市开发的法定依据，是平衡社会各方空间权益的重要工具，具有可操作性和实施性，内容应该随着社会的发展而进行调整和补充。

## 一、小镇功能分区与布局

### （一）旅游休闲小镇功能布局

按功能对空间进行系统划分和布局，是充分发挥旅游休闲小镇观光、休闲、度假、游乐、夜间娱乐、居住、集散、养生、运动、教育等综合性功能的基础。

1. 旅游休闲小镇功能区划分

（1）合理功能分区。在规划区域内进行合理的功能分区，不仅可以实现旅游资源的优化配置，使旅游开发战略、资源保护与开发以及容量控制等规划理念具体落实到空间上，促进旅游业的可持续发展，还可以有效地管理、控制和分流旅游者的旅游活动，避免旅游活动对保护对象造成损害，确保在保护区内有效地保护资源和环境。

（2）配置核心功能。核心功能是支撑整个旅游休闲小镇发展的基础，是每一个小镇都应该具备的功能。具体而言，核心功能有以下内容：①由特色风貌、特色民俗或其他核心吸引点构成的观光功能；②由游乐、演艺、养生、住宿等形成的休闲度假功能；③由餐饮、工坊、旅游商品、娱乐等业态支撑的商业功能；④由学校、银行、医院等基础设施与公共服务设施构成的生活功能。

（3）形成特色功能。除核心功能外，每个旅游休闲小镇根据其特定主题，一般会配置特有的功能。特色功能可以体现在核心功能中，也可以独立于核心功能，形成特有的功能片区。比如，以休闲运动为主题的旅游休闲小镇应对相关体育运动场所、比赛场所和路线等进行设计，形成休闲运动区；以农业休闲为主题的农业旅游休闲小镇往往会设置满足游客需求，进行农业种植、农业观光、农事体验、农业休闲娱乐的休闲农业区。

2.旅游休闲小镇功能区布局

旅游休闲小镇功能布局的结构模式可以参考景区的功能布局结构模式，见表2-1。

表2-1　旅游休闲小镇功能布局结构模式

| 类　型 | 特　点 |
| --- | --- |
| 链式布局模式 | 沿交通线、河流布局 |
| 核式布局模式 | 以服务聚集区、旅游资源聚集区为核心 |
| 双核式布局模式 | 服务设施、核心资源中心，双服务设施中心或双核心资源中心 |
| 组合式布局模式 | 多核、多模式共存 |
| 渐进式布局模式 | 小规模功能区到高层次功能区渐进发展 |
| 圈层式布局模式 | 区域较大的旅游区常见，每一个大尺度景区又可以逐层下分 |

在功能区布局的过程中需要把握四个方向。

（1）需求导向功能，功能导向布局。旅游休闲小镇具备观光、休闲、商业、生活四大核心功能，在此基础上又延伸出住宿、娱乐、教育、医疗等多种功能。旅游休闲小镇的特色功能对分区起到主导性作用，是小镇分区、用地布局及旅游产品设计的依据。旅游休闲小镇的功能分区、用地布局要围绕旅游休闲小镇的核心功能和特色功能展开。旅游产品、休闲活动及休闲游线路则在功能分区、用地布局的基础上进行规划、设计。

（2）进行合理的用地布局，构建小镇骨架。进行合理的功能分区、用地布局，构建小镇的骨架，塑造小镇的形态。在功能分区和用地布局基础上，完善产品体系，打造核心项目，形成小镇的血肉，并因地制宜地进行景观设计和建筑设计，以打造旅游休闲小镇的视觉效果，提炼旅游休闲小镇历史文化内涵，形成小镇的精神和灵魂。通过这一系列的打造，形成小镇独特的肌理结构和独特的魅力。

（3）依据地域特色，连点串线成片。影响旅游休闲小镇功能分区的因素有历史因素、经济因素、社会因素等。其中，历史因素是旅游休闲小镇功能分区的形成基础，经济因素对功能分区影响显著，社会因素主要影响原有住宅区的分化。在旅游休闲小镇规划过程中，要调查原有的地域特色和自然地理条件，形成新的项目节点和路网规划，连点串线成片，形成新的空间布局和功能分区。其中，游线的规划要符合旅游者的心理感受和人体工程学，景观的设计要有层次性，建筑的设计要注重地域特色和与当地文化的协调统一。

（4）协调功能分区，保护旅游环境。各个功能分区要协调发展，要充分考虑各个功能区与环境的关系、功能分区与管理的关系、功能分区与居民区的关系、核心区与功能分区的关系、各功能分区之间的关系。提倡可持续发展的理念，保护旅游休闲小镇内的环境特色，注意环境可承载力，协调好功能开发与环境保护之间的关系。

### （二）旅游休闲小镇基础设施配置

旅游休闲小镇的基础设施与公共服务设施要兼具服务旅游和城镇生活的功能，有明显的全民性、外部性、公共性等特征。

#### 1.旅游基础设施

旅游基础设施是指为旅游者提供基础服务的物质工程设施，是用于保证旅游活动正常进行的公共服务系统，包括能源供应系统、给排水系统、交通运输系统、邮电通信系统、环保环卫系统、防卫防灾安全系统六大体系，如图2-6所示。

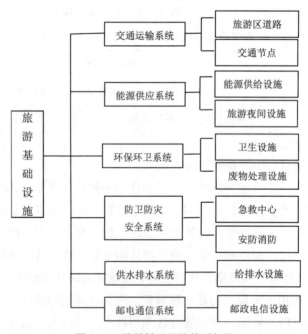

图2-6　旅游基础设施体系架构

#### 2.旅游公共服务设施

旅游公共服务设施是指由政府和其他社会组织、经济组织为满足游客的共同需求而提供的具有明显公共性、基础性的旅游产品与服务的统称，是提供社会性结构的设施。它以增强游客体验感、满足游客公共需求为核心，以整合资源、配置产业要素平衡、突破薄弱环节为导向，以旅游产业发展、旅游目的地的快速打造以及全域旅游的发展为目标。其体系架构包括旅游交通服务体系、旅游公共服务中心、国民旅游休闲网络、公共信息服务平台、安全保障服务体系、公共行政服务体系六大类，如图 2-7 所示。

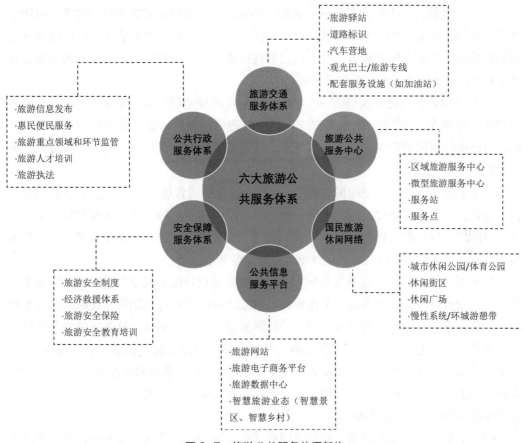

·旅游驿站
·道路标识
·汽车营地
·观光巴士/旅游专线
·配套服务设施（如加油站）

·旅游信息发布
·惠民便民服务
·旅游重点领域和环节监管
·旅游人才培训
·旅游执法

·区域旅游服务中心
·微型旅游服务中心
·服务站
·服务点

·旅游安全制度
·经济救援体系
·旅游安全保险
·旅游安全教育培训

·城市休闲公园/体育公园
·休闲街区
·休闲广场
·慢性系统/环城游憩带

·旅游网站
·旅游电子商务平台
·旅游数据中心
·智慧旅游业态（智慧景区、智慧乡村）

图 2-7　旅游公共服务体系架构

### （三）休闲商业街区规划

休闲商业街区是旅游休闲小镇的"血管"，为旅游休闲小镇的街区规划设计提供了启发。

#### 1. 街区分类及功能

旅游休闲小镇的街区是旅游和居住相混合的休闲街区，分为：

（1）综合商业服务街区。以综合性的商业服务为主，提供购物、餐饮、休闲、商务等综合的生活旅游服务功能，以及酒店、宾馆、客栈等游客居住场所。商业街主要分为以下两类：紧凑型商业街街道一般在 2~20 米，要尽量少种绿色植物，以免对商铺造成遮挡，要适当考虑休息设施，但不宜过多；舒展型商业街街道一般在 10~20 米，应配置高度在 3 米以内的小型情景或标识雕塑。

（2）商住混合街区。除了旅游业务服务之外，它还提供小城市居民的居住功能。

（3）休闲养生特色居住街区。这里的大多数居民都是特殊的旅游者，他们需要长时间的医疗保健和老年人护理。商业服务配套应该针对这类人群进行专项设计。

（4）普通居住街区。居住对象为小镇居民，商业配套服务对象多为小区居民。

**2. 街区规划设计理念**

（1）交通慢行，人车分离的街区交通。小镇街区主要满足游客步行的需求，应限制机动车穿行，保证人的安全和活动自由，不受汽车、噪声和其他公害干扰，同时满足消防通行功能。按照车辆管理方式的不同，可将街道分为完全步行街、半步行街和非步行街，对不同的街区实行不同的交通措施。

（2）尺度适当，建筑风格统一。小镇街区的尺度应当较一般城市小，形成合适的步行尺度，控制在2~20米，街道高宽比保持在舒适的比例，小镇的路网密度应较大。同时，应严格控制两侧建筑，在建筑风格上，应采用当地特色风格，建筑层数一般设置为1~2层。

（3）商业配置合理，空间多变利用。小镇街区在空间营造上，应结合当地地势地貌，富于变化。一方面，通过支路、广场、休闲空间及主题景观等手法，在视觉和感觉上拓展空间范围，增强游客体验；另一方面，通过下沉、延伸、挑台等多种处理方式，拓展游憩空间，实现景观价值的最大化利用，以增加游客承载量。

（4）景观细节精致，独具文化魅力。成功的景观设计使小城镇的空间布局更加个性化，小镇街区设计应主题突出、文化独特。街区环境除了自身沉积的文化内涵，还要对历史文化元素进行提炼、升华和再创造，以形成景观的可识别性。反映城镇特色的景观元素包括标志性建筑、橱窗、广告店招、游乐设施、街道设施、街道小品、街道照明、植物配置等。同时，要注重夜景系统的打造，夜间氛围的营造应遵循点线面的景观原则，应该在点上注意营造特定氛围，线上注意主要建筑的轮廓线、水岸以及道路的氛围，从而增强旅游休闲小镇的独特魅力。

（5）旅居结合的设施配置。旅游休闲小镇的设施配套与普通小镇不同，各种不同类型的街区有不同的配置原则。综合商业服务型街区满足居民和游客的商业服务需求。商住混合型街区主要提供住宅和旅游服务功能。休闲和养生的居住区为旅游者提供长期住房服务。普通住宅区的规划与其他小城镇的规划原则一致。

**3. 街区设计"五化手法"**

旅游休闲小镇商业休闲街区在旅游规划设计中可以运用"五化手法"。

（1）特色差异化。街区设计的过程中要尊重地方差异，体现区域特色。对于旅游休闲小镇而言，要根据每个小镇的特点，充分挖掘地域文化特色，因地制宜进行设计。街区的设计应该充分考虑当地的自然环境特征，如阳光、雨水、河流、植被等，做到街区设计与自然环境相协调。街区设计也要充分考虑文化特色，做到景观设计与当地文化完美融合。当游客在街区旅游时，他们最需要的是个性独特的旅游产品，这也是景区吸引他们的最重要的因素。如果不具备特色和特殊的品质，那么所有城镇都是雷同的。因此，在设计每个有价值的旅游休闲小镇时，必须考虑到自然环境、历史文化和经济的独特性。

（2）体验生活化。经济社会的发展正在由产品经济、服务经济向体验经济演进。休闲商业街区在设计的过程中要充分考虑当地人的习俗和情趣，创造出舒适宜人、具有个性且有一定审美价值的景观，被当地的人和自然接纳。浓郁的生活元素已成为现代旅游产品不可或缺的部件，这也是历史街区的资源特色之一，要注重街区精神和文化上的构成，要满足旅游休闲小镇原住民和第二居所居民的精神需求以及对家的认同和归属感。街区内原汁原味的居民生活原态可作为旅游资源深度整合成产品。同时，游客参与、社区参与以及与大自然的交流、互动的程度也成为旅游产品的重要品质特征。街区的设计应以资源作为舞台、环境作为背景、文化作为符号、设施作为载体、服务作为支撑，使旅游者获得独特的体验和经历。通过调动人们的视觉、味觉、嗅觉、听觉、触觉，使游客获得身心愉悦的感受。

（3）休闲娱乐化。旅游正面临由观光型向度假型的转化升级，休闲娱乐化将成为人们关注的重点，参与性、体验性、娱乐性越来越受青睐。商业休闲街区主要包括两个方面：业态休闲化提升和休闲项目引入。

商业休闲街区设计可以充分挖掘当地民间娱乐项目，依托当地文化，引入表演艺术，举办各种参与性的活动，展现当地特色。例如，与电视台合作举办各种购物娱乐项目等，举办各种类型的比赛，如美食大赛、摄影比赛等，以提高游客参与度，提高互动性。

（4）细节精致化。成熟的旅游市场的标志是市场的细分和消费的分层。这一点非常重要，需要将产品打造成精品，使管理更加细化。产品方面注重细节设计，生产高品质的产品。从大项目到小景观的设计都体现精致化特征。例如，运用雕塑、建筑、壁画、动态艺术、立体花坛、立体街道绘画等，既可以体现街区文化氛围，又能展示街区文化，每一个细节都符合精致化的要求。

（5）生态持续化。生态和旅游业相互促进和相互制约。由于环境和历史限制，街区的承载力相对较小。因此，应特别注意环境承载能力，严格限制游客的流量，控制和约束游客行为。街区的生态设计包括规划的生态化、旅游管理的生态化、旅游设施的生态化、旅游行为的生态化、旅游的生态知识普及以及旅游服务的生态化等。其实，在设计旅游商业街区时，还应该使用环保材料、本地化植物配置、低能耗技术应用、绿色植物环境、环保材料和技术等，并利用旅游休闲小镇的资源，使得旅游开发商和投资者获得最大收益，尽量减少对环境的破坏，实现旅游业可持续发展。

**4. 街区空间设计要点**

一个好的街区应该能够满足不同年龄和不同层次人群的不同需求。因此，街区必须具有舒适的比例、适当的步行线路、良好的路面条件和适当的长度。

（1）街区尺度设计。人们走在街区中，随着时间的推移，一定会有些疲劳。了解人体的疲劳曲线，进行有利的空间形态组织，可以起到事半功倍的效果。

不同的年龄有不同的疲劳时间和疲劳程度曲线，例如，青年人行走速度为每分钟60~70米，一般在商店内选购30分钟左右有疲劳感，故第一个休息点可设置在街区入口后400~500米。而老年人步行速度为每分钟40~50米，一般出行20分钟左右需要小憩，故第一个休息点可在200米左右设置。因此，在人们很容易疲劳的地方，有足够的休息空间可以恢复体力，并刺激下一轮行走行为。

（2）休憩节点设计。在休息空间处，可根据不同人群的喜好，设置不同的休憩节点。例如，针对老年人设置茶室、座椅、绿地凉亭等休息设施；针对年轻人设置冷饮店、咖啡屋、甜品店等休息设施；在每个休息点附近可设置小型儿童游戏场，小孩可以在休息点附近的游戏场所内玩耍，这样既能满足父母的休息需求，又能满足孩子的玩耍需求。当街区纵深过长时，可设置一些短小的横向街道，使不同方向的人流更加容易进入，而且要增加转角空间场所设计，给人们带来新奇感。

（3）空间拓展设计。步行街区的道路不应该太直，应根据地形进行相应的空间变化。在户外设计公共空间时，运用多种广场，如景观广场、休闲广场、活动广场等，可以增加游客的体验。拓展空间的规划设计可综合运用多种处理方式，如下沉、延伸、挑台等手法，扩展休息空间，实现景观价值最大化。

（4）街区建筑设计。著名的旅游休闲小镇有一个共同点，它们都有标志性建筑。中国风格的建筑包括牌坊、码头、碉楼等。西式的标志性建筑有钟楼、雕塑、教堂等。旅游休闲小镇街区应当采用适合当地的建筑风格，特别是核心区域。设置符合不同小镇的标志性建筑，空间上做一定的控制和引领，是构成吸引力的要点之一。

建筑层数：商业街区、特色客栈街区建筑的层数一般应设置为1~2层，一层为商业，二层为客栈住宿。当二层也为商业时，为增加可达性，可采用自动扶梯、空中无障碍天桥等。商业居住混合街区、养生养老街区的建筑以4~6层为宜。纯居住街区以不破坏旅游休闲小镇天际线为准，合理设置层高。

建筑尺度：建筑尺度与业态密切相关。开间方面，景观好、展示类的建筑可以做8.4~16.8米的大开间，而景观一般、展示内容少的建筑可以做6米左右的开间，小型紧凑的建筑开间可以是3~4.2米；进深方面，大型酒店进深可达16.8米甚至更深，中等商铺或小型餐饮进深可做9米，小型冷饮店进深也可做3米；在层高方面，小型餐饮类、作坊类层高在3.3~3.6米之间比较合适，大中型在3.6~4.2米之间比较好，其他大型商业建筑层高可在4.2米以上。

## 二、详细规划阶段的城市设计

在详细规划阶段，小镇城市设计是把总体规划阶段的设计要求进一步深化、量化。根据各种人类活动所需要的功能，对小城镇的空间环境进行具体设计。这一阶段的旅游休闲小镇设计的对象是小镇的局部空间，如对旧镇区、工业区、广场、公园等进行详细的城市设计。局部城市设计首先要对设计区域进行场所调研与分析，包括自然地形、现有建筑特征、环境特征、道路交通等，并从空间组织、景观环境、建筑群体等方面提出设计控制要求。详细规划阶段的旅游休闲小镇设计要注重小镇的文脉传承。主要内容包括以下六个方面。

### （一）建筑设计

建筑设计包括两部分：一是建筑群设计，二是每个建筑的色彩和样式设计。

建筑群设计必须要以总体规划的控制要求为依据，研究每个地块、建筑以及地块与建筑之间的功能布局和群体空间组合的关系，分清主次，建立联系，使建筑群体形成有机和谐、富有特色的小镇建筑群体形象，为下一步确定地块建筑体量大小、高低进退以及建筑造型提供依据。

详细规划中的建筑色彩和样式设计应传承总规划提出的建筑形式、色彩肌理等方面的控制要求，突出小镇建筑形象的特点。此外，建筑形象还应反映地域特色，特别是住宅建筑，应反映小镇的自然环境特征和建筑特色。

### （二）公共开放空间设计

整体规划和详细规划涉及城镇开放式空间的内容。前者是城镇开放空间景观系统的总体设计，考虑到它的位置、数量、布局、设计策略和其他内容，从某种意义上说，它是一种指引具体形态的设计。后者是进一步深化前者的要求，明确开放空间的范围，明确范围内景观的具体内容、位置、规模等。公共空间的设计包含空间系统的组织、功能布局、形态、尺度控制、界面处理等方面内容。在满足总体功能要求的前提下，应尽可能多为市民大众提供各种活动内容丰富的场所，包括广场、绿地、街头公园、休闲空间等。开放空间的设计需要对空间中布置的环境设施提出要求，强调设计要尽量满足使用者的要求。

### （三）道路交通与街道空间设计

小镇的道路交通是在满足道路交通功能的前提下，从小镇空间环境质量和景观的角度提出要求，协调城镇道路与建筑群体、公共空间的关系。行车道路重点对道路交叉口的形式、尺度、断面及道路景观进行设计，将城镇道路作为街道空间的一部分，而不仅仅是从工程或交通的角度来看待。街道空间和生活性道路则着重以人的尺度进行空间环境的塑造，增加行人的活动范围，优化道路空间的活动感受。

### （四）绿化与建筑小品设计

绿化和建筑小品是延续绿地的布局和风格，对这种布局和风格的具体细化进行设计，包括植物的选择和配置，建筑小品的造型、布点等内容。如公园中绿地的比例，乔、灌木的搭配，树形的特征，花卉的花期、花色。建筑小品包括雕塑、廊架、喷泉水池等。

### （五）景观照明设计

在夜幕降临的时候，小镇也能突显魅力，美丽的夜景是小镇的特色之一。小镇景观照明不仅能为居民夜间的休闲、娱乐、购物及交往活动提供舒适的光照环境，还能使在其中游览的游客流连忘返，推动小镇旅游业的发展。城镇的景观照明是室外照明与景观概念的结合，城市设计要对城镇的重点地段提出照明设计的构想和要求，对重要的广场、街道、建筑群的照明方式、灯光形式、色彩、照度等分别提出设计方案。

### （六）环境设施设计

环境设施包含的内容广泛，一般是指小镇中除建筑、绿化、道路以外，用于休息、娱乐、游戏、装饰、观赏的所有人工设施。这些设施体量不大，但很重要，居民和游客对其使用频率高，设计得好能对小镇环境保护起到积极的促进作用。因此，在对小镇进行城市设计时，要对这些设施的布置和造型提出设计要求。

　　在对旅游休闲小镇进行规划设计的过程中，首先要充分挖掘当地的文化特征与资源，构建特色鲜明的小镇主题，实现小镇发展与文化传承的和谐统一；其次要培养小镇的持续吸引力，这就需要营造良好的生态环境，不断提升配套设施的服务水平，营造一种理想的生活状态。总而言之，旅游休闲小镇的规划设计不仅要体现旅游功能，也应突出其文化内涵，这样才能有利于当地的产业转型以及历史文化的传承，促进小镇的健康发展。

# 第三章

# 旅游休闲小镇业态创新与优化

　　"业态"（Type of Operation）这个词出现在 20 世纪 60 年代的日本。它涉及特定消费者的具体需求，并根据特定的战略目标，有选择地运用商品经营结构、店铺位置、店铺规模、价格策略、销售方式、销售服务等经营手段，提供销售和服务的类型化服务形态。简而言之，它是指企业经营的形态。旅游业尚未对旅游业态进行统一的定义。根据业态的初始定义，与零售业的如何销售相比，旅游业态则对应旅游业如何经营的问题，是旅游组织为适应市场需求变化进行要素组合而形成的经营形式。

　　业态优化是旅游休闲小镇规划和建设的重点之一。无论是面向当地消费者，还是旅游者，旅游休闲小镇都要有足够的休闲业态才能留住人，才具有休闲的活力。

# 第一节　旅游休闲小镇业态分析

　　旅游休闲小镇以旅游业为支柱型产业，在旅游规划开发的过程中，要根据旅游产业的综合性、创新性、文化性、生态性等诸多属性，通过多元消费业态的配置和建设，把当地的旅游资源优势转化为旅游经济优势，给当地带来经济效益、社会效益和生态效益。李金早提出了"吃、住、行、游、购、娱、商、养、学、闲、情、奇"12 大业态，这些业态共同构成了旅游休闲小镇发展的基础。其中，吃、住、行、游、购、娱这六类属于传统旅游要素，商、养、学、闲、情、奇则属于新旅游要素。旅游休闲小镇在业态开发的过程中要从土地利用、场地现状、功能需求、文化结合等多角度考虑项目总体功能布局。

## 一、吃——以地方美食为主的餐饮业态

　　我国拥有历史悠久、博大精深的饮食文化，在社会生活中，饮食会对文化、艺术、民风民俗等产生具体影响，这也使饮食文化具有深厚的内涵。因此，要实现餐饮的业态创新，就要充分理解现代人的饮食健康理念，注重体现民族地方特色，挖掘当地美食资源，选取特色食材，保护地方原有餐饮风俗，做好品类组合和菜系组合，不同的菜系、不同的品类给出不同的配比，要充分考虑当地的承载力，合理规划布局，有序发展。除了地方美食，也可以布局全国甚至全世界有代表性的美食，要有规划地对餐饮进行布局，重点打造具有特色的 1~2 种美食，增强体验性与娱乐性。

### （一）业态细分

餐饮业态大致可分为餐饮类、餐饮体验类两种类型，见表 3-1。

表3-1　餐饮业态细分及创新形式

| 餐饮业态 | 细分 | 创新业态 | 作用 |
|---|---|---|---|
| 餐饮类 | 高端餐饮 | 空中餐饮、海洋餐厅、草原歌宴、婚礼餐饮、演艺宴会、歌舞宴会、民族餐饮、地中海风味、动漫餐饮、童话餐饮、非洲美食、美洲风味、欧洲风味、极地美食、高山珍味、深海营养、意大利风情、法式美食、冰雪餐厅、万人宴会、西式露天自助、古食谱体验、绿色生态餐厅、3D 投影餐厅等 | 吸引区域内外高端消费人群 |
| | 大众餐饮 | | 满足基本需求、带动人流量 |
| | 休闲餐饮 | | 延长逗留时间、增加休闲场所 |
| | 地方特色餐饮 | | 增加餐饮吸引力 |
| 餐饮体验类 | 餐饮制作参观 | 乳制品流水线参观、面包制作流水线参观等 | 增加游客体验感，延长逗留时间 |
| | 餐饮制作体验 | 豆腐 DIY、汉堡 DIY、蛋糕 DIY、比萨 DIY 等 | |
| | 餐饮活动 | 美食节庆、啤酒大赛、大胃王比赛等 | 增强游客参与感，聚集人气 |

　　餐饮类主要包括高端餐饮、大众餐饮、休闲餐饮、地方特色餐饮，应根据旅游休闲小镇的具体定位有选择、有重点地进行布局和开发。

　　餐饮体验类主要指磨豆腐、做比萨、扯面等有体验感的餐饮产品制作和参观活动以及餐饮大赛等竞技性活动。

（二）业态问题及解决方案

　　目前，餐饮类存在美食定位不准、文化阐释不清、经营模式不明的问题，针对这些问题，开发运营方需要对与餐饮美食业态相关的人文风情和文化在调研基础上进行萃取，进行美食产品创意，打造 IP 文化品牌，美食商业主体开业前招商、开业中客流引导、持续运营的美食餐饮业态调整，通过美食＋活动＋游线设计，实现美食餐饮主体运营的持续化提升。

　　针对美食业态存在的问题，可以采取以下几种措施：第一，建立美食餐饮资源库，寻求政府扶持政策的支持和景区美食产业与业务拓展的支持；第二，建立招商资源库，形成全国高端餐饮连锁品牌招商、国际品牌餐饮招商、区域餐饮招商、主力餐饮招商、特色小吃招商等招商体系。此外，还可以通过强有力的餐饮街、综合体、特色单体项目等餐饮招商的执行，切实解决餐饮招商过程中的各种难题。

（三）可导入的 IP 资源

　　餐饮特色 IP 可以分为创新类、组合类、国际类、主题类、传统类、小吃主题景区类，具体见表 3-2。

表3-2　餐饮可导入的IP资源

| 名称 | 类型 |
|------|------|
| 创新类 | 机器人餐饮、空中餐饮、主题餐厅、海底餐饮、森林餐饮等 |
| 组合类 | 边唱边吃、边飞边吃、潜水吃法、道具组合吃法、怪异造型吃法等 |
| 国际类 | 爵士美食、米其林餐厅、北欧美食、地中海餐厅、拉斯维加斯美食等 |
| 主题类 | 歌舞美食、江湖外传、水浒酒店、西游记主题餐厅等 |
| 传统类 | 楼外楼、上海老饭店、湘临天下、醉云喃等 |

### （四）案例解析——贵州省安顺旧州乡愁美食小镇

#### 1.概况介绍

贵州省的安顺旧州美食小镇位于安顺市西秀区东南部，距安顺城区37千米，距省会贵阳80千米。该小镇依托安顺屯堡菜在贵州美食中的知名度，逐步发展成小城镇的典范。在风景和业态规划中，旧州提出了"旧州赶场、赶五个场"的口号，"五场"包括金街特色美食场、文星田园风光场、浪塘美丽乡村场、传统农耕体验场、古镇老街民俗场。

#### 2.餐饮业态分析

安顺旧州乡愁美食小镇在餐饮业态上重点突出、种类丰富，以当地特色屯堡菜为吸引力，大力研发特色菜品，并在省内小吃、名吃基础上推出湘菜、粤菜、川菜等国内知名菜系和国外料理、西餐厅等业态。

## 二、住——以过夜居住为主的特色住宿业态

住宿业通过服务设施、房间和餐厅为客户提供服务。随着经济的发展，旅游者对住宿业态的需求愈发个性化，在需求的引导下诞生了住宿业的崭新业态形式。住宿业态创新应因地制宜，具备地方建筑特色或者主题特色，建筑风格统一，分阶段发展，逐渐形成满足不同类型的住宿体系，围绕与当地特色相关的旅游活动进行设计。

### （一）业态细分

针对旅游者的不同需求，住宿业态的表现形式多种多样，包括各类酒店、度假村、别墅、公寓、旅馆、郊野木屋、汽车营地等。根据消费档次的不同，住宿业态可分为高档业态、中档业态、低档业态三个等级。见表3-3。

表3-3　住宿业态细分及创新形式

| 住宿业态 | 细分 | 创新业态 | 作用 |
|---|---|---|---|
| 高档住宿 | 高星级酒店 | 空中酒店、海洋酒店、草原帐篷、婚礼酒店、演艺酒店、音乐酒店、民俗酒店、冰雪酒店、动漫酒店、童话酒店、干阑式住宅酒店、地中海风格酒店、非洲风格酒店、北美风格酒店、北欧风格酒店、中亚风格酒店、禅宗文化酒店、伊斯兰文化酒店、原始风格酒店、中世纪风格酒店 | 满足区域内外高端消费人群的消费需求，同时满足高端商务会议接待的需要 |
| | 度假酒店 | | |
| | 轻奢主题酒店 | | |
| | 别墅 | | |
| 中档住宿 | 郊野木屋 | 中档度假酒店、中档旅游公寓、主题民宿等 | 能够满足大部分旅游者的住宿需求 |
| | 汽车营地 | | |
| | 中档酒店 | | |
| | 公寓 | | |
| 低档住宿 | 低端民宿（包括农家乐） | 帐篷营地、共享民宿、旅馆等 | 满足对价格比较敏感的旅游者的需求 |
| | 汽车旅馆 | | |
| | 帐篷营地 | | |
| | 经济型酒店 | | |
| 其他类型 | 胶囊酒店等 | 胶囊酒店、太空舱酒店等 | 增强住宿的趣味性 |

**1. 高档住宿**

高档住宿除了高星级酒店之外，还有很多其他的住宿业态，如别墅、轻奢类主题酒店、度假酒店等。随着旅游业成为中国经济发展的新支柱，游客数量和消费水平不断提升，作为旅游产业链中关键一环的高星级酒店行业也迎来了新一轮发展的机会。"高星级酒店 + 品质服务 = 高端临时生活社区"成为新的旅游住宿发展趋势。

高档住宿的建设投资大、成本高，需要有高质量客流的导入，而高质量的客流来源于旅游休闲小镇核心项目的优势。所以，对于高端住宿的配置不能盲目，要在旅游休闲小镇的总体布局下，根据自身特点有针对性地进行选择和配比。

**2. 中档酒店**

全球知名管理咨询公司麦肯锡2014年发布的《下一个十年的中国中产阶级》报告预测，到2022年，中国公民家庭人数从2012年的1.74亿增加到2.71亿。未来，中国中型旅馆市场的潜在消费者将继续以约10%的年增长率增长。中档酒店需求旺盛，其发展也成为酒店业的趋势。在旅游休闲小镇的布局中，中档酒店必不可少。中档酒店类型多样，包括中档度假酒店、中档旅游公寓、主题民宿等多种类型。中档酒店建设过程中要注重个性化、精细化服务，注重旅游者的体验。

3. 低档酒店

低档酒店包括传统的经济型酒店、汽车旅馆、帐篷营地、低端民宿（包括农家乐）等多种形式。经济旅馆的发展日益成熟，而个人服务和住所环境已经不能满足消费者的个人需求，轻而易举地造成了审美疲劳。但是，过于个性化又会增加建设成本。低档酒店可以在发展的过程中，注重活动的设计，增强与旅游者的互动。

4. 其他类型

随着个性化需求的增加以及科技的高速发展，住宿的新兴形态不断涌现，如胶囊酒店、机器人酒店等。

### （二）住宿业态问题及解决方案

目前，住宿业态存在比例失调、住宿多元创新缺失、招商与经营琐碎繁杂等问题。针对这些问题，开发者需要明确住宿的市场定位，开展实地调查，科学规划住宿、餐饮、娱乐等服务设施的位置和相应的配比，梳理核心业态；打造住宿多元文化 IP 品牌，创意住宿产品；开发项目招商运营与营销的模式创新及过程中的持续化服务；住宿酒店主体运营的持续化提升等。

针对住宿业态存在的问题，可以采取以下几种措施：①建立住宿资源库，寻求政府行政法规与政策的支持和酒店产业与业务拓展的支持；②融招商协会、招商网、招商公司等为一体，建立招商资源库，形成全国高端酒店连锁品牌招商、国际品牌酒店招商、区域酒店招商、主题酒店招商等招商体系，并且通过强有力的酒店招商执行，解决招商过程中的各种问题；③通过节庆活动，实现人流、现金流搬运。此外，还要通过连锁酒店运营托管、特色酒店运营托管、酒店民宿运营托管、分时度假运营托管、住宿业态互联网运营等托管产品，切实解决住宿招商和运营过程中的各种难题。

### （三）住宿业可导入 IP

住宿特色 IP 可以分为创新型、文艺类、国际类、主题类、组合类、特色非标类，具体见表 3-4。

表3-4　住宿业可导入的IP资源

| 名　称 | 类　型 |
| --- | --- |
| 创新类 | 机器人酒店、空中酒店、潜水酒店、森林酒店等 |
| 文艺类 | 水浒酒店、上海老饭店、武侠客栈、动漫酒店、西游记主题等 |
| 国际类 | 古堡住宿、童话酒店、机场酒店、拉斯维加斯住宿等 |
| 主题类 | 冰雪酒店、爱情酒店、海洋酒店、音乐酒店等 |
| 组合类 | 水上旅馆、树屋、窑洞住宿、冰屋等多业态组合等 |
| 特色类 | 房车露营、帐篷露营、蒙古包等 |

### （四）案例解析——余杭鸬鸟镇"民宿小镇"

1. 概况介绍

余杭鸬鸟镇"民宿小镇"位于浙江省杭州市余杭区，离主城区不到30分钟车程，距上海不到3小时车程，素有"杭城后花园"的美誉。鸬鸟镇着力打造集"乡风乡韵乡愁、美景美食美梦"于一身的旅游休闲小镇，积极培育"跋山涉水、精品民宿、房车营地、星级酒店、自驾骑行、红色教育、农村电商"七大业态。

2. 住宿业态分析

三大业态为主：打造房车营地、星级酒店、精品民宿三种住宿业态。

全方位打造：小镇对住宿业态进行了高、中、低的全方位打造，包括高端民宿（如菩提谷大麓寺民宿群）、中档民宿（如黎鹰民宿群）、大众民宿（如农家乐）。

品牌化运营：通过前期的布局和后期的运营，打响了"安逸、超脱、闲适、趣乐"的鸬鸟民宿品牌。

## 三、行——以行为基础的交通游憩业态

"行"在传统旅游的发展中，更多的是一种交通工具。但随着旅游内涵的不断延伸，交通娱乐化、游乐化趋势的不断推进，交通已经发展成为一种新型的游览业态、一种可体验的旅游产品，在创新的驱动下诞生了许多形式，如游轮旅游、低空飞行、滑翔伞、热气球、自驾营地、房车营地等。在开发的过程中要注意因地制宜，配合旅游休闲小镇的地质条件、地域特色、景观布局开发多样化的交通形态，满足旅游者"旅速游缓"的需求。

### （一）业态细分

通过与旅游相结合，交通业态可分为纯观光型、特色体验型、娱乐体验型三类。见表3-5。

表3-5　交通业态细分及创新形式

| 交通业态 | 创新业态 | 作用 |
| --- | --- | --- |
| 纯观光型 | 山上/江上索道、观光小火车、景区游览车、低空飞行、游轮/游艇旅游 | 保障游客的安全，为游客节省体力 |
| 特色体验型 | 人力花轿、人力三轮车、驴拉车、驯鹿拉车、竹筏、雪橇 | 使游客深度体验当地的民风、民俗 |
| 娱乐体验型 | 快艇、水上摩托、水上橡皮艇等水上设备，热气球、低空飞机、滑翔伞、机器人拉车、滑道等 | 增加旅游过程中的刺激感受、娱乐感受 |

纯观光型的交通业态主要依托山、水景观，以游客通行便利或节省体力为目的；特色体验型的交通业态主要依托当地民俗文化，以特色感受为目的，有短途、慢速的特点；

娱乐体验型的交通业态更新速度越来越快，主要为了增加旅游过程中的刺激和娱乐感受。

在交通业态的打造中，需把握以下几点。第一，游乐化、体验化。通过交通游憩方式的创新，为游客带来不一样的体验与感受。比如，武夷山通过九曲溪竹筏漂流，将水上看武夷山打造成经典项目。第二，文化化、特色化。交通业态的打造不能盲目地追求刺激、惊险，更多应根据小镇的主题及文化，打造具有当地风格、传承当地文化的游憩方式，同时应格外注意安全性。第三，活动引领。通过热气球节、环湖自行车赛等节庆活动，迅速聚集人气，打响品牌。

### （二）可导入的 IP 资源

在业态创新的过程中，可以借助交通、特色 IP 承接大型节庆活动，如汽车拉力赛、Fl 赛车、帆船比赛、Fl 赛艇、热气球节、环青海湖自行车赛等。

### （三）案例解析——荷兰羊角村：因一条河道变成世界级景点

#### 1. 概况分析

羊角村位于荷兰上艾瑟尔省，历史上修道士为运送泥煤开挖了数米深的运河，后期以运送物资为目标，所以沟渠的宽度需求不断加大，而湖泊交织的现象便由此展现。羊角村被誉为"乘船游览的童话王国"。全长 6.8 千米的运河水路和纯木质拱桥陆路，是这一田园小镇唯一对外的两种运输途径。车辆禁止驶入小镇，撑篙的小船是居民唯一的出行工具。羊角村的桥梁、水道和游船在整个荷兰都别具特色。

#### 2. 交通业态分析

游船：乘船去运河巡礼是体验羊角村风景最好的方式，坐船穿越村子，倾听船夫讲述村落的故事，这样可以收获美景和人文文化。游客也可亲自驾驶船只徜徉其中。每年夏季羊角村会举行一年一度的"彩船嘉年华"，人船齐上阵，上演一场光怪陆离的彩船秀。

自行车：羊角村并不适合骑行，但周边有专门的自行车骑行路线供游客选择。

## 四、游——以游为主的游览业态

旅游休闲小镇以整体景区化为核心特质。游览是其主要业态形式，包括各类景区景点、城市游乐、乡村游乐等形式。景区景点为主要载体，涵盖范围广，需要其他业态支撑。"游"这个业态形式比较单一，主要的收入以门票为主，但其带动其他业态盈利的能力较强。在游览业态方面，要尽最大可能突出旅游资源的特色，包括民族特色、地方特色，全面反映当地文化，"只有民族的旅游资源，才是世界的旅游吸引物"。在特色业态的导入过程中，要注意只有个性的资源才是有特色的旅游资源，才能成为当地的特色吸引物，产生旅游吸引力，发挥旅游带动作用和品牌影响力。小镇在保护的前提下进行有序开发，结合区域内资源与环境，针对不同层面的细分市场需求，打造专业的景区景点、城市游乐、乡村游乐以及亲子游乐……这既能满足旅游者观光、游乐、探险探奇、休闲等各类游览需求，又能满足旅游者教育性、休闲性等特殊需求。

（一）业态细分

旅游休闲小镇的游览业态主要分为自然类游览和人文类游览。游览业态的细分及创新形式见表3-6。

表3-6　游览业态细分及创新形式

| 游览业态 | 细分 | 创新业态 | 作用 |
|---|---|---|---|
| 自然类游览 | 地质地貌类景观：山地旅游、地质公园游、地貌观光游、海岛游、石林、峡谷游等 | 玻璃平台、飞天之吻、大地艺术、沉水走廊等 | 能够满足旅游者游乐、探险、探奇、休闲等各类游览需求 |
| | 水域风光：湖泊旅游、海洋旅游、湿地旅游、温泉旅游、瀑布旅游、冰川旅游、江河旅游、泉水旅游等 | | |
| | 生物景观：森林旅游、草地旅游、花卉旅游、动物栖息地旅游、林地旅游等 | | |
| | 天象与气象景观：极光旅游、观日出旅游、避寒游、避暑游、极端气候游等 | | |
| 人文类游览 | 遗址遗迹：人类活动遗迹、军事遗址与古战场、遗弃寺庙、历史事件发生地、废城与聚落遗迹等游览观光 | 创意秀场、跟着课本游宣城等 | 能够满足旅游者教育性、休闲性等旅游需求 |
| | 建筑设施：科教基地、宗教场所、工业、军事观光、陵园、悬棺、港口码头、堤坝观光、名人故居、楼阁、石窟、历史建筑物、城堡等游览观光 | | |
| | 人文活动：旅游商品游、人物事件游、文艺作品观光游、民间演出游、体育赛事游、民间集会游、节庆活动游等 | | |

由表3-6可知，自然类游览业态主要依托地质地貌、水域风光、生物景观、天象与气象景观等自然资源开展。其创新开发需在基础调查的前提下，进行分类和评价，寻找旅游休闲小镇可依托的最有吸引力的资源，并在保护性开发的基础上，创新游憩模式，增强游客的体验感、互动感及参与感。

人文类游览主要依托遗址遗迹、建筑设施、人文活动等人文资源开展。鉴于人文资源本身的限制，这一业态的开发尤其要注重保护，并寻求在文脉的展现与穿透、文化的活化以及文化体验的显性表达等方面实现突破。故事线索推演、互动体验、实景演艺、Cosplay、机动游乐和电子、时尚光影游乐，都是当今游客容易接受的文化旅游产品体验模式。

（二）案例分析——湖南省凤凰古镇

1.概况分析

凤凰古镇位于湖南省湘西土家族苗族自治州的西南部，地处武陵山脉南部，史称"西托云贵，东控辰沅，北制川鄂，南扼桂边"。古镇居住者由苗族、汉族、土家族等28

个民族组成，为典型的少数民族聚居区，是湖南十大文化遗产之一，与云南丽江古城、山西平遥古城媲美，享有"北平遥，南凤凰"之名。

**2. 游览业态分析**

凤凰古镇历史悠久，自然资源和人文资源丰富。自然资源包括沱江河水域资源、奇峰山、乌龙山、西门峡等。人文资源不仅包括古镇独特的江边木结构吊脚楼等建筑，还包括以苗族文化为代表的少数民族文化等。凤凰古镇在以上资源基础上形成了具有当地特色的自然资源和人文资源游览业态，这些游览业态构成了游客体验凤凰古镇的一种重要方式。

## 五、购——以购物为主的零售体系

以购物为主的零售体系构建了旅游休闲小镇的主要商业系统，是小镇收入的主要来源之一。在中国消费市场即将进入到品质消费、情感消费的时期，购物已经摆脱传统模式，朝着体验化、文创化、情感化方向发展，所以购物业态应切实地用体验感和情感营造商业吸引力。现在，购物已经不仅是一种购买行为。对有些小镇而言，购物本身就是一种核心吸引力。

### （一）业态细分

基于服务人群的不同，可以将购物业态分为体验性购物与生活类购物两大类。见表3-7。

表3-7　购物业态细分及创新形式

| 购物业态 | 细分 | 创新业态 | 作用 |
| --- | --- | --- | --- |
| 体验性购物 | 零散型特色购物点 | 树屋商店、无人超市、网红店等 | 是游程中的休息点和兴奋点；一般安排在登山节点、码头、索道站、景区核心区观赏点等地方 |
|  | 购物街 | 主题特色街、创意市集等 | 休闲型、体验型购物的聚集场所；一般在进入景区前的集散中心或景区大门通向核心游览区的区域等 |
|  | 专业购物店 | 文创体验店、体验工坊等 | 以当地特色商品的售卖为主；一般位于景区出入口、重要交通周转车站等区域 |
| 生活类购物 | | 食杂店、便利店、超市、百货店、折扣店、专卖店等 | 满足当地居民和旅游者日常生活的需要 |

### （二）购物业态问题及对应方案

目前，购物业态主要存在发展较为初级、整体杂乱、商品创意不足、无法激发游客购买欲望等问题。要解决这些问题，关键要把握以下三个方面。

第一，做好旅游商品，练好内功。旅游业是一种具有物质和精神特征的产品，具有国家和民间文化特征。纪念性、装饰性、艺术性、有趣性、创意性，是旅游商品吸引游客的关键要素。优化文化特征并实现现代创造力的转型是改善旅游业商品经济利益的重要途径。只要我们专注发展，就会在规划和设计过程中遵守高标准、高质量分层设计，并根据各种类型的旅游者的文化、心理和消费需求进行有针对性的设计，从而为商品带来丰富的经济收益和良好的社会回报。

第二，业态复合，增强体验。在电商的冲击下，实体店不得不考虑转型。业态复合化就是未来的一个发展趋势。"购物+"的多业态叠加，可以加强体验感、个性化，也更符合旅游休闲小镇对营造一种生活方式的诉求。"可以住的图书馆""可以吃的博物馆""可以研学的文创店""可以喝咖啡的服装店"……将这些看似不搭的业态聚合到一起，不仅可以提升购物的体验，还能够创新出更多的玩法。

第三，培育品牌，实现输出。品牌是商品最无价的财富和最好的宣传渠道。因此，旅游休闲小镇销售的商品，应通过商品本身打造、品牌故事塑造、商品创意化包装等环节，形成区别于其他小镇、独特的商品品牌体系。通过品牌化，树立自身鲜明特色，同时通过电商的大规模推广，可以以商品品牌带动粉丝经济和以粉丝经济带动线下的旅游体验，从而形成从旅游目的地到旅游客源地的闭环系统。

### （三）案例分析——掌生谷粒

#### 1. 概况分析

掌生谷粒是中国台湾的一个农产品品牌，卖的并不仅仅是农产品。用其掌门人程昀仪女士的话来说，这一品牌是用来展现台湾风格的。从2006年起，程昀仪女士与其丈夫探访台湾各地用心耕作的稻农，严选其中各具特色的稻米产销班进行合作，将天然本味的食材呈现给消费者，并书写成册，加之影像资料，来感念耕种文化。而后，通过品牌包装的创意设计建立起"掌生谷粒"的品牌个性与品牌印象，成为台湾当地生活文化价值的传递者。

#### 2. 购物业态分析

目前，掌生谷粒旗下拥有大米、茶、蜂蜜、酒等多种产品，其中很多产品都成了原产地形象的代表。其具体做法如下。

严选天然本味的食材：经过长期的参与记录，寻找各地各具特色的原味食材，坚持为消费者提供原产地的特色产品以及讲述产品背后的故事。

创意设计食品包装：用最古朴、最具有当地特色的牛皮纸袋、纸藤包装食材，用书法手写产地、产品名称与生产者的故事。通过创意的包装，传递品牌鲜明的个性和深厚的文化底蕴。

深度参与原产地生产：邀请客户亲自来到原产地，让消费者能够感受到直接亲近土地的深度感动。推广一个地方的产品，同时推广的也是这个地方。

## 六、娱——以休闲娱乐为主的娱乐业态

以强参与性为特点的娱乐业态是旅游休闲小镇中聚集人气的重要砝码，尤其是夜间的休闲娱乐，是留住游客进行消费的核心吸引力。伴随科技的发展和旅游者需求的个性化，全新的娱乐业态层出不穷。

### （一）业态分类

娱乐业态可以分为健康休闲类、文化娱乐类和游乐休闲类。见表3-8。

表3-8　娱乐业态细分及创新形式

| 娱乐业态 | 细分 | 创新业态 | 作用 |
|---|---|---|---|
| 健康休闲类 | 运动<br>美容<br>疗养 | 食疗馆、中医理疗、温泉疗养、生活调解中心等 | 满足大众旅游者日常健身需求；满足女性客户美容等需求；满足中老年度假疗养的需求 |
| 文化娱乐类 | 文化表演 | 实景演出类、剧院、当地节目展示 | 表演当地特色文化节目，邀请外地知名剧团来演出，用优秀的节目展示独特的文化 |
| | 文化展览 | 休闲书店、画廊、博物馆、艺术馆、书吧等 | 满足旅游者陶冶情操、增长见识、文化休闲的需求 |
| | 文化创作 | 陶艺吧、印染店等 | 以旅游者参与制作的方式让旅游者更加了解当地特色文化 |
| 游乐休闲类 | 游乐 | VR游乐设施、水上乐园、户外CS等、儿童游乐园等 | 满足旅游者精神愉悦、身心放松的需求 |
| | 核心区休闲 | 休闲广场、休闲会所、休闲商业综合体、艺术馆、展览馆、文化中心、购物街、酒吧、不夜城、购物中心等 | 聚集游客停留的关键因素 |
| | 景区休闲 | 森林氧吧、郊野公园、步行街等 | 与旅游休闲小镇休闲形成有效补充 |

### （二）娱乐业态问题及对应方案

娱乐业态的产品雷同、运营滞后、服务不佳等问题相对严重。娱乐业的发展是对资源民族化、地方化、民俗化的发掘，越是地方的，就越是流行的。旅游者到旅游地的娱乐体验，应当是具有当地民族特色的娱乐方式。首先，需要充分发掘当地的特色文化和奇特的游乐方式，把丰富的文化内涵融入新奇的娱乐方式中，让旅游者享受独特的游乐

方式。其次，要考虑集中性的娱乐场所和地方民族文化节，通过这样组团的方式，既展示了旅游地的民族文化，又把各种具体传统的民间游乐方式表现出来，让旅游者得到全面、深刻的游乐体验。再次，注重娱乐的参与性、互动性，让游客可以通过亲身参与获得旅游体验，如民族民俗生活的参与、农家渔家牧家生活的参与、探险的参与等。最后，特色化打造夜间娱乐，使夜间娱乐带来较高的旅游收入附加值。

### （三）可导入的IP资源

娱乐业态可导入场地资源、活动资源、明星资源、综艺资源、动漫资源等，如爸爸去哪儿、大闹天宫、黑猫警长、愤怒的小鸟、葫芦兄弟、阿凡提等特色IP。

### （四）案例分析——圣淘沙名胜世界

圣淘沙名胜世界坐落于新加坡圣淘沙岛上，由云顶新加坡耗资65.9亿新元兴建，占地49公顷，是集酒店、娱乐、环球影城、购物、美食于一体的一站式综合娱乐城。除了拥有东南亚首个且唯一的环球影城主题乐园、全球最大规模的海洋生物园、新加坡首个海事博物馆，还建有娱乐场、豪华水疗中心、6家风格迥异的度假酒店、名胜世界会议中心和多家名厨餐厅及零售精品店等。此外，圣淘沙名胜世界也提供多元化的娱乐节目。丰富的人文景观、完备的住宿餐饮、齐全的娱乐休闲设施和快捷方便的交通网络弥补了其自然资源特色的缺失。圣淘沙名胜世界为游客提供滨海住宅，让游客接近大自然，是世界级的综合度假胜地。

## 七、商——以商务为目的的新兴业态

商是以商务为目的，把商业经营与游览、观光结合起来的一种旅游业态，包括商务旅游、会议会展、奖励旅游等旅游新需求、新要素，经济带动性强。根据商务人群类型的不同，可分为由从事商业活动的消费者构成的一般商务旅游市场、由政府公务人员考察形成的政务旅游市场、以学术交流活动为主的学术旅游市场、以投资或商业合作为目的投资考察旅游市场及其他商务旅游市场。其中，学术旅游市场和投资考察市场，近年来发展十分迅速。

### （一）业态细分

商务旅游不受季节、节假日、周期长短等时间因素影响，面对的人群一般素质高、收入高、职位高、团队规模大。其带来的庞大人流和多元化的消费需求，形成了高消费、旺需求以及丰厚利润，使商务旅游成为撬动工作日旅游市场的主要业态之一。其业态细分及创新形式，见表3-9。

表3-9　商务旅游业态细分及创新形式

| "商"业态 | 细　分 | 创新业态 | 开发建议 |
|---|---|---|---|
| 会议 | 会议中心、配套服务 | 年会、专题研讨会、团建培训 | 依托住宿业等开展会议活动 |
| 展览 | 展览中心、会展活动、会展搭建、会展管理 | 大型会展、文化论坛 | 依托现有的场所和场地灵活配置，按需配置，避免没有调研就大搞展览馆建设 |
| 节庆 | 节庆活动展示、节庆组织、节庆运营商、节庆服务商 | 美食节、购物节等大型节庆 | 开发重点项目，做大做强品牌 |
| 奖励旅游 | 培训旅游 | 奖励旅游活动等 | 配置中高端服务，提供个性化活动 |

## （二）商务业态问题及应对方案

商务业态同样面临创新缺失、运营滞后、体验不佳等问题。经历2014年整体市场的萎缩后，商务旅游逐渐趋于市场化发展。本书作者认为，深度和广度优化升级是商务旅游转型的核心驱动力。深度上应不断挖掘文化内涵，把文化体验融入商务旅游，打造有趣、生动、结合文化与本地内涵的独特性产品，同时提升服务质量，使旅游者享受到高品质的服务；广度上应整合旅游资源，形成市场细分，面向各种类型的企业，研发不同形式、不同档次的产品，提供定制服务，如"会议＋温泉""会议＋滑雪""会议＋中医养生""会议＋体育赛事""会议＋特色节庆""会议＋文化演出"等。以会议形成产业聚集，以会议旅游、会议接待为特色及主导，以大规模休闲度假项目为支持，以交通、餐饮、住宿、会议接待设施为基础，通过发展主题游、定制游等特色旅游产品，引领中国商务旅游未来的发展方向。

## （三）案例分析——北京怀柔雁栖湖

### 1.概况分析

随着2014年APEC会议的成功举办，北京怀柔雁栖湖国际会都的形象便深入人心，逐渐成为商务会议旅游的热门目的地。雁栖湖景区位于北京市东北部，以国际会议和旅游接待为主营业务，包括1座会议中心、12座总统贵宾别墅、1座精品酒店，是北京生态旅游的一张新名片，也是国际高端会议的举办地。

### 2.商务业态分析

2014年的APEC会议提高了雁栖湖的知名度。2015年的第五届国际电影节电影嘉年华、2017年的"一带一路"国际合作高峰论坛，使雁栖湖成为全球瞩目的焦点，助推了后APEC时代的会议及旅游热潮。为保障会议后旅游的运营，打破雁栖湖小景区的经营思维，雁栖湖按照国家5A级风景区的标准建设，完善了旅游综合服务系统，新建了游客接待中心、慢行系统、自行车俱乐部、游船码头，开展了各类水上娱乐项目、儿童娱乐项目……通过全方位改造，雁栖湖景区旅游接待人次从2013年的41.65万人次，增加到

2015 年的 118 万人次，综合收入从 2013 年的 2365 万元增加到 2015 年的 7200 余万元，实现了以会议为引擎的旅游综合开发。

## 八、养——以养生类为主的康体疗养业态

大众旅游时代，追求健康和精神享受逐渐成为休闲度假旅游的主要诉求之一。健康与旅游的加速融合，呈现出"三避五养"的特征。"三避"，即避霾、避暑、避寒。"避霾"是深呼吸，以换气洗肺为目的；"避寒"与"避暑"是为了感受温暖如春和清凉宜人的气候。"五养"即养生——健康生活、养心——精神文化度假、养老——度假养老居住、养颜——颜值气质双修、养疗——健康养疗，这五大板块构成了现代人重要的生活方式，其表现形式为度假。

### （一）业态细分

旅游休闲小镇应该基于生态宜居、文化旅居、体育健身、医疗康养等需求，打造"五养"的健康旅游新要素，形成康养旅游新业态。业态细分见表 3-10。

表3-10 "养"业态细分及创新形式

| "养"业态 | 细分 | 创新业态 | 开发建议 |
|---|---|---|---|
| 康体 | 休闲运动 | 定向运动、山地自行车、马术、非动力运动等 | 室内休闲运动可与住宿业态组合开发；室外运动适合郊区休闲及度假区 |
| 疗养 | 养生、养心、养颜、养老、养疗 | 有机餐厅、休闲农庄、葡萄酒庄、温泉中心、中医疗养、SPA 养生会所等 | 结合住宿业态有步骤地进行开发 |
| 医疗 | 体检、理疗、健康管理 | 体检中心、健康管理中心、三甲医院等 | 根据需求适宜布局，分阶段开发 |

康体业态主要指休闲性运动项目，包括高尔夫球、网球、游泳、滑雪、滑草、山地自行车、射箭、骑马、拓展等各类型项目，一般为郊区休闲或度假区等的主要收入来源。

疗养业态以身心修复、生活方式调节、美容养颜及病痛疗养为目标，包括依托自然资源的疗养和人工设施服务的疗养两大类。生态氧吧、生态浴、雾浴、森林浴等自然生态疗养项目，结合人工服务，形成特色。对游客有很大吸引力的项目还包括药膳、食补等与餐饮结合的疗养项目。

医疗业态以体检、理疗、健康管理为主要目标，需要专业医疗机构的支撑。

### （二）"养"业态问题及对应方案

目前，"养"业态存在开发深度不足、模式不明、投入大见效慢等问题。结合当前康养业态的特点和需求，本书认为，康养业态的开发需要打造以核心养生服务为主，配套兴趣部落、地产载体、医养机构等相关服务的"1+x"开发体系。

## （三）可导入的 IP

可导入的 IP 包括以易享生活（社区养老与健康服务）为代表的养老创新 IP，以四圣心源（医养技术服务运营平台）、蓝卡健康（健康医疗新模式）为代表的健康服务 IP，以"中艾堂艾灸养生会所"为代表的养生 IP，以元泉瑜伽为代表的美容美体 IP 等。

## 九、学——"旅行＋教育"的研学旅游业态

学即研学旅游，是指"旅行＋教育"组合的产品业态，融体验性、教育性、娱乐性、休闲性于一体，是一种满足自我提升的高层次旅游业态。国务院在《关于促进旅游业改革发展的若干意见》国发（〔2014〕31 号）中提出积极开展研学旅游之后，国家教育部、国家旅游局等相关部门都在大力推进研学旅游，如国家旅游局于 2016 年初公布首批"中国研学旅游目的地"和"全国研学旅游示范基地"，国家教育部也提出积极将研学旅游纳入到基础教育课程体系中。据相关统计，2016 年我国研学游行市场规模约为 300 亿元，未来 5 年仍将保持较快增长。所以，研学旅游将成为拓展旅游发展空间的重要业态，其发展为研学产品的创新提供了较大的空间。

### （一）业态细分

研学业态最大的优势是不受"休闲时间"的制约，不受节日和季节的影响，成为解决工作日旅游需求不足的重要途径。业态细分见表 3-11。

表3-11 "学"业态细分及创新

| "学"业态 | 核心特点 | 创新业态 |
| --- | --- | --- |
| 农旅研学 | 置身自然、体验乡土乡情 | 乡村扶贫体验游、养殖基地游 |
| 工旅研学 | 了解企业历史及科技技术 | 工业科技旅游、高新园区游 |
| 文旅研学 | 传统文化感受、寓教于乐 | 遗址遗迹、红色研学、国学体验、博物馆深度游 |
| 科考研学 | 探索求知、环保科普 | 地质科普游、动植物园考察 |
| 国外修学 | 感受异国文化、体验留学预演 | 海外游学夏令营、冬令营、国外生态农场游 |
| 研学旅行基地 | 主题性、线路性、体验性较强 | 研学旅行基地、中小学研学基地 |

### （二）研学旅游业态的打造重点

在产品定位方面，应注重细分群体，细分研学领域，细化产品定位，如小学阶段要以乡土乡情研学为主，初中阶段以县情市情研学为主，高中阶段以省情国情研学为主。此外，还应根据资源特征、研学目的等因素，积极导入特色修学 IP，提高产品档次。

在产品设计方面，要体现"游""学"交融并举，通过深入挖掘研学内容的内涵，运用旅游创意化和体验化手法，精心设计"游中学""学中游"的综合性产品业态，并将研

学内涵从"游学合一"向"知行合一"提升，打造可观、可玩、可感的研学旅游项目；注重整体线路规划，通过"一条龙"主题打包服务进行包装。

在运营管理方面，要使政府、学校与行业形成合力，加强统筹规划，共同规范市场行为，加强安全监管力度；依托政府资源制定并推行研学旅行的优惠政策；完善旅游休闲小镇研学旅行基地的接待和配套服务体系；把握"互联网"的时代契机，以微信和微博为载体，开启"研学＋互联网"的营销格局，突破地域限制吸引全国游客。

### （三）可导入的IP

善用研学特色IP，能够快速提升研学产品质量，丰富研学旅游业态，从目前的发展来看，主要分为儿童夏令营、青少年教育、大众禅养、休闲项目四类，见表3-12。

表3-12　研学旅游业态可导入的IP资源

| 名　称 | 类　型 |
| --- | --- |
| 儿童夏令营类 | 小海燕夏令营、开心夏令营、小飞人篮球夏令营、游学假期动感夏令营等 |
| 青少年教育类 | 曲阜国学院、安徽九华书院、小夫子国学馆、武汉童学文化、汇贤雅国学馆、华夏国学馆、武当道学教学院等 |
| 大众禅养类 | 太极禅苑（由马云、李连杰先生共同发起创办）、山语水语游学旅行（旅游产业＋文化产业）等 |
| 休闲项目类 | 上海东方绿洲研学基地、环球悦时空（爸爸去哪儿嘉年华） |

### （四）案例分析——安徽省马鞍山市

以古典文学系列文化为主题的"课本上的马鞍山"研学旅行基地，成功入选第二批安徽省研学旅行基地。马鞍山拥有深厚的历史文化底蕴，其中写进中小学课本的就有和县猿人、凌家滩遗址、霸王祠、褒禅山和采石矶等十多个历史故事。此外，蒙混过关、高山流水、草船借箭和望梅止渴等多个成语故事也出自马鞍山。以李白、李之仪、王安石、刘禹锡等为代表的文坛巨擘，更为这方自然山水染上了浓重的文化色彩。

在"课本上的马鞍山"的发展基础上，马鞍山市通过公众平台、微博以及其他平台推出教研基地，吸引了成千上万的小孩子，拓展了小孩子的学习途径。

## 十、情——以亲情、爱情、友情等为主题的新业态

"情"是指情感旅游，包括婚庆、婚恋、纪念日旅游等各类精神和情感的旅游新业态、新要素。"情"业态强调主题性及体验性，以亲情、爱情、友情等情感为主，通过纪念日活动、交通/游线配置、景观节点打造、设施复合功能打造等方式进行行业态创新。

### （一）业态细分

当精神愉悦、情感维系、心灵追求成为当今游客的主要诉求后，出现了很多与"情"相关的创新业态。见表3-13。

表3-13    "情"业态细分及创新形式

| "情"业态 | 细 分 | 创新业态 | 开发建议 |
|---|---|---|---|
| 亲情类 | 亲子旅游 | 亲子游、家庭休闲度假、子女教育游等 | 亲子旅游以孩子为中心开展；父母孩子共同参加、注重娱乐性和参与性；要注意安全性 |
| | 子女伴（老）游 | | 尊老为主、适合配置休闲类活动 |
| | 家族出游 | | 多家一起出游、以休闲活动为主 |
| 爱情类 | 婚庆 | 婚纱摄影基地、彩色花木园、花海、教堂、婚宴礼堂、婚礼、婚博会、蜜月旅游、爱情主题乐园等 | 以浪漫为主题、配置各种上下游相关产品与服务 |
| | 蜜月/纪念日旅游 | | |
| | 爱情旅游 | | |
| 友情类 | 毕业旅游 | 毕业旅行、闺蜜旅行、友情岁月牧场游等 | 以具有相同回忆或某一共同情感的团体为出游单位、需配置有参与感的活动、增加纪念意味 |
| | 闺蜜旅游 | | |
| | 友情岁月旅游 | | |

## （二）情感业态问题及对应方案

目前，情感业态在我国发展还不成熟，产品模式单一、主题定位不明确、配套设施不完善、宣传力度不足等问题日渐凸显。要解决这些问题，应聚焦情境、产品与体验、社群三个层面。

第一，情境营造。"情"是目的，游客在进行旅游活动体验风情的同时，获得特有的情感，包括震撼、愉快、美妙、舒适……"境"是旅游活动的载体，是旅游氛围的营造，是情感产生的催化剂。情感旅游更多强调的是内心感受，因此情境营造是其开发的主要内容。

第二，创新产品与体验。情感的产生，是一个既微妙又复杂的过程。相对其他业态来说，情感旅游更需要创新产品以及多样化体验的支撑。创新产品能够为游客带来视觉与心灵的震撼，同时多样化的体验活动能够将游客带入情境中，逐渐通过亲身感受，产生情感。

第三，妙用社群模式。社群在情感旅游中具有十分重要的价值。通过社群模式的运用，一是加强群体之间的交流，从而产生更强的情感体验，获得情感上的共鸣；二是通过旅游后的交流，增强用户黏性，产生持久的联系。

## （三）可导入的IP资源

特色活动：千人婚礼、青春不散场、毕业旅行、从你的全世界路过、罗密欧与朱丽叶、致青春、我们相爱吧、奔跑吧等。

互联网平台：百合网、珍爱网、世纪佳缘、有缘网、悟道、名猫空间等。

情感服务：摩卡婚礼策划馆、薇薇新娘婚纱摄影等。

### 十一、奇——以探奇为吸引的创新业态

"奇"是指探奇，具有探索、探险、探秘等新奇体验性质的旅游新产品、新要素，其与科普旅游有一定重叠性，但"奇"业态更侧重探险体验。探奇旅游有别于常规旅游，是以探险、探索、探秘为主题开展的一系列极限类、特色化的主题旅游活动。此类旅游产品从小众、高端和专业逐步向大众化演变，吸引着越来越多的旅游爱好者融入其中，使参加探奇旅游的人数呈井喷式增长，如极限骑行、滑板、钢索滑道、玻璃栈道、徒手攀岩、帆船冲浪等业态。在探奇旅游产品参与中，游客主体参与性非常强，根据活动强度的大小，还存在着不同的危险程度，因此特色吸引力打造和安全管理机制成为此类业态设计的重点。

#### （一）业态分类

根据探奇性质可将其分为极限探险和新奇体验两类。极限探险指某种独特的、激动人心的、强度较大的户外探险旅游活动，有较大的危险性，需要一定的技能和专业装备；新奇体验侧重于人文、军事、动漫等主题型新型业态产品的参与体验，旅游体验更轻松。其业态分类见表3-14。

表3-14　"奇"业态细分及创新形式

| "奇"业态 | 细分及代表产品 | | 特点及开发建议 |
|---|---|---|---|
| 极限体验 | 极限运动 | 滑翔基地、高空跳伞俱乐部、漂流基地、滑雪场、攀岩运动中心、滑沙滑草基地等 | 极限运动对自然地质条件有较高的要求，并不适合所有小镇。极限运动产品设计中要强化培训场地、医疗服务点及安保急救方案 |
| | 极限类赛事 | 拉力赛、马拉松赛事、野外生存训练竞赛、徒步穿越路线等 | 此类活动需要提前规划出合适的活动场地和交通路线 |
| | 极限人造景观 | 玻璃栈道、高空观景台、铁索桥等 | 一般与景区联合设计，成为特色体验吸引点。设计中要因地制宜、依景而建，选好观景视角和设计安全承重是关键 |
| 新奇体验 | 动漫主题、军事主题、科技主题等 | 动漫主题乐园、奇幻溶洞探险、军事体验营地、森林奇特树屋 | 强调主题的策划和体验形式的创新，并对游览路线进行合理安排 |

#### （二）探奇业态问题及对应方案

探奇业态是近几年飞速发展的业态形式。从目前的市场情况来看，其主要存在探奇项目跟风雷同、探奇配套设施及安全机制不完善等问题，对此，可以从以下两大方面去解决。

### 1. 以特色吸引力为核心

不管是极限体验类还是主题体验类，其特色吸引力的打造均为发展核心。其中，极限体验类项目多对自然资源条件有较高的要求。资源探险价值、独特神秘、新奇刺激的不可替代性决定了产品吸引力打造的方向。另外，还对原始景观的保护及环境承载力有着很高的要求。新奇体验类项目则以主题式开发为主，这就要求在策划阶段有大胆的创新和突破，打造迎合市场新需求的吸引核。根据创新形式，开发多元化的探奇 IP，形成旅游休闲小镇的特色魅力。

### 2. 从游客感受出发，以人文本，强化服务水平

极限体验类项目危险性相对高，需要游客掌握一些相关专业知识和技巧，因此需要配套培训场地和培训服务，定向普及。另外，旅游休闲小镇的此类业态往往在小镇边缘区，因此还需要有安全急救设施及应对方案。新奇体验类项目是为满足"新、奇、特"的旅游感受，让旅行充满乐趣，主要探索不同主题的神奇，使游客心情舒适和放松，因此主题体验的线路十分重要。

## 第二节　旅游休闲小镇业态创新策略

旅游休闲小镇发展的最终目的是为了推动社会经济的发展，而经济发展主要依靠的就是游客在当地的消费，由此形成的产业集聚，使旅游休闲小镇具有完整的产业生态链。由此可见，旅游休闲小镇的核心价值，其实是产城一体化发展的创新模式。业态创新则是旅游休闲小镇发展的内在要求。随着新的消费需求不断涌现以及旅游供给侧改革的推进，业态创新成为旅游转型升级的有力武器，是旅游休闲小镇规划的理论基础，同时是培育旅游经济新增长点的重要途径。

### 一、整合创新

整合是旅游创新最基础，也是最重要的手段。其主要包括产业整合、空间整合、时间整合、技术整合。

#### （一）产业整合

旅游产业关联性强、融合度高，以旅游产业为核心，通过资源、产品、市场的整合，使旅游产业及其他相关产业通过某种方式彼此衔接，打破各自为战的状态，将形成业态创新的基础。国家旅游局也一直在大力推动"旅游+"引领业态创新，实现旅游产业融合新突破。比如，旅游与现代农业相结合，形成田园综合体；旅游与医疗结合，形成医疗旅游。常见的产业整合有旅游＋农业、旅游＋体育、旅游＋健康、旅游＋文化、旅游＋文创、旅游＋教育、旅游＋制造业、旅游＋互联网等。

#### （二）空间整合

空间整合突破了旅游在行政和管理方面的限制，以市场为主导，通过道路串联方式

或是旅游综合开发手段，实现景点、资源、市场之间的串联与共享，尤其是在全域旅游时代的背景下，景点的概念越来越弱化，而人们希望得到一种全感观式体验，因此空间整合就显得更为重要。旅游休闲小镇本身就是一种区域整合式的创新业态。通过自驾车、自行车、慢行、慢跑、古道探秘、游船等交通方式，将周边的景点、景区、景观节点、服务设施等进行整合，是最常用的一种线路串联式的业态创新手法。

### （三）时间整合

时间整合是根据某一时间段内消费者的需求，进行主题整合，进而形成新的业态和产品。有研究者在时间整合上，提出了"四季全时"的理念，即通过春季的踏青观花、夏季的避暑嬉水、秋季的观叶采摘、冬季的冰雪及温泉、工作日的研学、夜间的夜游演艺及夜市，在一定程度上突破并改善了旅游季节性的限制，使淡季不淡、旺季更旺。比如，2016年福建泰宁推出的"清新福建·悠然三明四季行"系列体验活动，以"春季建宁花海跑"突出三明春季浪漫的花海景观，以"夏季泰宁淘气节"带动亲水、健身、休闲产品，以"将乐嬉游季"推介适宜家庭互动的绿野乡居亲子产品，以"沙县吃货汇"展示三明美食及客家风情。这一活动获得了福建省旅游局认定的"首批优秀创意旅游产品"称号。

### （四）技术整合

技术创新是产业和企业发展的重要力量，也是旅游休闲小镇业态创新的基础。无论是旅游自身技术的发明创造，还是其他行业技术的引用，都会对旅游产生较大的推动，促进自身业态的发展。例如，旅游业引入信息技术和网络技术，引发了旅游战略、运营方式和产业格局的变革。又如，VR/AR 技术的应用，使旅游打破了空间和时间的限制，从内容展现形式、游客体验方式和目的地营销方式上优化了传统旅游，产生了 VR 酒店预订、VR 旅游目的地、VR 主题公园、VR 旅游演艺等新形态。

## 二、产品创新

产品创新是推动业态创新的另一手段，但难度相对来说较大。它以市场需求为导向，以技术提升为支撑，以企业为主体，通过两种方式实现创新。

### （一）推动产业间产品的整合

推动产业间产品的整合是将两个或多个相关产业的产品进行合理整合，如近两三年市场上火爆发展的亲子教育旅游，将亲子旅游与教育相结合，融旅游、拓展、教育、休闲、度假为一体。这一产品的出现是基于电子产品对儿童产生的不利影响以及自然教育、户外教育、生态教育等国外教育理念在我国的兴起。如今，市场上面向儿童的旅游产品，开始从单一的玩乐逐渐向教育课程与玩乐结合转变。比如，以中粮智慧农场为代表的专注自然探究、农事探究、动植物探究、手工制作、科学实验的亲子教育农场 / 农庄系列产品；以大美儿童世界、洛嘉儿童主题乐园为代表的将户外运动与教育有机结合的非动力儿童乐园。

### （二）产品自身内涵的提升与创新

这一创新可以通过经营方式的创新来实现。比如，为满足中高收入家庭、"候鸟"群体等对海南热带水果、冬季瓜菜、特色畜禽的需求，海南在农庄发展的基础上，以共享为理念，通过互联网、物联网等方式，为全国各地的消费者提供远程参与农庄生产和打理，也可以实地开展农产品采摘、乡村旅游等活动的"共享农庄"。另外，文化创意也是实现产品创新的重要手段。比如，将文化认同度高的，或是具有典型特征的一些重点文物、明星藏品进行"衣食住行"一条龙式系统创意开发的大英博物馆、台北故宫博物院及北京故宫博物院，均获得了巨大的经济及社会收益。

### （三）增强产品的参与性与体验性

为了实现旅游业和休闲城市的可持续发展，必须拥有旅游产品的文化特征、参与性和体验性。随着旅游业需求的变化，人们追求更多精神上的欢乐，而不是产生一系列游客的体验和参与性的物质产品。首先，我们应该确定旅游休闲小镇的文化主题，然后挖掘旅游吸引力的文化特征，并产生不同的影响。其次，我们通过展示和交流城市居民的原始环境条件，为旅游业和文化年度主题创造了多样化的旅游产品。与此同时，为了丰富旅游体验，我们需要一个深入参与性的旅游项目来突出地方特征，以便旅游者能融入当地文化氛围中，享受其生活方式，丰富自己的文化体验，以此来留住游客并进一步产生消费。

## 三、制度及管理创新

有些人可能会产生疑问，认为业态不可能产生新种类。需要说明的是，新业态与业态创新是完全不同的两个概念。新业态是业态增量，是在现有基础上增加的部分；业态创新则涵盖的范围比较广，传统旅游业态的提升与优化，也属于这一范畴。不管业态怎么创新，"吃住行游购娱，商养学闲情奇"都是最基础、最核心的业态。

制度及管理创新虽然不能直接产生业态创新，但却是推动业态创新的重要因素。业态创新，必须依赖宽松、完善、规范、包容，有利于自身潜力发挥、展现自身活力的环境与制度，包括产权制度创新、管理体制创新和运行体制创新三方面。另外，政府除了给予资金扶持，还应该在不同部门、不同行业之间的协作以及市场消费数据的获取上给予支持。

### （一）制度创新

旅游休闲小镇的建设是一场关乎资金、资本、资源和资讯的综合竞赛，制度创新则是制胜的法宝。在投资方面，要建立一套完整的咨询认证体系，尽量避免以投资人的水平和主观意愿来进行项目选择，要注重项目概念与形态、业态的顶层设计，打造出特色。在决策机制上，要科学民主，既不能一股独大，又不能全由股权说了算，要在政府、董事会与专家委员会之间形成制衡。在合作机制上，要灵活变通，根据项目的属性来选择独资、合资、战略合作、外包、托管或购买服务等。在资本构成上，要做到合理搭配，将政府资本、产业资本、金融资本、人力资本与消费资本形成一个有机整体，合理设计资本退出通道。

### （二）管理创新

旅游休闲小镇不一定要遵循原来的想法和方法，但是在探索和创新方面的实践是必要的。因此，国家和省级层面的所有试验性改革应先在旅游休闲小镇优先实施。所有符合法律要求的改革都可以在旅游休闲小镇中最先突破，强调"适应"服务领域的创新。在注册市场系统制度上，放宽对商业主题的条款和条件的审核，并设置集群化的住宅登记以最大限度地减少入口登记。在审核和批准过程中，我们应该削减审核和批准过程，为整个创新过程提供审核和批准系统，这样小城镇企业就可以在不走弯路的情况下做得更好。与此同时，政府不再审批企业"零地"投资项目、企业独立选址项目、企业非独立选址项目等，提高政府综合治理能力和服务水平，简化一些繁文缛节的管理程序。

## 第三节　旅游休闲小镇业态优化

旅游休闲小镇的业态优化涉及三项重要任务：一是业态定位，二是业态配比，三是业态之间的协同与布局。业态定位须在综合统筹小镇的总体定位、功能定位与市场定位的基础上，根据游客及当地居民的消费特征及趋势来确定。业态配比，须在对市场进行深入调研及分析的基础上，借鉴国内外成功案例，并在充分结合自身特殊性的基础上，进行详细规划。除此之外，业态规划还要充分考虑不同业态之间的匹配程度与影响程度，以最大限度地发挥协同作用，避免干扰现象。比如，有些业态适合组成商业集群以增强吸引力（如儿童游乐），而有些业态之间必须互相避开（如高端休闲商务业态与低端大众餐饮业态等）。综合以上关于业态的定位、配比及协同关系，考虑人流方向，结合交通游线组织，就可以实现科学的业态布局。

### 一、旅游休闲小镇的业态定位

#### （一）坚持以人为本

旅游休闲小镇业态规划首先要考虑人的需求，包括当地居民的需求、入驻商户的需求、游客的需求。其中，当地居民以宜居、宜业为主要需求，游客以休闲游乐、闲情修养等为主要需求，当地商户以营利为主要需求。在要素配置的过程中应坚持以人为本的原则，综合考虑各方的利益关系。

#### （二）注重挖掘特色旅游

休闲小镇为避免"千镇一面"雷同发展，需要在创建之初就对其历史文化资源进行充分调查，尊重当地发展基础，因地制宜，提炼出当地真正的特色，进而转化为旅游休闲小镇的特色吸引业态，带动当地旅游的发展及其他业态的联动，真正体现特色对产业聚集的重要作用。

#### （三）进行合理配比

旅游休闲小镇的业态设计要确定最佳开发体量。合理的规模是旅游休闲小镇实现利润回收的重要保障。各功能区要做到界面清晰、便于管理。根据每个小镇发展情况确定规模，充分考虑公共游憩空间和商业空间的规模比例。

#### （四）做好长期规划

旅游休闲小镇需要在创建之初就做好功能定位和长远发展规划，按照发展规划对业态进行布局。企业和政府考虑的角度不同，当两者利益发生冲突时，要按照长远发展规划进行项目推进，避免造成遗留问题。此外，在发展过程中要坚持绿色理念，平衡产业与环境的关系。业态的组合也要有前瞻性，要为未来的发展留有空间和余地，以便适应业态发展的需要。

## 二、旅游休闲小镇的业态配比

本小节以国内一些典型的旅游休闲小镇为例展开分析。

### （一）丽江古城

1980 年以来，丽江古城的旅游业务开发了近 30 年，聚集了 22 个少数民族、6200 多户家庭和 30 000 多人，核心业务领域达到 16000 平方米。2016 年接待游客 3.5 亿，旅游业的收入达到 608.76 亿人民币，人均消费量为 1729.5 元。

1. 商业业态

根据商业领域，丽江古城的商铺分布了 46% 的商业运营、7% 的餐厅和酒吧以及10% 的闲暇和娱乐。如图 3-1 所示。

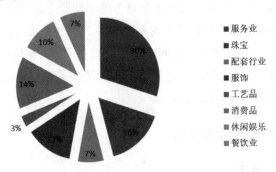

图 3-1　丽江古城商业街业态分布（按面积分）比例

丽江古城的业态，按商铺数量分，商品经营占 88%，餐饮酒吧占 7%，客栈占 5%。如图 3-2 所示。

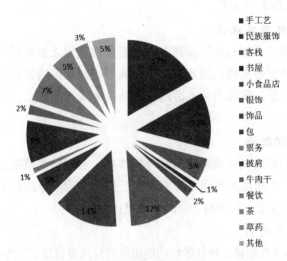

图 3-2　丽江古城商业街业态分布（按数量分）比例

## 2. 商业配置规模

丽江古城核心商业区的规模配比见表 3-15。

表3-15　丽江古城核心商业区概况

| 丽江古城核心商区概况（定量） | | | | | | | |
|---|---|---|---|---|---|---|---|
| 街道 | 长度（m） | 街道宽度（m） | 经营面积（m²） | 占总面积比例(%) | 商户数（个） | 户均面积（m²） | 租金/m²/月（元） |
| 四方街 | — | | 385 | 2.43% | 17 | 22.65 | 800～1000 |
| 东大街（商品街） | 200 | 18m（中间干道宽6m，两侧人行道各3m，水沟2m） | 3667 | 23.16% | 139 | 26.38 | 600～1000 |
| 新华街（酒吧客栈商品） | 1500 | 不到2m | 8694 | 54.19% | 167 | 52.06（26.2，除酒吧外的户均面积） | 150～300 |
| | 酒吧街 | 不到2m | 5000 | | 26 | 192.3 | |
| 七一街（商品街） | 600 | 不到4m | 3086 | 19.49% | 333 | 9.27 | 200～500 |

### （二）凤凰古城

凤凰古城是苗族和土家族的聚集地，风景秀丽，历史悠久，有许多历史遗址。整个古城经营领域大约有 15000 平方米。2014 年，凤凰古城接待旅游者旅游业的收入为80.98 亿元，人均消费 846.9 人民币。

#### 1. 商业业态

按商店区域，凤凰古城的商品经营为 45%；27% 用于客房服务；19% 用于娱乐；10%用于服务和支持设施。如图 3-3、3-4 所示。

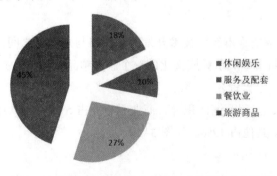

图 3-3　凤凰古城商业街业态分布（按面积分）比例

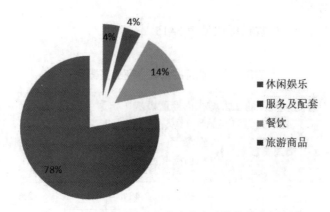

图 3-4 凤凰古城商业街业态分布（按数量分）比例

2. 商业配置规模

凤凰古城核心商业区的规模配比见表 3-16。

表3-16 凤凰古城核心商业区概况

| 凤凰古城核心商业区概况（定量） | | | | | | |
|---|---|---|---|---|---|---|
| 街道 | 长度（m） | 宽度（m） | 经营面积（m²） | 商户数 | 户均面积（m²） | 租 金 /m²/月（元） |
| 虹桥 | 连接新城古城的必经之地 | | 200 | 21 | 9.52 | -- |
| 酒吧街（老营哨） | -- | 1.5 | 1905 | 42 | 45.36 | 55 ~ 80 |
| 旅游商品街( 东正街 ) | 650 | | 4900 | 245 | 20 | 300 |
| 旅馆街（北门） | -- | -- | -- | 28 | -- | -- |
| 现代商品街( 建设街 ) | -- | -- | 8000 | 177 | 45.2（主力铺位 30m²） | 150 |

### （三）彝人古镇

彝人古镇位于云南楚雄市经济技术开发区东盛路与永安路之间，西邻龙川江，邻近楚雄州政府，是楚雄州集中展示彝族文化的一个旅游精品项目。总占地约 3161 亩，总建筑面积 150 万平方米，总投资 32 亿元。

彝人古镇的业态，按照商铺面积分，商业零售业占 57%，餐饮业占 17%，住宿业占 8%，休闲娱乐占 6%，其他占 12%。如图 3-5 所示。

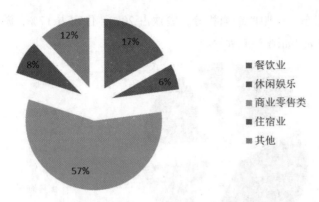

图 3-5　彝人古镇商业街业态分布（按面积分）比例

彝人古镇的业态，按照商铺数量分，餐饮占比 18%，商业零售占比 61%，休闲娱乐占比 6%，住宿业占比 9%，其他占比 6%。如图 3-6 所示。

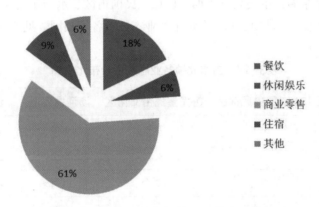

图 3-6　彝人古镇商业街业态分布（按数量分）比例

彝人古镇主商业街进深 10 米，一、二期商业布局主要为珠宝玉石街、烧烤小吃街、酒吧街；三期为古风客栈群、土特产民族工艺品、手工艺制品、特色小吃街、大型餐饮区、彝人部落、毕摩文广场、网吧电玩区及演艺一条街；四期为韩国城、鲜花水果调料批发市场、特色酒吧及休闲娱乐吧。

### （四）古北水镇

古北水镇是司马台长城下有着独特北方风味的景点。北京古北水镇旅游有限公司于 2010 年 7 月成立，是 IDG 战略资本、中青旅控股股份有限公司、乌镇旅游股份有限公司和北京能源投资（集团）有限公司共同开发建立的。公司旗下北京·密云古北水镇（司马台长城）国际旅游度假区拥有 9 平方公里的面积，总投资额超过 45 亿人民币，融旅游业、娱乐、商业展览、创造性文化和其他旅游形式为一体，其中包括世界一流的服务和设施、高参与度和体验。

古北水镇的业态，按照商铺面积分，餐饮占 20%，住宿占 17%，游览占 40%，购物占 4%，其他占 19%。如图 3-7 所示。

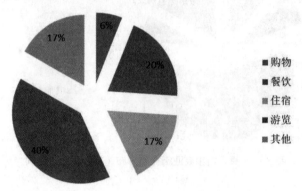

图 3-7　古北水镇商业街业态分布（按面积分）比例

古北水镇依水布局，主要划分为四个区域：民国街区、水街历史风情区、卧龙堡民俗文化区、汤河古寨区。其中，每一分区下的业态数量各不相同。见表 3-17。

表3-17　古水北镇各业态数量分布比例图

|  | 民国街区 | 水街历史风情区 | 卧龙堡民俗文化区 | 汤河古寨区 | 合 计 | 比 例 |
|---|---|---|---|---|---|---|
| 餐饮 | 4个 | 8个 | 7个 | 4个 | 23个 | 20% |
| 住宿 | 4个 | 3个 | 8个 | 5个 | 20个 | 17% |
| 游览 | 2个 | 17个 | 17个 | 11个 | 47个 | 41% |
| 购物 | 1个 | 3个 | — | 2个 | 6个 | 5% |
| 其他 | 7个 | 6个 | 4个 | 2个 | 19个 | 17% |
| 合计 | 18个 | 37个 | 36个 | 24个 | 115个 |  |
| 比例 | 16% | 32% | 32% | 20% |  | 100% |

## 三、旅游休闲小镇的业态之间协同与布局

业态与小城镇的经济效益相关，具有小城市的文化特征，并且满足消费功能和市场规则的商业精神给小镇带来的商业气息。旅游休闲小镇的业态主要包括旅游商品、娱乐、住所、表演艺术和支持服务。其协同关系要点，见表 3-18。

表3-18　旅游休闲小镇业态协同关系及布局

| 旅游休闲小镇业态—协同作用 | | | | |
|---|---|---|---|---|
| | 购 | 食 | 娱 | 住 | 演艺类 |
| 旅游商品类 | 1. 特产类、纪念品类旅游商品多布局在小镇游线末端，或特色节点游览末端<br>2. 小镇内部体验类旅游产品则集中混合分布于小镇商业街及旅游节点处<br>3. 旅游产品因其种类多、需求大、灵活性强等特点可以与其他业态交叉融合，起到互相支持作用 | 1. 餐饮店为部分旅游商品提供品尝、展示、销售的场所<br>2. 旅游产品自产自销让餐饮类店铺产品多样化 | 部分旅游产品是休闲娱乐内容的一部分，旅游者体验后可促成再次消费，例如：瑶浴店中进行草药类旅游商品的销售 | 工艺品、书画等可成为宾馆客栈特色景观，突出主题，提升酒店客栈特色 | 民族服饰、特色工艺品、体验活动等旅游商品等是演艺类业态的内容的商品化形态，增强游客体验和文化传播 |
| 餐饮类 | 在布局上，旅游商品类、餐饮类、休闲娱乐类业态分布：<br>1. 集中在小镇旅游综合体中，主要以主题街区形式存在<br>2. 沿小镇游线混合分布，协调好原住民与旅游者的需求差异，有"小集中，大分散，围绕节点分布""沿游线混合分布"的布局形式：绝对集中的业态一般商街长度比较宜人，便于旅游者到附近商街处餐饮、休闲，具有吸引力的主题文化，配合丰富的业态内容，让观光客驻足。<br>3. 考虑到游客不同的消费心理和不同距离疲劳度等因素，每隔300～500米设置餐饮类、休闲娱乐类商铺或其他休息设施 | 1. 两种布局形式：主题街形式与其他业态混合分布，多呈现"小集中、大分散"布局<br>2. 其中酒吧街多临水分布，动吧与静吧结合，并与酒店客栈等之间具有一定的隔音距离 | 餐饮＋休闲娱乐增加游客停留时间，聚集游客 | 宾馆客栈为餐饮业态聚集不同消费水平客源 | 餐饮类＋演艺类节目（娱乐表演、街边风情）结合构成特色吸引力 |
| 休闲娱乐 | | 休闲娱乐业态与餐饮业态在小镇中的旅游综合体中所占比重越来越大：餐饮业态也不再只集中在商场高层，而是从顶层穿插在各个楼层；引入多样休闲业态，如设置儿童娱乐区，增加吸引力 | 1. 租车、游船类休闲娱乐一般布局在小镇入口附近，线路够长则会在中途设节点<br>2. 两种布局形式：主题街形式（相对较少）与其他业态混合分布 | 休闲娱乐业态配置在高档酒店中扩大服务范围 | 互补关系，共同满足旅游者对娱乐方面的需求 |

| 旅游休闲小镇业态—协同作用 | | | | |
|---|---|---|---|---|
| | 购 | 食 | 娱 | 住 | 演艺类 |
| 宾馆客栈 | 商住结合，下层商铺，上层居住，酒店内部会有旅游纪念商品店；客栈周边会布局旅游纪念品店铺，方便游客购买存放 | 1. 酒店一般内置高端餐厅或自助餐等餐饮形式<br>2. 客栈周边会布局餐饮类商铺 | 休闲娱乐业态在宾馆客栈服务半径内 | 高端酒店一般集群分布，客栈等多分散于小镇内部沿街分布，各具特色 | 宾馆＋演艺提供多样居住体验 |
| 演艺类 | 演艺内容主要表现小镇的特色文化与民俗，是小镇主题文化的表现，与演艺内容相关的旅游商品如特色装饰、服饰、民俗活动等会邻近演艺场所附近布局 | 室外演艺类周边布局餐饮业态 | 布局避免过于集中 | 部分高档宾馆内部餐饮会馆举办餐饮＋特色演艺吸引旅游者 | 1. 白天吸引游客驻足，夜晚留游客过夜<br>2. 演艺类节目分为有固定场所演艺和游行演艺，沿主游线表演<br>3. 据演艺项目规模及游客量的不同，演艺项目场次及表演时间不同，固定场所表演项目多以一天3～4场居多，游行项目白天两场＋一场夜场为主 |
| 服务配套 | 服务配套类不仅要为旅游者提供便利，更要注重服务配套与原住民共享<br>若小镇周边有原住民则小镇入口处多设有商业街，实现服务设施共享<br>小镇内部有原住民居住，则考虑原住民生活需求布局配套服务业态 | | | | |

# 第四章

# 旅游休闲小镇开发模式架构

旅游业在全民旅游、个人旅游和自驾游旅行方面发展到了一个新的水平。作为一个综合全面的产业，它在经济和社会发展中起到了很大的作用和影响。传统的环境旅游模式通过抓点的方式不再能够满足现代大型旅游业的发展需要。因此，必须从过去单纯的景区游、景点游发展为打造全景化、全覆盖、全时空、全民参与的全域旅游"景区"。与传统的旅游形式相比，全球旅游业在运输规划、农业、林业、畜牧业、渔业和其他行业转型方面引入了旅游业的发展概念，并在业余农业、农业企业和其他行业中转型为农业。

可以说，旅游休闲经济城市是促进全球旅游的恰当时机。开发旅游休闲经济不是一个政绩项目，而是一个基于市场机制下城市发展问题的解决办法。因此，我们需要理清旅游休闲小镇的开发逻辑、形成基础、发展架构及开发要点等一系列关键问题。

# 第一节　旅游休闲小镇开发动因与逻辑

新常态时期，我国经济社会发展大多面临动力不足、结构失衡和效率失速等问题。鉴于此，很多省份将旅游业作为经济发展与转型升级的驱动型产业以及宏观经济需求管理和供给侧结构性改革的重点领域，要求积极抓好旅游休闲小镇产品创新和体制机制改革，这对推动我国现今的观光游向休闲度假游转变，实施好"旅游+"等战略具有重大的战略意义。认识旅游休闲小镇的开发动因，厘清其开发逻辑，是开展旅游休闲小镇建设的先决条件。

## 一、旅游休闲小镇开发动因

### （一）开发旅游休闲小镇是城市发展政策影响的必然结果

党的十八大明确提出"新型城镇化"概念。在党的十八大召开后，李克强提出"改革红利"，系统概括了中国经济发展依靠结构调整带动速度提升的核心理念。此后，农业部主抓"社会主义新农村建设"，建设部支持"小城镇建设试点"和"特色城镇建设"政策在快速实施推进落实。

2014年，中共中央、国务院正式发布《国家新型城镇化规划（2014—2020年）》（以下简称《规划》），该规划提出了我国实施新型城镇化战略的七项原则：以人为本，公平共享；四化同步，统筹城乡；优化布局，集约高效；生态文明，绿色低碳；文化传承，彰显特色；市场主导，政府引导；统筹规划，分类指导。《规划》中新概念的提出，既体现了我国战略思想的重大转变，又有利于其他产业的发展。

旅游休闲小镇已成为一个新的发展趋势，同时是促进产业现代化、产业一体化、消除贫穷和惠农扶农的一种方法。2016年1月，国务院办公厅发布的《关于推进农村一二三产业融合发展的指导意见》，明确表示，一系列旅游城市和乡村旅游业应该建造具有历史、区域和民族特点的村庄示范。而以旅游产业为主导的旅游休闲小镇是未来几年乡村建设的重点。

2016 年 2 月，国务院公布的《关于深入推进新型城镇化建设的若干意见》提出，"加快特色镇发展……发展具有特色优势的休闲旅游、商贸物流、信息产业、先进制造、民俗文化传承、科技教育等魅力小镇"。

2016 年 4 月，国家发改委结合国家"十三五"规划实施，在国家一级层面开发扶持了 1000 个小镇，其中包括有关部门在选定城市进行规划、咨询、政策支助、媒体宣传，这些城市为旅游休闲小镇提供了新的发展机会，并有着良好的发展机遇和巨大的发展潜力。在国家"十三个五年计划"中明确提出，"应该根据当地环境开发具有特色性和综合生产力的小城镇和充满魅力的城镇"。经典的旅游发展案例表明，旅游休闲小镇的典型代表不管从哪个角度来看，都是特色和魅力城市的典型代表，它们有助于在中国建造旅游休闲小镇。

### （二）开发旅游休闲小镇是旅游消费市场转型升级的需要

随着旅游业消费的逐渐成熟，文化性和娱乐休闲性将成为旅游消费的新趋势。旅游休闲经济城市越来越多地集成了文化历史、娱乐和休闲、夜间生活、旅游服务和生活方式等多种功能，并且成为当今流行的产品类型。旅游休闲小镇是传统旅游产品的重要支持和补充，也成为近几年来市场发展的重点之一。现在，以文化旅游、文化产业和新型城镇化领导的综合旅游休闲小镇是一个热点。

旅游消费的转型改变了旅游休闲小镇资源发展的初始概念，并且对游客的复杂旅游需求的满足不一定依赖优秀的旅游资源。对一部分旅游观赏资源不强的小镇来说，从旅游观光的角度来看，这些城市不值得大幅度发展观光产业，但从休闲和度假的角度来看，普通的旅游资源通过创造性地开发和改善旅游产品的功能，吸引了游客。例如，丰富的温泉资源可能不具有观赏价值，但它可以通过开发医疗养生产品来产生独特的吸引力。观光旅游资源需要大自然的赋予，而休闲度假资源可以在一定自然条件下，通过一定的产品设计开发充分发挥自然资源的吸引力。对于旅游休闲经济的发展，自然资源不是必要因素。大多数郊区都有旅游业的发展潜力。因此，城郊休闲城市的发展应不要依赖传统观光资源概念，而是挖掘地方资源潜力，提高产品质量，以满足旅游者的消费需求。

## 二、旅游休闲小镇开发逻辑

在开发旅游休闲小镇之前，先要理清旅游休闲小镇的开发逻辑，这主要涉及政府的区域发展逻辑、企业的市场运营逻辑和居民的工作生活逻辑。

对政府来说，旅游休闲小镇不仅是促进旅游业供应方面的结构改革的重要平台，还是实现城市化的重要起点，同时是促进城市农村一体化的重要手段，促进经济和产业转型和现代化的主要推动力量。通过开发旅游休闲小镇建设增长模式以及在传统城市发展中建设基础设施，推动农村的城镇化发展和城市化，为创新产业中心创造了一个大的平台，能大大改善人们的生活。因此，旅游休闲小镇必须满足政府在产业化、城市化和其他方面的需求。具体情况见表 4-1。

表4-1　政府的区域发展逻辑

| 政府 | | 旅游休闲小镇 | |
|---|---|---|---|
| 诉求 | 具体要求 | 要实现的功能 | 对应的具体工作 |
| 产业化 | ·打造特色产业集群<br>·增加就业人口<br>·增加政府税收 | ·特色产业的选择、导入与培养<br>·旅游产业的集群化发展 | ·特色产业园区的建设与运营<br>·旅游项目的开发与运营 |
| 城镇化 | ·打造城镇核心功能<br>·实现产城一体化<br>·完善基础设施配置与社会公共服务 | ·城镇核心区的形成 | ·土地一级开发<br>·城市基础设施建设<br>·房地产开发<br>·城市商业开发与运营<br>·城市公共服务设施开发与运营 |

## （二）企业的市场运营逻辑

企业是旅游业和娱乐经济发展的主要机构，也是在市场导向操作系统下弥补政府缺陷和促进活力的重要角色。一方面，在资本能力上，企业通过PPP模式建立政府所需的资金。另一方面，在以市场为导向的运营模式下，企业拥有清晰的市场观察、高风险控制能力和强大的项目运营能力，能够处理小城镇政府运营的不足。但是，无论提供什么类型的服务，企业都会追求相应的利润，见表4-2。

表4-2　企业的区域发展逻辑

| 旅游休闲小镇开发中企业的角色 | 企业的盈利来源 |
|---|---|
| 土地整理（包括产业园区） | 工程＋土地增值收益 |
| 土地一级开发（包括产业园区） | 工程＋土地增值收益 |
| 特色产业园区建设与产业运营服务 | ·产业地产销售＋产业地产租赁收益＋产业服务运营收益（孵化、培训、管理、金融服务等）<br>·产业发展服务收益（招商佣金或税收分成或落地投产奖励等） |
| 休闲旅游度假区开发运营 | 旅游项目的运营收益 |
| 住宅房产开发 | 房产销售收益 |
| 城市公共服务设施开发与运营 | 工程＋土地增值收益 |

## （三）居民的工作生活逻辑

旅游休闲小镇的建设目的是使居民方便就业、幸福生活、尽情娱乐、安全居住、享受教育、陶冶情操。在旅游休闲经济开发发展的过程中，除了发展强大的特征行业和解决人们就业问题，还需要提供各种不同的公共法律机构、开发高质量的休闲和度假项目，以方便管理公共服务和文化、知识领域，见表4-3。

表4-3　居民的工作生活逻辑

| 居民的诉求 | 旅游休闲小镇要实现的功能 |
|---|---|
| 宜业 | 特色产业、旅游产业双产业支撑 |
| 宜居 | 生态、安全、方便、智慧的居住社区；完善便捷高质量的交通、医疗、教育环境 |
| 宜游 | 提供休闲观光、健康养生、运动、度假、主题游乐等休闲娱乐业态 |
| 宜享 | 满足居民在文化层面或晋升层面的更高要求 |

# 第二节　旅游休闲小镇总体开发架构

旅游休闲小镇不是传统意义上的乡村，也不是传统意义上的小镇，而是一个以某种新兴产业或历史经典产业为基础，汇聚相关企业、机构和人员，具有某种要素集聚功能的区域，是一个功能再聚焦、人才再聚集的"重新联合或聚合"的新聚落、"产城融合共生"新型城镇化的重要实践形式，一种运营方式、建设方式、政府服务方式等体制机制再创新的创业创新共同体。

## 一、旅游休闲小镇开发思路

### （一）走景区化发展之路

从某种意义上，旅游休闲小镇的开发要具备景区的功能及配套。因此，从打造综合景区的角度来考虑，旅游休闲小镇必须具备以下几点要求。

（1）具有吸引力的旅游项目（景区、景点）设计：这是旅游休闲小镇发展的基础。吸引点设计应依据小镇的特色资源或优势，如温泉、冰雪等自然资源，历史文化、地域文化等文化资源，当地的民俗风情、名人等社会资源，当地的特色产业资源，区位优势等。

（2）特色化的风貌景观打造：旅游休闲小镇比一般的小城镇更注重景观打造，且其景观要更具有"品牌文化及标识性"。即在确定整体定位的基础上，深挖当地文化特色及民俗风情，利用本土化的一些元素，结合当地的自然及气候条件，打造具有品牌代表性的风貌系统。其包括自然山水、景观绿化等基础系统，建筑景观、公共空间及景观节点、街道景观等主体系统，城镇色彩、城镇亮化等辅助系统。

（3）合理的导引系统及游线安排：旅游休闲小镇不仅面向当地居民，更多的时候面向外来的游客。因此，在城市标识的设计中，要考虑到旅游者的需求，为他们提供最大的便利。比如，将一些有价值的核心景区串联起来，开发旅游风景道，并配套相应的服务设施。

### （二）积极发展休闲消费聚集区

以休闲体验为主的旅游消费，是我国近期旅游发展的重要方向。旅游休闲小镇也应紧跟这一趋势，大力发展餐饮、商业、娱乐、演艺等休闲业态，尤其是以夜景观光、夜间活动、夜晚休闲为核心的夜游项目，形成消费集聚区。一方面，它增加了游客消费，带来了人气，促进了城镇经济的发展；另一方面，它延伸了旅游产业链，形成以旅游为主导的产业集群，推动了城镇化的进程。

### （三）完善旅游休闲导向下的服务

提供银行、商业、医疗等社会服务是城镇必备的功能。旅游休闲小镇不同于一般的城镇，其服务对象应指向城镇及旅游产业两个方面。在服务配套类型上，要考虑旅游咨询、旅游投诉、旅游监管等旅游需求；在服务配套规模上，要结合当地居民及旅游者的数量，设置合理。

### （四）建成旅游集散中心

交通是旅游发展的命脉。旅游休闲小镇要根据游客规模和居民的交通需求，建设相应的机场、火车站、客运中心等设施，对外形成连接各主要旅游客源地的交通中心；对内要形成辐射各主要景区（点）的交通网络。

## 二、旅游休闲小镇的开发基础

### （一）特色产业真实有效地落地发展是最重要的前提基础

产业发展带来了人们对生产和收入方式的变化，这些变化确保了农民离开土地后可以按照城镇方式生活。产业一直被认为这是城市发展的动力和背景。以特色产业本身为基础，在纵向维度上，往上向研发延伸，往下向应用、营销、管理、服务延伸；在横向维度上，与旅游、教育、会议等泛旅游产业广泛融合，实现全产业链聚集，形成小镇产业结构，从而构成人口与要素集聚的前提和基础。

### （二）人流聚集引导消费聚集是泛旅游产业发展的基础

以"旅游吸引核"为基础，通过旅游的"搬运"功能，将会形成大规模外来游客的聚集。游客的到来意味着消费的形成，而人们在旅游过程中的消费，已经超越一般理解的旅游消费，是一种复合消费结构。这不仅包括景区门票等直接消费，还包括农产品、艺术品、收藏品、文化纪念品等购物消费以及文化体验、娱乐活动、运动康体、养生理疗、养老服务、会展培训、祈福修学等服务消费。有消费需求，就会有市场供给，有市场供给就会形成产业生产。因此，游客的消费聚集为泛旅游产业的发展提供了基础条件。

## （三）人口聚集是新型城镇化落地的基础

特色产业的发展带来了数量庞大的长期劳动力，泛旅游产业的发展侧重于中短期流动人口和一些服务行业。人口聚合必然会产生各种需求，如生产、生活、休闲、娱乐、住房、教育和医疗服务，就会催生一系列生活配套的设施，如购物街道、商业中心、住房、社区休假、学校、医院、银行和其他公共安全、产业和贸易、地方政府和其他公共行政服务机构，形成具有完美基础设施、健全的社会公共法律、城市管理人性以及理性和完美政策的生活价值环境。

## 三、旅游休闲小镇开发架构

旅游休闲小镇是一个特色景区，具有示范功能，也是消费产业部门的集合点。旅游休闲小镇依然是新型城镇化发展期，需要解决人的城镇化问题。其开发架构可以概括为"一产业、双引擎、四架构"，如图4-1所示。

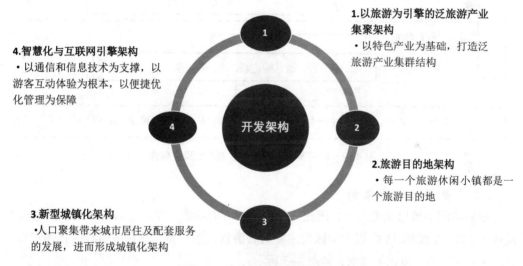

图4-1　旅游休闲小镇的开发架构

## （一）以旅游为引擎的泛旅游产业聚集架构

泛旅游产业聚集架构，是指在泛旅游产业理念下，依托旅游与其他产业的融合、聚集，超越旅游十二要素的范畴，形成以旅游产业带动其他产业发展的多产业、立体网络型产业集群。这一集群涉及面广，几乎涵盖旅游及所有相关产业，如图4-2所示。

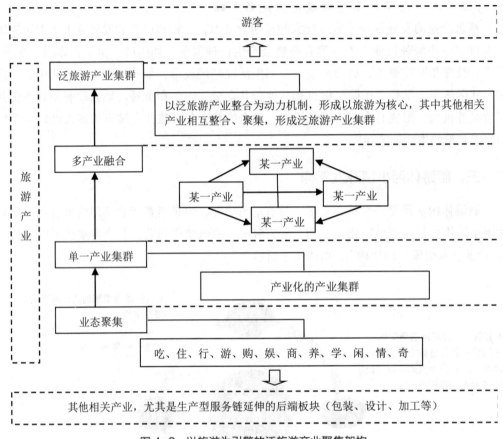

图 4-2　以旅游为引擎的泛旅游产业聚集架构

## （二）旅游目的地架构

　　旅游休闲小镇以旅游为主，因此必须包含旅游的功能。每一个旅游休闲小镇原则上都是一个以 3A 级或 3A 级以上景区为主导的旅游目的地，是"旅游吸引核 + 休闲聚集 + 商街 + 居住"的一体化聚集地，如图 4-3 所示。

特色项目吸引核
- 主题乐园、景区等

风景吸引核
- 古镇、艺术、创意等

广场吸引核
- 篝火晚会、灯光秀等

餐饮吸引与聚集

酒吧与夜间聚集
- 留住客人的关键

创意客栈聚集
- 客栈酒店及公寓房地产

创意工坊街区
- 百工坊、百艺坊

娱乐游乐街区
- 演绎、养疗

休闲街区与商业地产

就业与本地居民第一居所

大城市与周末居住第二居所

养老与度假居住第三居所

图 4-3　旅游目的地架构

## （三）新型城镇化架构

　　旅游休闲小镇本身就是一个城镇化架构，包括"旅游吸引核＋休闲聚集区＋产业延伸环＋综合居住区＋配套设施网"五大架构。核心引擎是形成人口的关键，产业园区是特色产业核心部分的聚集区，消费产业的聚集形成休闲聚集区，综合居住区是获取土地开发收益的重点，而社区配套网是旅游休闲小镇必须具备的支撑功能，如图 4-4 所示。

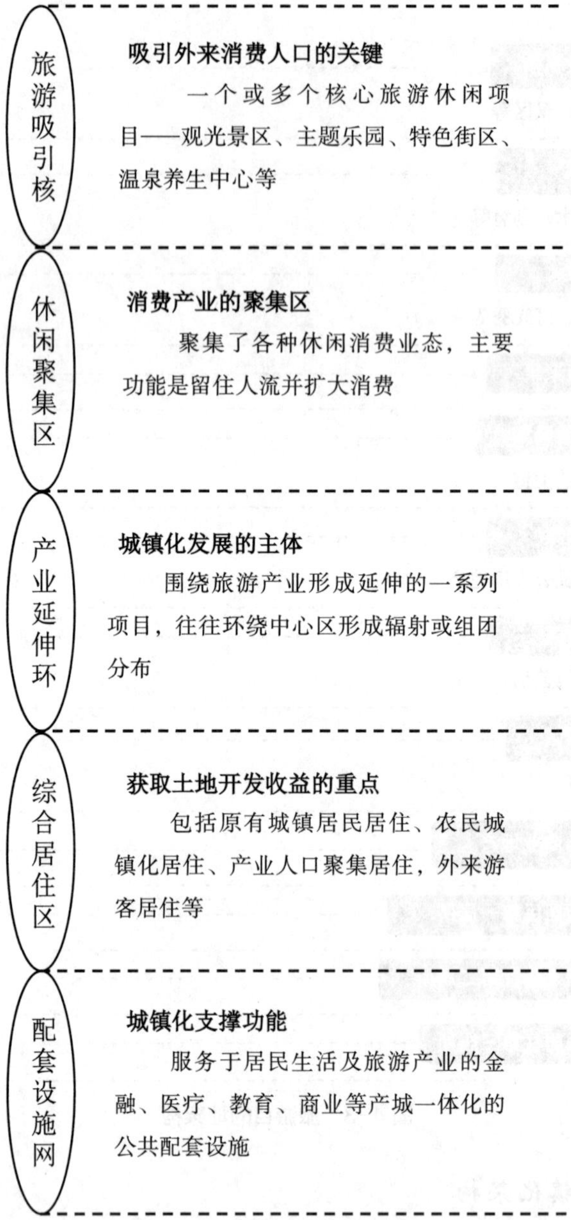

**旅游吸引核**

**吸引外来消费人口的关键**

　　一个或多个核心旅游休闲项目——观光景区、主题乐园、特色街区、温泉养生中心等

**休闲聚集区**

**消费产业的聚集区**

　　聚集了各种休闲消费业态，主要功能是留住人流并扩大消费

**产业延伸环**

**城镇化发展的主体**

　　围绕旅游产业形成延伸的一系列项目，往往环绕中心区形成辐射或组团分布

**综合居住区**

**获取土地开发收益的重点**

　　包括原有城镇居民居住、农民城镇化居住、产业人口聚集居住，外来游客居住等

**配套设施网**

**城镇化支撑功能**

　　服务于居民生活及旅游产业的金融、医疗、教育、商业等产城一体化的公共配套设施

图 4-4　新型城镇化架构

### （四）互联网引擎与智慧化架构

　　随着互联网的发展，消费者的信息获取方式、消费习惯、支付环境都发生了巨大的转变。互动、体验、便捷成为人们生活中无处不在的追求。因此，以人为中心的旅游休闲小镇，也应注重市场环境的变化，立足居民或游客的体验维度，从顶层设计、生产生活、服务提供、城市管理、品牌营销等多角度全方位，注重现代智慧科技的运用，打造智慧化的旅游休闲小镇，形成对产业、旅游、宜居生活的全面提升。

## 第三节　旅游休闲小镇开发要点

旅游休闲小镇的设计和发展，不仅需要带动泛旅游业的发展，还需要产品的创造，而且是创造城市吸引力的产品结构，成为城市发展的核心机制和逻辑。这种核心机制旨在提高群众支持力度，进一步促进休闲行业的聚合，最后创造就业机会，形成了一定规模的人口聚合、促进交通运输、建筑和基础设施改善以及其他支持性的社会公共机构，如银行、医疗护理、教育和游客、城市居民等，并通过结合商业服务创造了一个新型旅游小镇。

### 一、基于开发角度的旅游休闲小镇分类

从开发模式角度可以将旅游休闲小镇分为四类：资源主导型、休闲主导型、服务主导型、产业主导型，如图4-5所示。该分类的依据见表4-4。

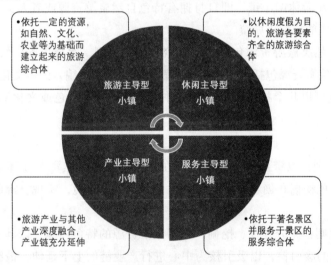

图4-5　按发展模式的旅游休闲小镇分类

表4-4　按照发展模式角度的旅游休闲小镇分类界定

| 类型 | 区位结构 | 资源基础 | 产业链条延伸 | 旅游休闲发展要素 |
| --- | --- | --- | --- | --- |
| 资源主导型 | ☆ | ☆☆☆☆☆ | ☆☆ | ☆☆☆ |
| 服务主导型 | ☆☆☆☆☆ | ☆ | ☆ | ☆☆☆☆ |
| 休闲主导型 | ☆ | ☆☆☆☆ | ☆ | ☆☆☆☆☆ |

续　表

| 类型 | 区位结构 | 资源基础 | 产业链条延伸 | 旅游休闲发展要素 |
|------|----------|----------|--------------|------------------|
| 产业主导型 | ☆ | ☆☆☆ | ☆☆☆☆☆ | ☆☆☆ |

注：1. 区位结构主要是指大城市或者著名景区周边。

2. 资源可分为两类：一类是观光为核心的资源，如花卉、古建筑、动植物等；另一类是可休闲的资源，如温泉、生态、滑雪、气候等。

3. 产业链：主要是指某一产业的纵向延伸。

4. 旅游休闲发展：高端旅游休闲度假的综合发展结构。

## 二、旅游休闲小镇开发模式解读

### （一）资源主导型旅游休闲小镇

#### 1. 主要特点

资源主导型旅游休闲小镇，即自身拥有特色自然旅游资源或者人文旅游资源，以特色资源为主导形成的旅游小城镇。

可开发的自然类旅游资源包括生态景观、生物景观、水域风光、气候天象景观等，可开发的人文类旅游资源包括历史遗迹、宗教文化、城乡风貌、民俗文化等。

这类小镇也可以几个村落联合，拆村并点，通过一定特色或文化形成产业化发展，实现就地城镇化。

#### 2. 开发原则

资源保护原则：以资源保护为前提，在不破坏当地自然资源和环境的基础上，对当地资源进行特色挖掘和创新发展，大力优化区域生态环境，实现资源的可持续开发和利用。

特色发展原则：充分寻找、挖掘、利用旅游资源的特色内涵，以其为特色主题，打造旅游休闲小镇的吸引核，以吸引核为中心进行产业链的上下延伸，最终形成具有特色的旅游休闲小镇。

产业联动原则：旅游休闲小镇的发展要以产业转化与消费集聚为目的，需要在食住行游购娱等旅游产业链甚至是跨旅游产业链中进行联动发展，最终实现小镇的城镇化发展。

此外，旅游项目的充足与景区结构的完整也是该类小镇非常重要的发展要素。

#### 3. 开发要点

资源主导型旅游休闲小镇的开发主要依托自然资源和人文资源等区域特色资源，通过对资源的深度开发与以旅游目标为导向的产业链延伸解决旅游休闲小镇发展的三大基本问题，即主题吸引核问题、游憩方式"玩法"问题和旅游全要素配置，从而形成由三点到十面的"三点十面"打造方法，并最终形成独特的产品系列和项目系列。

通过主题吸引核形成旅游休闲小镇的产品体系、营销体系和管理体系；通过旅游全要素配置，完善旅游休闲小镇的旅游服务产业链，串联旅游餐饮服务、旅游住宿服务、旅游购物服务、娱乐休闲服务；通过游憩方式的创意创新，对旅游休闲小镇进行游线和游乐方式设计、游乐项目引进，完善其游憩功能结构。此类小镇要重点开发旅游观光、休闲度假、文化娱乐、生态养生等多维度的旅游产品体系，重点打造以旅游项目、休闲项目、地产项目为重点的三大项目系列。其中，旅游资源的挖掘与产业链的延伸是这类小镇开发的基础，也是开发的重点与难点。

4. 具体分类

从主导资源的类型角度，这类小镇可分为两类。

（1）自然资源依托型旅游休闲小镇——四川省成都市三圣乡的"五朵金花"。这里所说的自然资源依托型旅游休闲小镇，主要是指依托有着鲜明特色的观赏性自然资源，如花卉、动植物资源等（资源本身休闲性较弱），在此基础上形成自身独特主题，并以此主题为主要吸引力的旅游休闲小镇。小镇将围绕旅游观光产品这一核心形成休闲配套集聚，并依托相关地产项目，形成小镇结构。

①项目概况。三圣乡"五朵金花"坐落于素有中国花木之乡之称的四川省成都市锦江区，占地约12平方千米，有农家乐300余家，距成都市二环路约7千米。该项目主要开发花卉、蔬菜生产经营和观光旅游等旅游产品，形成了以"幸福梅林""荷塘月色""江家菜地""东篱菊园""花香农居"命名的"五朵金花"。

②项目发展条件。

A. 交通区位。三圣花乡的公路形成"两横两纵"城市交通网络。"两横"指东西方向的外环路（绕城高速路，80米宽的双向八车道）、石胜路（70米宽双向四车道，一级油路）。"两纵"指南北向的成龙路（70米宽双向四车道，一级油路）、成仁路（40米宽双向四车道，二级油路）。可快速通达成渝高速、成绵高速、成南高速、成雅高速、成乐高速、机场高速等高等级公路，距离二环路仅7千米，距火车南站约10千米、距双流国际机场约15千米。交通发达，区位优越。

B. 自然环境。大多数地区都是平坦的山丘，地形起伏，海拔500米。属四川盆地亚热带湿润气候，每年平均温度约为16℃，四季分明，年降雨量大约为1500毫米。土质系龙泉山脉酸性膨胀土，粮食产量不高。一直以来，当地百姓有种植花卉和树木的传统，因此被政府林业管理局和中国花卉协会评估为"中国花木之乡"。

旅游区位于都江堰东风灌溉渠的尾水部位，枯水期用水紧张。

C. 社会经济环境。三圣花乡面积12平方千米，辖5个村，红砂村、幸福村、江家堰村、驸马村、万福村。2004年末，有农民3840户，13040人，人均耕地面积约466.67平方米，农民人均纯收入5311元。

D. 旅游资源评价。三圣花乡游客资源丰富，文化资源和自然资源融合在一起，品味高，主要显示在三个特性中。

一是社会主义新农村示范地，是中国的大城市临近郊区规模较大的乡村旅游景点。

三圣花乡是全国社会主义新农村示范点，社区特色鲜明，包括 5 个景区，面积 12 平方千米，是全国社会主义新农村建设与旅游产业结合的典范，是全国都市近郊大规模的乡村旅游区。

二是景观的组合类型好，各有特色。花乡农居的花卉产业为主要特色，如作为全国四大梅花基地之一的幸福梅林，观赏荷花的荷塘月色，观赏菊花的东篱菊园，以自我种植、代理种植蔬菜的生态农业体验为特色的江家菜地，景观组合好，特色鲜明。

三是乡村风情浓郁，文化底蕴深厚，具有特色性的主题，而且具有独创性。在旅游区内，有川西的民居建筑、特色鲜花、人工湖泊和池塘、缓坡起伏的山际线、乡村特色餐饮，乡村风情浓郁。

旅游区建设注入了相应的文化因素，来自陶渊明的"东篱菊园"，来自朱自清的"荷塘月色"，有中国传统的"梅文化"和历代古人的诗歌，江家菜地有"农业文明记忆馆"和民间农事谚语，文化底蕴深厚。旅游区已形成乡村休闲、花卉观光、社会主义新农村的特色主题，有一定独创性。

③规划思路与发展方式。

A.规划思路：因地制宜，打造"五朵金花"。三圣乡的地理位置特殊，位于城市通风口的一片绿地，并且按照规划，三圣乡不可用于建设用地。同时，三圣乡的土质很特殊，是龙泉山脉酸性膨胀土，导致粮食产量不高。作为具有独特地理位置的土地，成都市锦江区开拓思路、创新制度，将地理位置充分应用，打造有自我特色的花乡农居、幸福梅林、江家菜地、东篱菊园、荷塘月色"五朵金花"，促进了社会主义新农村和旅游业的发展，推动了城市旅游，以"农家乐"为载体的乡村旅游得到提升，为社会主义新农村建设树立了榜样。

B.发展方式：景观化打造，城市化建设。

第一，农房改造景观化。环境营造上，田园变公园，农村变景区。以"资源有限、创意无限"理念为指导，按照宜散则散、宜聚则聚的原则，对城市通风口的农房，以"农户出资、政府补贴"的方式进行房屋的外饰改造。一幢幢赏心悦目的老成都民居和仿欧式建筑群，构成了一道道风景线，展现在都市游人的眼前。

第二，城市化和现代化基础设施。在城市街道、处理污水、天然气和其他生活设施上，改进基础设施，规划农村基础设施建设，以便农村社区能够享受城市文明的成果，并为游人提供更舒适的旅游和休闲的环境条件。

第三，打造生态化、田园化的景观。基于保护原生态植被和农田利用，按照城市生活和消费标准建造农村地区的景观和休闲娱乐场所，以满足城市人民的需求和乡村人民的收益。新的绿地、湿地、微水干旱控制项目、农业文明存储博物馆和牛王庙搬迁项目已经建成，与此同时，举办菊博会、梅花节等传承自然文化的项目，营造优美的生态环境。

第四，开发土地集约化。严格监督土地硬化，整合土地房屋，拆除非法建筑，严禁乱搭乱建，减少农民占用耕地。荒山、壕沟、坡坎和其他区域建设联合起来，重新分配土地资源，充分利用资源，使有限的资源带来最大的收益。

第五，开发建设注入文化因子和产业因素。在锦江区，文化因子和产业因素被注入"五朵金花"中，促进传统农业向休闲经济发展，培植生态产业，实现可持续发展。将文化旅游业和传统农业结合起来，培养花香农居，挖掘"幸福梅林"的传统文化，插入"荷塘月色"音乐和绘画因素，再现"江家菜地"农耕文化，展现"东篱菊园"菊花韵味，将单一的农业生产转化为吸引人的文化旅游活动。

④重点旅游产品。

**幸福梅林**
"幸福梅林"因院内遍种梅花而得名。景区内建有吟梅诗廊、精品梅园、梅花博物馆、梅花知识长廊、湿地公园等人文景观，衬托出梅林的秀丽与典雅；在这里，不仅有梅花盆景和中国稀有的梅花品种，还能了解到梅花与中国精神，梅花与中国文学、中国书法、绘画艺术的渊源。让游客全面领略到梅花文化的独特魅力。

**荷塘月色**
"荷塘月色"以花卉和莲藕种植为主，以生态荷塘景观为载体，以绘画、音乐等艺术形态为主题，将湿地生态、荷花文化与艺术形式统一在一起，景色独特，艺术气息相当浓厚，是一个游客可以观光休闲、体验艺术魅力的理想之地。

**江家菜地**
"江家菜地"景区总面积3000余亩，以蔬菜、水果种植为主体。以江家绿色蔬菜为品牌，在这里都市人可以在农户的指导下，自己耕作播种，体验吃农家饭、干农家活、住农家房的田园生活。

**东篱菊园**
"东篱菊园"总面积3000亩，以种植菊花为主，春夏秋冬四季都有各种美丽的菊花。东篱菊园迎合了现代人返朴归真、回归田园的内心愿望，精美的乡村酒店形成融居住、休闲、餐饮、娱乐于一体的综合功能性特色产业，是品味菊文化、乡村旅游的度假胜地。

**花香农居**
"花香农居"以建设中国花卉基地为重点，全方位深度开发符合观光产业的现代化农业，主办各种花卉艺术节，走进"花香农居"，置身于花海之中，充分体验大自然的美妙。另外，几十幢老成都民居特色的农房，与万亩花卉相当和谐，院内："一户一景，一户一色"，各不相同。有原汁原味的农家风格，也有苗圃环抱的川西四合院。

⑤经验参考。

第一，注重文化内涵，聚集产业效应。以"花卉文化"为媒介，运用景区丰富的农业资源，打造主题性的景区和以农业种植文化为主题的"江家菜地"景区，形成一村一品一业的乡村旅游景观。"五朵金花"走的是一条以农业为基础，以旅带农、农旅互补并重的发展道路。休闲观光农业区不仅将乡村地区之间的旅游资源和城市郊区之间的农村旅游资源结合起来，还将农村旅游业与农业观光娱乐、古镇社区的旅游业、节日和庆祝活动联系起来，以农村旅游业发展为基础，形成了以农家乐、农村酒店、国家农业旅游示范区、旅游古镇等为主体的农村旅游发展业态。

第二，科学布局，强化政府治理。2000年，成都政府在"五朵金花"的规划中提出了一个著名的高起点现代化的科学规划，即农房改造景观化、基础设施城市化、配套设施现代化、景观打造生态化、土地开发集约化。"五朵金花"从建设到管理，体现出了政府的强大推动力。在任何情况下，政府都坚定沿着制定的路线走，并严格遵守国家一级品牌的标准。

第三，融资拓宽渠道，连片开发经营。为打造"五朵金花"，锦江区政府在基础设施和公用事业方面花了 8300 万元，并动员和调动民间资金 1.6 亿元，多渠道打造融资平台。"五朵金花"迅速发展并受益于庞大规模的经营，联合大量用户参与，扩张市场，规避农民单独闯市场的风险，走专业化、产业化和规模化的道路。

（2）古城古镇型旅游休闲小镇。古城古镇，特别是国家历史文化名镇，具有非常好的古镇风貌。这类小镇以其独有的特色建筑、风水情调、民俗文化以及古镇本身形成核心旅游吸引物，同时依托古镇开发旅游服务的特色休闲产品和仿古旅游地产项目，形成城市化发展结构，这成为旅游休闲小镇发展的中坚力量，如丽江、平遥、乌镇等著名古城古镇。

①丽江古城——旧瓶装新酒模式。丽江旅游业的异军突起，被旅游界称为"世界遗产带动旅游发展"的"丽江模式"。在丽江发生地震后，这个老城市重新设计，以满足新旅游和休闲的需求，打造了外表符合丽江特点、内部舒适现代的一系列古村客栈形态的集观光与休闲度假为一体的古建筑。

丽江的形象是"小资天堂"，它将民俗文化和少数民族风情紧密融合到现代人的生活中，大大增加了丽江市的文化特色。例如，恢复丽江古城特有的"用水冲洗四方街"活动及"放河"习俗；把马帮作为载体，将民族传统文化和民间手工艺有机地联系起来。

②平遥古城——整体申遗的政府主导模式。晋中市平遥县位于中国山西省的中部，黄河中游、黄土高原东部的太原盆地西南。平遥县总面积 1260 平方千米。平遥古城位于山西省中部平遥县内，始建于西周宣王时期（公元前 827—公元前 782 年）。

平遥古城的成功包括五个主要原因：一是通过申请遗产提高平遥古城的文化地位；二是通过各种节庆活动及影视剧迅速炒热景区，如平遥国际摄影节、平遥国际摄影大展等；三是实施平遥古城地区系统一票制，大大加快从社区过渡到景观的速度；四是整合旅游业资源，使旅游业向村庄扩散和传播，使县里有超过 30 万的农民受益；五是改善城市的功能和品位，建立一个好的旅游环境，加快旅游设施的建设。

③乌镇——文化与商业驱动模式。乌镇地处浙江北部桐乡市北端，与江苏吴江市接壤，西邻湖州市，虽经 2000 多年沧桑，仍完整地保存着原有的水乡古镇风貌和格局，梁、柱、门、窗上的木雕和石雕工艺精湛，真实体现了浓郁水乡风情和深厚文化底蕴。全镇以河成街，桥街相连，依河筑屋，河埠廊坊，过街骑楼，穿竹石栏，呈现一派古朴、明洁的幽静。因其历史文化悠久，仍完整地保存着原有晚清和民国时期的风貌和格局，被评为首批历史文化名镇。

乌镇包括西栅景区与东栅景区，东栅侧重于旅游观光，西栅侧重于休闲。古镇既保留了古韵民俗的魅力，又满足了现代人对时尚休闲的追求，成为古镇中较好的示范者。商业业态包含特色餐饮、客栈、酒店、土特产专卖以及休闲娱乐设施，还包含酒吧、足浴、茶楼等。重要的活动或表演以民俗节日为主，如提灯走桥、长街宴、皮影戏、花鼓戏等。

乌镇的成功取决于三个关键因素。第一，对详细活动（如基础架构、管理服务和标准化）的投资。第二，不受教条主义的影响，结合自我特征并找到突破口。例如，不随波逐流办旅游节、印象系列，而是依托自己的特色，办"乌镇过年""戏剧节"等。三是平衡文化和商业关系，每家商店都必须提交详细的商业计划，与乌镇的理念不冲突的，才允许经营，不能随意地提高价格，不能低价恶意竞争。周边没有大规模的商业地产开发。

④阆中古城——风水结构下的游憩模式创新及整体租赁开发模式。阆中市位于四川盆地北部，东枕巴中余脉，西倚剑门雄关，南临南部，北接苍溪，嘉陵江贯穿南北，自古为"巴蜀要冲"。阆中古城的建筑风格体现了我国古代的居住风水观，由于地理环境的封闭性，古城风貌得到了天然保护。其文物古迹被列为国家级文物保护的有3处，省级保护的5处，市（地）级文物保护单位12处，市（县）级文物保护的25处，列入《中华人民共和国文物地图集》201处。1984年，阆中被列为四川省历史文化名城，1986年被国务院确定为国家级历史文化名城。

风水结构下的游憩模式创新体现在基于风水文化的主题，形成风水山水、风水城区、风水文化展览、风水小品、风水旅游纪念品五大风水系列旅游产品。

整体租赁开发模式是一种发展模式，用于阆中古城发展旅游业资源，由政府统一规划，与其中一家开发商合作，允许一家公司长期控制和管理租赁开发，建立、运营、管理旅游业景区，并按比例分享旅游业的收益。避免了传统模式的不利因素，采用股份制模式使之适应了经济发展水平低、市场机制不足和旅游业不发达的地区开展古城的旅游开发。

⑤台儿庄古城——遗产保护与旅游开发模式。人们知道台儿庄大抵是因为台儿庄大战，但其实它是一个因战闻名、因运河兴盛的城市。它是我国首座第二次世界大战纪念城市，被世人誉为"中华民族扬威不屈之地"，有53处保存完好的战争遗迹。这里拥有京杭运河唯一一处古驳岸、古码头等水工遗存完整的6华里古运河，被世界旅游组织称为"活着的古运河"。

明万历年间，京杭大运河的开凿使台儿庄繁华，然而之后1938年的台儿庄大战，使它在战火中毁成一片废墟。2008年，枣庄市委市政府启动了台儿庄古城重建工程，叫停了当时一个投资5个亿的房地产项目，在对原有古镇、文化遗产点保护的基础上，做成了台儿庄古城项目，走出了一条古城保护与开发的路径。

在台儿庄古城的范围内，当年的炮火摧毁了99处建筑。对此，枣庄市政府遵循留古、复古、养古、用古的原则进行古城重建，按照世界文化遗产和国际休闲旅游目的地进行打造，于是才有了现在精美的古城。

台儿庄古城开放运营以来，突出"二战名城、运河古城、中华水城、国际慢城"的功能定位，将"古"与"今"紧密结合，着力统筹推进"多彩建筑、多元业态、优质服务"等3个品牌建设，不断创新宣传营销模式，全力打造"国际旅游休闲目的地"。近年来，古城游客接待量、营业收入、旅游综合收入等指标均以 30%~40% 的增幅递增，先后荣膺"齐鲁文化新地标"榜首、中国旅游创新奖、全国首个海峡两岸交流基地、首个国家文化遗产公园、中国非物质文化遗产博览园、国家级文化产业试验园区、国家版权贸易基地、国务院侨办华文教育基地、国家 5A 级旅游景区、山东省历史文化街区等荣誉称号，被美国有线电视新闻网 (CNN) 评为"中国最美水乡"，成了古城建设和保护的典范。

经以上分析发现，这些古老城市的发展大部分都有其独特的优势和资源，注重协调政府与开发人员或经营者之间的机制，以确保经营的成功。对其他项目来说，需要在以下几大问题上形成重要的借鉴与启示，如图 4-6 所示。

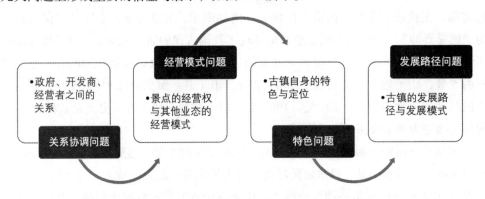

图 4-6　古城古镇型旅游休闲小镇开发需注意的问题

### （二）休闲主导型旅游休闲小镇

**1. 主要特点**

依托一定的休闲资源，如温泉、水域风光（海洋、湖泊等）、气候（雪、极光等）、高尔夫等，休闲主导型旅游休闲小镇以丰富的休闲产业为内动力使旅游者聚集，通过以休闲度假为导向的土地综合开发模式，形成以互动发展的酒店度假群、综合休闲项目为核心架构的高品质旅游休闲聚集区。这类旅游休闲小镇满足游客食、住、行、游、购、娱、学、情的需求，集观光、休闲、度假、养生、会议、康体、文化体验、居住等多种功能于一体，并围绕休闲旅游延伸发展出常住人口及完善的城镇公共服务配套设施，如彝人古镇。

**2. 开发原则**

生态宜居原则：保护、改善、提升旅游休闲小镇的自然宜居性、工程宜居性、社会宜居性，增强小城镇的可持续发展。根据现有小城镇的布局结构，继续建立环保的生态系统，为小城市和旅游者提供良好的住房和生活条件，为本地居民创造良好的工作就业条件，创造和谐、优美、安全的人居环境。

产业链式发展原则：旅游休闲小镇的规划应坚持把培育完善休闲产业链作为发展地区产业的重要路径，构建深化产业链整合发展的机制，推进企业、项目在产业链延伸方向上形成相互依存、合作的关系，以建立相互关联、互助扶持的发展格局。发挥作为优势产业链"链核"的龙头重点项目、重点产品的带动作用，推进休闲产业发展，切实增强旅游休闲小镇自身对产业要素资源的配置能力、控制能力和综合成本消化能力。

文化特色原则：休闲产业要有一定的文化内涵，文化内涵对提高人的生活质量和生命质量、对人的全面发展有着十分重要的意义。休闲小镇在打造的过程中要充分挖掘小镇的文化特色，注重休闲产品的主题文化包装，从而提升休闲产业的生命力。

### 3. 开发要点

旅游休闲小镇的开发重点应以休闲聚集构建产业发展为基础，休闲聚集下的商业物业延伸出一系列产业，在这一结构下同时形成城市化本身的配套，由此形成休闲主导型旅游休闲小镇的架构。开发时应充分考虑度假人口消费的休闲属性与个性化需求，重点打造立体全方位的休闲产业体系，既要配套高品质的休闲生活体系，又要打造中高端的休闲度假体系。

休闲生活体系的构建：休闲生活方面要考虑当地居民和旅游者两方面的诉求，既要满足当地居民生活工作的需要，又要满足旅游者休闲娱乐的需要。

一是休闲生活城市化配套，通过不同消费类型上下游的聚集，形成食住行游购娱的衔接，构筑休闲产业链，产生总体的吸引力和聚集能力，构建商业街、美食街等特色街区，实现配套的集合效应。

二是以度假人口候鸟型居住为目标的度假第二居所的开发。第二居所应以"生活方式"的打造为核心，在选址方面，应选在旅游休闲小镇生态环境相对较好的区域，并与休闲项目聚集区形成道路相连、空间相隔的有机结构。

休闲度假体系的构建：要充分考虑休闲度假群体对于差异化、人本化、高端化、定制化的需求，在休闲度假体系构建的过程中注重体验性、时尚性、变化性和创新性，最终形成高端休闲的产品体系。

一是演艺类项目的打造，开展有地方特色的演艺活动或者引进有影响力的演艺项目，增加旅游者的文化体验。

二是节庆活动的打造，在挖掘当地民俗文化的基础上，开展形式各样的节庆活动，增加旅游者的体验性和参与性。

三是增加夜间文娱项目的打造，酒吧、剧场、夜间烟火、夜游等项目的开展，可很好地带动夜晚消费，形成夜间消费链条。

四是形成当地特色化的度假项目，如建设高尔夫、滑雪、游艇等项目，以一个项目为支撑，带动其他休闲项目的发展。

### 4. 案例：云南彝人古镇

（1）项目概况。云南彝人古镇，占地 210 万平方米，建筑面积 150 万平方米，总投资 32 亿元，区位极佳，交通便捷。古镇是以古建筑为平台、彝文化为"灵魂"，集彝族文化、建筑文化、旅游文化为一体的大型文化旅游地产项目，也是集商业、居住和文化于一体的大型文化旅游综合项目。彝人古镇以"高氏相府——德江城"彝族文化为主线，集观光、会议、住宿、影视拍摄等功能于一体，形成古镇的景观主轴。彝族原生态建筑文化、生产生活文化、歌舞文化和祭祀文化等都展示了彝族的特色，是一个以游客参与性为主的综合型旅游景区。

（2）参考经验。第一，以彝族文化为核心，活动丰富多样。彝人古镇以彝族文化为吸引核，围绕彝族文化展开了全方位的开发，其中通过文化旅游地产项目展示了彝族原生态建筑文化、彝族原生态市井文化、彝族原生态生活文化、彝族历史文化等。配合彝族文化，古镇中有丰富的演艺活动，如彝族歌舞、婚俗表演、民族体育竞技表演、百人对山歌、千人彝乡宴、万人左脚舞、太阳女选拔比赛等。

第二，PPP模式引领，旅游地产为骨架。该项目计划总投资100亿元，采取政府与社会资本合作模式（PPP），依法通过政府采购程序，以在北片区创建国家级旅游度假区为目标，引入社会资本负责项目内部基础设施、公共服务设施、旅游配套设施、环境景观等项目的投资、建设、改造、运营维护。早期通过旅游开发为地产搭建价值平台，后期通过地产回现促进旅游滚动开发。

第三，统一运营管理，注重营销创新。为做好项目运营，规范市场行为，维护商户权益，彝人古镇组织商户成立了商户自主管理商会，分设餐饮、酒吧、客栈、旅游商品、缅甸珠宝协会等。为确保古镇商户的运营与发展，彝人古镇建立了专项"助业资金"，为商户提供贷款担保。彝人古镇注重营销创新，注重品牌的创建，充分利用国家、省、州主流媒体、国际互联网、卫星电视、电子商务、户外广告等全方位的宣传媒介进行推广，积极参与旅游交易会、促销会、洽谈会等多样化的宣传活动。

**（三）服务主导型旅游休闲小镇**

1. 主要特点

服务主导型旅游休闲小镇是依托著名旅游风景区或旅游区，在旅游集散和休闲服务需求的催生下，在风景区重要门户和游客主通道上，形成的以旅游服务、旅游集散为核心功能的旅游休闲小镇。它借力于周边景区的吸引力，基于对大量景区游客的服务和接待，重点开发商业、休闲、地产等项目，形成旅游餐饮服务、旅游住宿服务、旅游购物服务、配套游览服务、其他特色服务等旅游配套服务和旅游集散功能。例如，万达长白山滑雪度假小镇、黄山周边的汤口镇、八达岭旅游休闲小镇等。

2. 开发原则

服务为主的原则：小镇依托重要的旅游目的地，以旅游服务为主，通过完善各类配套服务设施达到延长旅游者逗留时间的目的。一方面，小镇要有足够丰富的配套产品，能够满足旅游者多方面的需求；另一方面，小镇要有完善的服务体系，开发情感类产品，最大限度地满足客户的情感需求，达到良好的客户传播效果。

一体化开发原则：服务主导型旅游休闲小镇的开发建设要有很强的整体性特点，既要顾及居民社区和旅游区的整体协调，又要考虑到旅游产品营销全过程的协调，同时服务主导型旅游休闲小镇是以旅游观光、旅游休闲功能为主，兼有教育、度假娱乐、体育活动、医疗等多种功能的综合性区域，其规划布局要求全面协调、整体发展、一体化开发。

特色化原则：此类小镇依托的旅游区区际可开发的区域很多，小镇要突出区际自己的特色，即按照"人无我有""人有我优""人优我特"的原则，在市场导向前提下立足于自身资源和产品特色优势，开发出明显区别于周边地区而具有绝对竞争优势的休闲、度假产品。

强化聚集的原则：通过旅游区的带动作用，实现人口的聚集，从而带动消费的聚集和休闲产业的聚集，实现聚集的规模经济效益。根据同类聚集理论，同一业种下众多品牌可产生高强度的相容性和互补性，但同时可能加剧内部竞争。为维持高相容性，避免内部竞争，业态配比要有均衡性，各业态的类型、数量、位置和分布要合理，让商户不会成为恶性竞争关系，同时互补性高。

### 3. 开发要点

这类小镇的开发应以较为广阔的区域一体化视角为基础。一方面，旅游休闲小镇应与所依托景区一体化发展，其开发应在充分研究所依托景区的旅游项目特征、客源构成、业态构成等方面的基础上，有针对性地提供旅游配套与休闲产品，与景区形成联动与互补，并根据客群特征，打造"白天＋夜间"休闲产品，形成"风景区＋小镇"的大景区发展结构；另一方面，小镇的旅游属性与城镇属性应一体化发展，在休闲配套完善的基础上，形成旅游观光人口、旅游度假人口、旅游休闲服务人口、常住人口等人口聚集。

因此，小镇的服务设施与商业业态应兼顾常住人口与旅游人口的不同需求，在空间布局与功能提供方面合理设计，多层次打造，同时逐步形成学校、医疗等城市化配套和城市化发展结构。

### 4. 案例：长白山国际滑雪度假小镇

（1）项目概况。滑雪度假小镇位于吉林省抚松县境内，总占地 18.34 平方千米，邻近长白山国家级自然保护区，是松花江、图们江、鸭绿江三江的发源地，是坐落于吉林省长白山西坡脚下一个震撼世界的度假级商业项目，集购物、休闲、餐饮、娱乐、文化为一体的度假胜地。小镇分为南区和北区两个区域，南区由大型滑雪道、森林民宿、雪场、高端公寓等组成，北区是一个旅游新城，将建设"松抚一体化"新城的行政中心、会议中心、文化中心和贸易中心以及学校、医院和相关配套的补充设施。

（2）参考经验。第一，政府支持，企业联合开发。这个项目的总投资额为 200 亿元，这是中国最大的旅游项目之一，由六家企业合资。这个项目最初由政府支持，并得到吉林省政府批准，成为长白山旅游业的中心建设项目。它成为该省旅游业的一个接待基地，享受省级经济发展开发区优惠政策。第二，突出特色，多产业联动。长白山国际滑雪度假小镇以长白山森林生态魅力和北国冰雪风光为特色，开发以冰雪运动为品牌，以体育休闲、度假疗养、商务会议和自然观光为主导，多产业联动发展，具有世界级水平的生态、文化、时尚、创新高度融合的旅游目的地。第三，注重管理，科学规划设计。万达长白山滑雪度假小镇，由万达集团领衔投资打造，并由万达管理，市场化运作。其前期项目经过了科学的规划和设计，如滑雪场由世界排名第一、设计过五届冬奥会比赛场地的加拿大 Ecosign 公司进行设计，以达到冬奥会等国际赛事要求。

### （四）产业主导型旅游休闲小镇

#### 1. 主要特点

产业主导型旅游休闲小镇是充分利用地区资源禀赋、区位优势，或针对已有的产业环境进行发展或转型升级，通过旅游产业与其他产业的深度融合，形成的以产业集聚为旅游核心吸引力的小镇。这类小镇重在发展本地优势产业，完善配套，形成"产城一体化"发展，如横店影视旅游休闲小镇、博鳌会议小镇、浙江义乌商贸旅游休闲小镇等。

#### 2. 开发原则

长远谋划与着力当前相结合的原则：对小镇资源进行充分挖掘，合理嫁接，利用旅游带来的消费力，有效地发挥其产业效应，对本地的经济发展起到引擎作用。在思考、谋划、推进工作时，处理好当前与长远的关系，依据小镇的发展定位，高水平谋划事关当前、利于长远的项目。

集约发展与集群发展相结合的原则：产业主导型旅游休闲小镇以产业为依托，以产业为支撑，强调主导产业的发展。因此，要处理好集体土地的流转问题、实现集体土地的合理利用，促进土地的集约发展，从而搭建资源集约化、产业集群化的产业体系和空间格局，形成独特的竞争优势。

市场运作与政府引导相结合的原则：坚持政府引导、以市场为导向的原则，创新运作模式、管理结构和服务工具，促进各种主体的协调和共享，发挥政府制定规划政策、搭建发展平台等作用，防止政府大包大揽和加剧债务风险，积极打造一个"产、城、人、文"四位一体的创新创业发展平台。

自主创新与吸收引进相结合的原则：坚定发展目标产业化，通过消化、吸收、原始创新、再创新、自主创新和引进以及协同创新等多种方式，进行产业共性技术、关键技术和前瞻性技术的应用研发，对新兴产业集群进行引领和培育，制定紧贴市场的发展路径，打造企业的自主创新能力和核心竞争力。

#### 3. 开发要点

这类小镇的开发以小镇产业链在纵、横两个维度上的延伸整合为核心。在纵向维度上，产业链终端的有效延长与核心产业节点的网状扩容是关键。具体做法是在主导产业产品的前端设计、生产制造、仓储物流、经营销售等环节，对接市场需求，植入旅游元素，以催生新业态，完善产业链条。

在此基础上构建一个"产学研＋应用＋孵化"深度融合的产业链体系，以"学研"突破核心技术、以"产"实现产能转化、以"应用"实现产业价值延伸、以"孵化"实现创新激活。对于旅游需求强烈，能够聚集人力、技术、信息、资本的核心节点进行专题性拓展、品牌化打造，从而形成此类小镇的核心吸引力。

在横向维度上，主导产业与泛旅游产业的对接是关键，通过与商业、贸易、会议、康养、运动、休闲等多功能的融合，产生新的业态和价值，实现旅游产业、主导产业、配套产业、服务产业的聚集，形成小镇产业旅游的立体式发展结构。

#### 4. 案例：横店影视旅游休闲小镇

（1）项目概况。位于中国浙江省金华东阳市横店镇的横店影视旅游休闲小镇，处于江、浙、沪、闽、赣四小时交通旅游经济圈内。小镇拥有广州街、香港街、秦王宫、清明上河图、大禅宗庙、梦幻谷、大智禅寺、屏岩洞府、华夏文化园、明清民居博览城、国防科技园等数个跨越数千年历史时空，汇聚南北地域文化的影视拍摄基地（景点）。从文化圈、旅游业和休闲角度来看，旅游休闲小镇通过"电影拍摄基地"的方式进行自我宣传，将电影城的现有自然资源和人力资源集成起来，以便根据业界的需求规划合理的科学发展。

（2）参考经验。第一，影视为核心，泛旅游产业升级。由横店影视城的影视产业为核心，横店影视小镇由最初的影视拍摄，向剧本创作、后期制作、发行交易、演员经纪、人才培养等影视全产业链发展，吸引了包括华谊兄弟、光线传媒、保利博纳在内的652家影视文化企业和261家艺人工作室，充分延伸了影视产业链条。在此基础上，影视产业与泛旅游产业充分融合发展。在双引擎的带动下，影视文化产业、影视文化旅游产品不断升级，从最初单一的影视基地逐步发展为影视旅游景区，进一步向影视主题文化小镇升级转变，以景区为核心，按照各景区不同风格进行改造提升。第二，规划引领，坚持品质建设。横店影视城聘请多支一流规划设计团队组建"顶级智库"，镇区30平方千米实现控规全覆盖。强化规划执行刚性，建立健全带方案审批联合会审制度，全镇所有破土动工项目做到"有项目必规划，无设计不动工"，对不符合风貌的建设项目坚决进行调整。小镇注重品质建设，以旅游专线和景区360度为突破，实现面貌的"蝶变"。同时，小镇持续推进环境综合整治，深入推进以卫生保洁、城市管理为重点的环境综合大整治，在村（小区）环境整治基础上把产业植入作为巩固成果的重要手段。第三，民资造城，改革行政管理体制。小镇构建"政企联动建城"模式，坚持政府主导，市场运转，鼓励企业力量参与城市建设，深化投融资体制改革；积极探索影视与资本深度融合，并支持企业上市和发行企业债，拓宽横店镇投融资渠道；社会管理方式不断创新，深化"网络化管理，组团式服务"等。小镇积极推进"民资造城"，三年来共引导社会资金投资建设小城市达255亿元，非国有投资占全社会投资比重的93%。第四，产城融合，风貌提升推进全域化。特色节点提升打造，加大影视文化景观建设力度，横店首条影视主题商业步行街"万盛映象"，撷取经典电影元素进行改造。以影视产业打造特色村庄，以18个村（小区）为首批试点，精心打造"一村一品"，一批特色产业项目在各村（小区）落地投建。多方合作，加快全产业链延伸，推进影视产业全域化发展。横店影视城积极拓展多方合作，建立横店影视产权交易中心、影视后产品开发设计平台，设立海峡两岸（横店）影视剧版权交易中心，建立横店文创体验中心等，不断提升产业发展空间。

# 第五章

# 旅游休闲小镇运营与品牌打造

旅游休闲小镇的运营是一个复杂的系统，既要借鉴"城镇运营"的概念，又必须遵循"景区运营"的规律。按照市场化程度，我国小城镇运营分为非市场化、半市场化、市场化三种主要形式，每种形式都有成功的范例。但是，近几年来随着新型城镇化的不断推进以及城市发展理念的转变，只重视短期利益的土地发展模式难以为继，能产生长期收益的产业和项目运营成了政府关注的重点。因此，既要站在新的高度上对市场化机制下产生的旅游休闲小镇进行运营，还要注重建立在城市定位基础上的品牌打造。

# 第一节　旅游休闲小镇运营理念

旅游休闲小镇运营是在城镇化、城乡一体化背景下，以城镇为开发对象，以政府部门为主导、以企业为经营主体，以市场化为手段，对构成城镇的空间载体及资源进行重组、集聚、运营，从而实现资本的动态发展、多方共赢的过程。旅游休闲小镇运营是一个系统工程，包括了土地、产业、建筑设施、生态环境等有形资产的市场化经营，也包括优质公共环境、管理秩序、人文风气等无形资产的经营。具体而言，应该坚守以下几大运营理念。

## 一、在保护中开发、在开发中保护

在小镇的旅游发展中，要侧重于发展和保护小镇，因为大多数小镇具有悠久的历史文化，有的甚至有上千年的历史文脉以及重大的历史文化事件。因此，在运营旅游休闲小镇时，应先树立在保护中开发、在开发中保护的理念，寻求适当的保护和发展机制，找到利益的均衡点。

## 二、促进旅游、文化和经济的联动发展

旅游休闲小镇的发展不仅是旅游的发展，也是一种文化的推广，最终有助于区域经济的快速发展。旅游休闲小镇的发展离不开文化的传承和创新，尤其是独具特色的地域文化，没有文化的填充，小镇也就只剩下一副毫无灵魂的空壳。此外，还要有一定程度的经济效益。如果文化达到某种程度，形成当地的旅游品牌进而向外扩散，那么当地农民、农村和农业经济就会不断发展，最终会促进区域经济的和谐发展。因此，旅游休闲小镇应该走出一条旅游休闲小镇——地域文化——旅游品牌——旅游产业——区域经济的可持续发展之路。

## 三、满足各方利益主体的需求

旅游休闲小镇是政府、开发商、居民、旅游者和其他利益主体多维博弈的问题。政府以地方经济发展为出发点，开发商从企业利润考虑，居民从自己的生活方式出发，游

客想要得到更多的乐趣。因此，旅游休闲小镇需要适当处理各方面的关系。要尊重各方的利益，找到一个综合平衡点，最终获得更多利润，实现共赢。

### 四、深挖文化资源实现可持续经营

小镇的形成是人类居住形式不断发展的结果。从群居到形成聚落，是人类文明的逐渐进步。在休闲需求日益增加的时代，小镇旅游的发展必须与其传统的文化内涵和需求保持一致，以便不断挖掘历史资源、用小镇旅游来搭建历史文化传承的载体，最终凸显小镇文化的价值，建立小城旅游品牌，以实现经济的可持续发展。

# 第二节　旅游休闲小镇运营要点

小城镇建设是我国城市化进程中非常重要的一个部分。良好的主导和积极的运营不仅有助于聚集农村人口，为小城镇的发展创造强有力的财政基础，还是确定小城镇的经济形式和方向，并使之更有生命力和可持续发展的条件。旅游休闲小镇的运营是一个系统工程，是在"顶层设计"基础上，政府主导、市场化运作，实现旅游城镇综合资源优化配置，最终达到资产增值的一种经营行为。其运营要点主要包括旅游产业运营、休闲商业运营、景点景区运营、度假地产运营及城镇运营五大内容。

### 一、旅游产业运营

旅游业是发展旅游休闲小镇的基础，对提高人口聚集力和创造就业条件至关重要。在城市体系结构下，旅游产业的运营应以泛旅游产业体系为构建重点，并发挥传统旅游业的联动作用，实现旅游产业与农业、工业、养生、运动或当地特色产业的整合，形成泛旅游产业集群。在此基础上，实现产业发展与城镇发展的融合。

#### （一）确立市场目标并制定战略计划

要实现旅游休闲小镇的发展目标，就必须制定一套操作性强的战略与计划。首先，应选择适当的小镇市场主题和市场发展方向，并提供基于产品和市场的基础设施配置，确定政府需要花费的资金和需要处理的问题，确定社会融资和人民参与的程度和方式。在进行主题选择时，要充分考虑资源基础和市场需求；在确立市场目标时，则需综合考虑交通、时间、区位、竞争关系等因素。其次，要探索实现目标的路径，在政企合作（PPP 模式）、企业主导或是政府主导三种模式中进行选择。

#### （二）推动产业的升级与整合

产业升级即在审视现有产业发展的基础上，通过产品转型、产业规模升级及主题产业聚集，改善旅游业产品本身。通过升级旅游观光产品、延展休闲、深化休假方式，实现产品转型升级，改变单一门票的收入模式；增加投资和营销力度，创造有利于旅游业发展的环境，促进旅游产业规模升级；通过把握场地资源，实现各区域之间既相对聚集化，又相对差异化的发展。

产业整合以旅游产业自身升级发展为基础，即以旅游产业为核心，利用整合手段，使旅游产业及其他相关产业通过某种方式彼此衔接，打破各自为战的状态，构建一个有价值有效率的产业集群，实现产业联动，从而推动区域经济发展。要实现产业整合，可以采取以下三种措施。第一，产业链延伸。通过整合旅游资源，塑造旅游品牌，开拓旅游市场，升级旅游产品，配套旅游服务，围绕旅游要素，完善并延伸旅游产业链，促进旅游产业转型升级，并拉动产业链上其他产业的发展。第二，产业融合。旅游产业与其他相关产业进行融合，形成新的产业或业态，拓展旅游产品和市场，形成旅游产业发展的新动力和新方向，同时促进相关产业的发展。第三，消费与产业聚集。以旅游消费为核心，形成泛旅游产业聚集，形成产业聚集区。一方面，能带来良好的规模经济效应，具有显著的产业规模和发展潜力，成为区域经济的支柱或主导；另一方面，产业聚集带动城市化发展，推动城市化进程，从而实现区域的综合发展。

### （三）泛旅游产业集群构建

旅游产业集群化，是旅游引导的新型城镇化模式的基础，是以旅游为主导，由旅游带动或与旅游活动相关的上下游产业和横向相关产业组成的产业体系与产业群体的聚集与集成，包括旅游核心产业、旅游相关产业和旅游支持产业三方面。其中，旅游核心产业即为旅游业；旅游相关产业指会议会展业、酒店住宿业、餐饮业、医疗保健业、汽车服务业、文化业和体育运动业等；旅游支持产业则包括农业、林业、渔业、交通运输业、金融业、信息业、建筑建材业、食品加工业、房地产业、教育培训业、环境保护业和遗产保护业等。

### （四）产业主导下的城镇发展

产城一体化是对旅游休闲小镇发展的基础要求。旅游产业作为第一主导产业，决定了其理念要融入旅游休闲小镇建设的方方面面，以旅游业发展的理念来建设并运营城市，从城市精神塑造、城市行为引导、基础设施建设、公共服务设施建设、城市风貌打造、品牌形象塑造等方面入手，建设有品质、有气质、独一无二的旅游休闲小镇，实现就地城镇化。

## 二、休闲商业运营

休闲商业运营是旅游休闲小镇运营中的一大主体内容。旅游休闲小镇里的商业不同于城市商业，其核心有两个要素：第一，吸引力要素；第二，业态创新。旅游休闲小镇里的休闲商业，是用来消费与体验的，因此打造核心吸引力、运用业态创新形成持续发展和价值，便是休闲商业发展的重点。

笔者认为休闲商业的运营关键是要通过活动引爆点，借助现代科技，融入时代创意元素，凸显商业行为的休闲娱乐化。这一过程中，娱乐元素广泛地渗透到如购物、餐饮、养生、交通等消费活动中，成为产品与服务竞争的关键，而休闲娱乐也从一种无意的设置，转变为有计划地建设。其中，商业建筑与景观的创新是商业运营的基础，通过当地文化与风情的凸显，构建鲜明形象甚至是核心吸引力；特色商品的文化创意是商业运营的核心，创意的设计、精美绝伦的装潢、文化内涵的融入，已经成为休闲商品的标签与特征；商业品牌的人文营销是休闲商业运营的重要手段，人文营销可以让休闲商业的品牌富有长久的生命力与吸引力，这也是关乎项目长期效益和可持续发展的关键；商业活动作为休闲商业的特色构成，是休闲商业运营的重要引爆点，也是营造休闲氛围、提供休闲体验、丰富商业消费必不可少的手段。

### 三、景区、景点运营

在旅游休闲小镇中，一般都会设立若干景区景点来构建小镇的核心吸引力，以此来形成游客动线，并由游客动线带动商线，从而产生商业价值。旅游休闲小镇内的景区景点周边容易形成休闲商业的高度聚集。对于开放式的旅游休闲小镇来说，这些景区景点往往成为一个组合，作为小镇的重要观光结构与盈利点；对于封闭型景区来说，大部分景区景点为免费结构，主要作用为引导游线以及丰富游客体验。景区景点运营一般以企业为主导，或由开发企业自营，或通过招商引资实现。

### 四、度假地产运营

2013年年初，国务院办公厅正式颁布《国民旅游休闲纲要（2013—2020年）》，纲要提出到2020年要基本落实带薪休假制度。随着浙江、上海、江苏、广东等地区的政策推进，带薪休假制度让中国朝着度假经济时代全面迈进，度假经济时代的到来也催生了度假地产。对于度假地产的运营，需要把握以下两个要点。

（一）分权度假

度假地产由于具有旅游的属性，因此存在一些与普通住宅地产不同的经营难题。首先，产权和使用权的分离会造成闲置房产的管理经营问题，这势必会困扰想购买度假地产却不需要长期居住的潜在消费者；其次，度假地产的收益问题，目前大多数的度假地产都采用"回租"经营，这其实是一种融资方式，但收益率并不高，因此如何实现较高的收益也是需要面对的一大难题；再次，度假交换的问题，对于购买者而言，虽然在一个地区买房了，但想去其他地方旅游度假时，就不得不考虑换住权益的问题；最后，度假地产总价高的问题，可以说总价高是绝大多数的家庭对度假地产望而却步的原因。在大众度假时代，对于年收入10万元以上的家庭，每年7天以上的度假需求是比较现实的，因此要获得大众市场，就要提供大众买得起的房子。针对以上这些难题，分权度假模式应运而生，也成了大众度假时代旅游度假地产的运营之道。

（二）度假服务与会员制

大众度假时代下的度假地产运营，是一个开放式综合经营结构，涉及精神创建、功能创建、盈利创建等多个层面，其核心在于度假服务和会员社群。

第一，互联网时代度假服务模式创新。通过物联网、网上平台、大数据等互联网平台，整合导入旅游、休闲、养生、运动等周边服务形成聚集，社群化打造度假生活圈

（业主生活圈、交友圈、事业圈、亲子圈、老人圈等），实现会员聚集与资本升值。

第二，会员制的黏性运作。度假社区模式的构建离不开会员制。度假与观光旅游的最大不同之处在于其具有群体性的特点，老年群体希望跟团游，年轻人希望和朋友一起去度假，一个大家庭希望整个家族一起去度假，这就需要一种社会型黏性结构来组织和服务于他们，因此会员制是度假结构中非常重要的运营模式。

### 五、城镇运营

城镇运营是一套复杂的有机体系，完整的城镇运营包括土地开发权的获取、土地一级开发、二级房产开发、基础设施与公共服务设施开发及城镇持续维护运营等一系列工作。这里所说的城镇运营偏向后期的维护运营，是一种狭义的城镇运营概念，主要包括城市形象推广与宣传、基础设施运营与公共服务、城市运营的监督监评、智慧城市运营、政策与法规的制定等。相较于一般城镇来说，旅游休闲小镇的运营体系更加复杂，需统筹考虑城镇居民及游客的需求，并进行有机融合。

首先，在城市管理与旅游管理上，打破部门限制，实现两者之间的协调与互相促进。旅游是一个综合概念，游客来旅游，不仅是游玩，还涉及食住行游购娱等各个领域，这其中很多都不是旅游部门的管理范围，如经常曝光的天价菜单、黑出租，分别是由工商部门、交通部门来进行规范和管理的。因此，对于旅游休闲小镇的运营来说，必须要加大各部门之间的协调能力，实现综合管理。

其次，在城市基础设施、公共服务与旅游基础设施、公共服务上，城市基础设施和服务设施是旅游基础设施和服务设施的发展条件和重要保障，旅游基础设施和服务设施是城市基础设施和服务设施的重要构成和有效促进，两者要实现高度协同融合。主要表现在以下两个方面：一是共建共享，即坚持城市基础设施、公共服务与旅游基础设施、公共服务融合共享，城市设施积极响应和普及旅游的要求；二是休闲融合，在城市基础设施、公共服务中，支持中央游憩区、环城游憩带等大型旅游休闲设施的共建共享，既拓展了城市运动休闲空间，又改善了旅游休闲整体环境。

再次，在城市形象上，以旅游为主导，实现特色化打造。即以优势资源及传统文化的深入挖掘为基础，通过城市风貌、城市景观、城市建筑、城市休闲空间的特色化打造及城市精神、城市居民行为的塑造，实现小镇形象的全方位营造。从而使城市形象与旅游之间相辅相成。城市形象为旅游发展提供基础，成为吸引游客的核心动力；旅游一方面助力城市形象的美化与完善，另一方面推动城市形象的宣传。

## 第三节　旅游休闲小镇品牌打造

品牌的建设并非一朝一夕之功，而是一个循序渐进的过程，但是品牌一旦构筑成功，其本身的价值加上品牌带来的凝聚力和扩散力，将成为旅游休闲小镇发展的强劲动力。

除此之外，品牌的打造还可以带动本地就业，提高居民的物质生活质量，带动围绕品牌发展的产业结构改善，为旅游休闲小镇带来声誉、效益的双丰收。而旅游产业及目的地的推广，必须站在整合营销传播的高度，才能达到最佳的运作效果。

在现代市场营销理念中，品牌可以说是市场营销的灵魂和核心，也是消费者购买的关键因素之一，应该向消费者传递本身所代表的独特形象和旅游产品吸引力。品牌是产品和服务与消费者关系的总和。它既是一个符号，也代表着消费者对特定产品的体验和感觉。

每个品牌的后面都有一系列产品和服务支撑其形象与理念，但品牌又必须超越这些产品或服务，而相对独立存在。

## 一、旅游休闲小镇品牌塑造

旅游休闲小镇品牌的塑造可以分为规划定位——包装传播——输出延伸三个阶段。在规划定位阶段，主要是挖掘地域文化并找准品牌定位；在包装传播阶段，重点是对品牌进行包装，塑造品牌形象，并找准引爆点进行多渠道营销；在输出延伸阶段，关键就是提升品牌价值，创造更多的衍生价值。

### （一）规划定位阶段

在规划定位阶段，重点是要挖掘地域文化及市场，确定品牌定位，因此在对旅游休闲小镇进行开发的初级阶段，要规划好小镇将要树立的品牌。旅游休闲小镇的品牌建设，必须结合小镇特点和历史文化背景，先对现状进行诊断，找出品牌建设中的问题，总结出优势和缺陷，制定正确的符合小镇实际情况的品牌战略定位。在品牌定位的基础上进行品牌的总体规划，包括品牌属性、品牌愿景、核心价值、结构、识别等。品牌规划阶段的重点在于"挖掘地域文化"，具体要从以下三个方面入手。

#### 1. 深入挖掘当地的文化和资源

旅游休闲小镇往往要依托一个区域进行发展，这个区域内的地域资源即是小镇得以发展的根基。因此，可以从该区域的地理环境、风俗特产和历史人文等因素中挖掘能体现品牌核心价值的要素，以此来抢占所在区域的地域品牌价值。例如，四川稻城县利用当地特产藏香猪，走出了一条"扶贫＋客栈化度假小镇＋藏香猪养殖＋景区"的特色化旅游休闲小镇之路。在旅游休闲小镇的建设中，稻城县最有价值的特产资源就是藏香猪，于是其深度挖掘藏香猪资源，延伸藏香猪的产业链条，申请其为"稻城藏香猪地理标志产品"，并形成了藏香猪养殖基地建设——藏香猪猪肉加工处理——藏香猪餐饮业态——藏香猪养殖培训等产业链体系。通过藏香猪产业与泛旅游产业的深度融合，在稻城独特的度假客栈服务构架下，形成了藏香猪养殖、养殖技术服务、旅游休闲小镇度假、猪肉消费四大商业业态互相支撑、共促发展的产业形态。

#### 2. 开展详细的市场调查和分析

在对当地的资源和文化进行充分的挖掘之后，就要展开全面的市场调查，对旅游休闲小镇的潜在目标市场进行分析。通过对市场情况、当地历史文化、文化共同点、资源条件等进行详细调查和划分，以准备品牌定位。

### 3. 实现品牌的精准定位

在品牌的塑造过程中，品牌定位是关键的步骤和环节所在，要在市场分析的基础上通过使用定位方法提炼出特定旅游目的地的主题定位。在定位的过程中，要注意旅游休闲小镇与周边资源的区别，最好可以抢占独特的品类，争取在众多的旅游休闲小镇中脱颖而出。目前，知名的古镇就各有特色，如果想了解票号文化和汉代民居就去山西平遥，想了解江南水乡就去同里和周庄，想了解感受少数民族风情和地域文化就去凤凰和丽江。

### （二）包装传播阶段

#### 1. 统一品牌文化

对于旅游休闲小镇而言，品牌建设的第一步就是统一品牌文化，要推出一个强大而统一的品牌文化，充分发挥其凝聚力和吸引力。

#### 2. 找准宣传爆点

当今宣传的爆点可以是一部电影、一个动画人物、一个热点事件也可以是一个热点人物。旅游休闲小镇在营销的过程中，除在规划阶段挖掘特色 IP 之外，还需要寻找营销爆点，进行爆点营销，从而引发轰动效应，达到高效的营销效果。比如，中国台湾的妖怪村，"9.21"大地震后，蜜月度假产业受到重挫，为了重振当地经济，居民通过挖掘当地神怪传说，提炼出"妖怪"一词，并给予其"KUSO 搞怪萌"的个性定位，从而通过"妖怪＋萌化"营造了极具特色的文化创意品牌形象。

#### 3. 开展多渠道营销

旅游休闲小镇在发展的过程中，除规划建设到位之外，进行高密度宣传也很重要，"酒香不怕巷子深"的营销已经成为历史，宣传营销将成为品牌建设的重要内容。传播度是考验品牌的重要指标，在信息技术发达的今天，宣传工作看似简单实则出现了很多新的难题。旅游休闲小镇要把握时代营销的脉搏，找准宣传的时机，做好宣传工作。

信息时代下，随着通信技术的发展、社交媒体的出现，宣传渠道和方式越来越多样化，如何让真正的受众从众多的垃圾信息中搜寻到旅游休闲小镇的信息，如何精准营销进行真正有效的宣传，还需要创新智慧化的宣传工作方式。

### （三）品牌延伸阶段

#### 1. 品牌输出

当旅游休闲小镇的品牌经过长时间的推广和宣传拥有一定的知名度和美誉度后，就进入了品牌打造的第三个阶段——品牌延伸阶段。这时旅游休闲小镇拥有了稳定的客流量，旅游者对于小镇品牌也有充分的信任。这一阶段，旅游休闲小镇最重要的事情就是要做好品牌的维护和管理，培养旅游者的忠诚度，形成口口相传的口碑效应。品牌的传播分为对内传播和对外传播。针对旅游目的地内部市民进行的传播活动，我们称之为对内传播，其目标是增强市民的认同感，提升市民的自豪感和参与感，促使市民与政府共同为建设小镇品牌做出贡献。针对潜在市场和游客的传播活动，我们称之为外部传播，目标是让旅行者产生购买欲和追求欲，进而驱动旅游者前往该旅游目的地。品牌传播的工具有节事活动、媒体宣传等。

2.品牌延伸

旅游休闲小镇形成良好的品牌，也意味着旅游休闲小镇成为品牌小镇。一个品牌小镇的价值主张、发展远景等更具有高度性、延伸性和包容性。在长期品牌塑造过程中，要注意服务质量和旅游者的参与感受，注重对小镇整体环境的不断提升，并且要不断地保持强势的营销活动和文化体验活动。

3.品牌管理

品牌主体是市场调查的基础，主要用于制作品牌、包装品牌、传播品牌，而来自旅游者的反馈可以督促品牌的再塑造、再包装和再传播，形成良好的互动系统。旅游结束后，游客经常会提出改进建议或投诉，这反映的是游客与品牌主体之间的互动。因此，应在旅游休闲小镇中建立专门的品牌管理机制，以优化和修订游客的需求，进行市场营销传播，完善品牌产品，满足服务要求。

## 二、旅游休闲小镇 IP 创建

### （一）对 IP 的认识和理解

IP（Intellectual Property）在传统意义上是指"知识产权、知识财产"，是一种无形的智力成果权。但目前我们常常提到的 IP 已经不再局限于"知识产权"，一个故事、一个形象、一个商业入口、一个标志性的产业、一种特色的文化形态等，均可演变成独有的 IP。IP 已成为独特的识别物、特有的形象认知和一种特有的表达。当然，之所以可以成为 IP，就意味着具备数据可观、自带流量以及可繁衍性等特点。

### （二）IP 创建的重要性

旅游休闲小镇作为特色小镇的一种，其核心要素在于"特"。纵观世界，不论是生态资源禀赋型小镇、历史文化型小镇还是特色产业型小镇，都必须有自己独特的识别物和独有的形象认知，并且最终都是以 IP 来彰显个性的。例如，以格林尼治对冲基金小镇和纳帕谷葡萄酒小镇为代表的产业 IP 型小镇，以薰衣草闻名于世的普罗旺斯和享有电影小城之称的戛纳为代表的文化 IP 型小镇。因此，旅游休闲小镇品牌的打造离不开对 IP 的创建，其重要性主要体现在以下两点。

1.IP 是盘活存量资源的重要手段

位于中国台湾新北市的猴硐村，本来只是一条山村民宅古街，早期便有许多猫咪栖息，加上猫群繁殖力极强，又没有天敌，于是村落周围变成了猫群肆虐之地。

2009 年 10 月之后，这个猫咪王国开始变脸了。随着爱猫人士的"有猫相随，猴硐最美""猫风趣""猫村·蔚蓝洁计划"等一系列活动，打开了"猴硐猫村"的国际知名度，猴硐猫村逐渐成了以"猫观光"为主题的旅游目的地。

2013 年，开始以猫村特色结合当地煤矿、猫、隧道等打造猫主题的特色旅游休闲小镇，原本仅供居民进出火车站之用的狭窄陆桥，也变身成了造型独特、人猫共用的"猫桥"。

猫咪这个 IP 的导入，使原本已经猫群成灾的猴硐村成了网红，当地百姓也由此找到了新的出路和营生，并且逐渐形成了以猫为主题的产业链条，如猫村咖啡等，猴硐猫村如今已成为全球六大赏猫目的地之一。这个例子生动地演绎了特色存量资源在 IP 导入后创造的生机。

2. IP 是开发增量的不竭源泉

相信我们对那个面颊两坨绯红、样子蠢萌的熊本熊形象都不陌生，这也是一个通过创建自有 IP 而推动增量资源开发的典型案例。

在日本，相比京都、奈良等文化重镇，熊本这个农业县并没有什么知名度，旅游资源更是缺乏。

2011 年，新干线将贯通整个九州，为了吸纳更多的旅行效益，吸引乘客来熊本旅行，于是熊本县政府便看准这个千载难逢的机会，于 2010 年制作了本地区标志物——熊本熊。

2010 年"熊本熊失踪事件"、2013 年"熊本熊丢了红脸蛋"、2014 年"熊本熊亮相红白歌会"、在 Facebook 和推特上与关注它的人积极互动等一系列营销推广活动，使熊本熊成了熊本县的代言。

为了更好地了解和传播该地区的形象，该地区政府在熊本熊创立之初便实施"免收版权费"，并且可以通过向该地区政府提交请求免费使用熊本熊的图像。第一年，36000多家公司申请进行协作，第二年又增加了 5400 家，仅在 2013 年，就有 1.6393 万个产品使用了该图像。

就是在熊本熊这个超级 IP 横空出世的 5 年内，熊本县旅游发展的经络就被打通了，旅游人数增长了近 20%，并且势头持续向好。人们可以拒吃疑似福岛海鲜，但无法拒绝这只蠢萌熊带来的喜感。

自 2016 年 7 月，住建部、发改委等部门提出加快发展旅游休闲小镇以来，各地正通过投资、补贴、奖励等方式大举兴建旅游休闲小镇。一些地方不顾实际，赶时髦重金打造旅游休闲小镇，只注重"名"，一哄而上、你争我抢一顶"帽子"、一个"头衔"，机械式地"复制"，在产业根植性都没有的情况下就建设旅游休闲小镇，必将造成人力、财力的巨大浪费。

旅游休闲小镇如果没有 IP 的植入，就很难有"特色"，顶多就是钢筋水泥的混合体而已，无法避免走入同质化竞争的困境。小镇的 IP 代表个性和稀缺，是旅游休闲小镇独特属性的标签，是简单鲜明有特色的元素和符号。一个成功的 IP，必然具有独特的核心吸引力及主题，与其他同类 IP 能形成鲜明的区别，能与自身产业特色完美契合，对市场能够形成一定的激活效用，并有利于塑造品牌知名度，提升产业引入能力和粉丝级黏性。

### （三）IP 创建的要点

#### 1. 具备独立的知识产权

通过商业化的购买实现 IP 的植入，如香港 Hello Kitty 主题农庄，瑞安小王子主题农庄等。旅游休闲小镇的经营主体也可以去创造属于自己的 IP，对自身的资源加以利用并转化成自己的内容。

#### 2. 树立独立的自我认知

一定要是自己的、当地的，有活性的，能够进行在当地开发的东西，这是 IP 产生的禀赋要素，如著名的旅游休闲小镇样板——云栖小镇给出的启示。

一是小镇的灵魂创始人——王坚博士，阿里巴巴的首席技术官，中国云计算解决方案提供商创始人，也是云栖小镇中最重要的创始人，他的价值定位极其清晰，那就是中国未来创新的第一镇。

二是有一个高端的新兴产业。云栖小镇的创建云生态系统和开发智能硬件行业的驱动力，聚集了大量云计算、大型数据、游戏和智能硬件的企业和团队。

三是一种创新的运营模式。云栖小镇采用"政府主导、民企引领、创业者为主体"的运作方式，以创业者的需求和发展为主体，构建产业生态圈。这是云栖小镇最具创新性的一部分。

四是全新的产业生态系统。云栖小镇构建了"创新牧场—产业黑土—科技蓝天"的创新环境。创新设施基于阿里巴巴的云服务、淘宝天猫的互联网行销资源、福岛生产能力以及英特尔、Rocco 等大型企业的核心能力，打造全国独一无二的创新服务基础设施。"产业黑土"意味着使用大数据来推动传统企业使用"互联网 +"助推传统企业的互联网转型。"科技蓝天"是指设立一所国际研究大学，即西湖大学，现在正在紧密地筹备建设中。

五是世界级云栖大会（智库平台）。云栖小镇成立了一个真正创新的基于创业的云栖大会，目前是全球规模最大的云计算以及 DT 时代技术分享盛会。"2015 年杭州云栖大会"吸引了 20000 多家开发商和来自 20 多个国家的 3000 多家公司。

### （四）旅游休闲小镇可创建的 IP 类型

IP 已经成为时代的流行语和重要话题，IP 时代该怎样打造旅游休闲小镇呢？根据 IP 在旅游休闲小镇开发中所起的作用，可分为旅游休闲小镇主题特色、项目 IP、运营 IP 及服务 IP 四种类型。其中，项目 IP 按照国家旅游局局长李金早提出的十二大业态"吃、住、行、游、购、娱、商、养、学、闲、情、奇"具体分类，见表 5-1。

表5-1　旅游休闲小镇可导入IP类型

| IP类型 | | 细分领域 | 可参考IP |
|---|---|---|---|
| 主题特色 | | — | 玫瑰小镇、艺术小镇、体育小镇、温泉小镇等 |
| 项目IP | 吃 | 餐饮活动、餐饮招商、互联网餐饮、餐饮集群 | 中华美食文化节、袁家村小吃等 |
| | 住 | 民宿、高档酒店、精品度假酒店、高奢酒店 | 酒店品牌（喜来登、雅高等）、民宿品牌（皇家驿站、久栖、原乡里、山里寒舍、首旅寒舍等）、互联网住宿平台（途家、Airbnb等） |
| | 行 | 邮轮、游艇、热气球、休闲交通和特种交通 | 北京皇家御河游船、热气球巡回赛·热气球节、自行车赛等 |
| | 游 | 主题公园、文旅综合体、文化创意农园、大型主题景区、小型主题乐园、生态农业、市民农园、主题乐园、儿童乐园、特色游览项目等 | 城市海景水上乐园、稻草大地艺术园、绿梦工场、儿童探索乐园、萌宠乐园、彩色熊猫剧场、鲜花迷宫等 |
| | 购 | 体育用品、手工纪念品等 | 宜兴紫砂、新疆和田玉、四大名绣等 |
| | 娱 | 综合娱乐体验、音乐演艺、实景演艺、活动庆典等 | EDM音乐节、华侨城娱乐体验馆、实景演艺（印象系列、宋城千古情系列等）、大业传媒《奔跑吧兄弟》、迪士尼舞台剧、太阳马戏团等 |
| | 商 | 商务旅游、会议会展等 | 中国国际数码互动娱乐展览会、体博会等 |
| | 养 | 健康养老、美容美体、生命健康金融服务、互联网平台等 | 四圣心源、蓝卡健康、生命公社、亲和源等 |
| | 学 | 研学旅行、教育培训、互联网研学平台等 | 小海燕夏令营、曲阜国学院、太极禅院、上海东方绿洲研学基地、国际机器人教育大赛等 |
| | 闲 | 休闲运动、赛事活动、健身会所等 | 乡创酷玩、卡宾滑雪、约跑·马拉松、雪山之王、浩沙健身等 |
| | 情 | 特色活动、情感服务等 | 千人婚礼、名猫空间、摩卡婚礼策划馆等 |
| | 奇 | 文化探奇、体育探险等 | 藏地密码、亚马孙探险乐园、飞亚达等 |
| 运营IP | | 景区运营、商业运营、房产运营、会议运营、营销创新等 | 二次元界、会点网、智宅宝等 |
| 服务IP | | 社区教育、亲子、社区商业、装修服务、创意家居、社区金融、母婴服务、绿色食品、物业管理及其他社区生活类服务等 | 金牌管家、乐生活、家生活科技、中正物业、好停车、乐宜嘉、新世纪智慧家居、爱彼此、塞纳春天等 |

### 三、旅游休闲小镇营销创新

旅游目的地营销已经进入品牌竞争时代，品牌成为现代旅游业的核心竞争力。旅游休闲小镇的竞争也进入了品牌竞争的阶段，其营销的根本目标是采取卓有成效的营销战略和策略，着力打造旅游休闲小镇的知名度、美誉度和忠诚度完美统一的强势品牌。旅游休闲小镇打造旅游品牌营销有六大创新方式：整合营销、文创 IP+ 新媒体营销、事件营销、"泛娱乐"营销、互联网营销、旅游节庆营销。

#### （一）整合营销

旅游业的竞争越来越激烈，策略也不断地进行创新。营销整合是一项新的市场营销战略，对于旅游业的竞争至关重要。整合营销是宣传广告、公共关系、人员推广和业务等要素的组合，是新闻炒作、软硬广告、节事活动、展览推销等多种营销形式的整合利用。考虑到当前的现实情况，必须加强各种形式的旅行广告，以增加整合市场营销的份额。

在旅游休闲小镇的营销过程中，比较有效果的整合营销方式有节庆营销和赛事营销。节庆营销在造节的过程中，切记不能脱离当地文化为造节而造节，不能与品牌定位背道而驰。节庆营销必须服从和服务于品牌营销，与其走向融合统一。赛事营销需要借助赛事本身的吸引力，借力打力。能够打造和吸引有影响力的赛事活动，并形成定期举办，这对于旅游休闲小镇来说就是成功。

#### （二）文创 IP+ 新媒体营销

新媒体因为其移动性、便利性、及时性、互动性，逐渐成为消费者使用频率最高、依赖性最强、获取咨询最便捷的媒介，因此旅游休闲小镇建立自己的新媒体平台势在必行。"热门 IP+ 新媒体营销"将成为未来旅游营销的创新趋势，其中文创 IP 是近年来新媒体营销的成功模式。例如，故宫研发旅游文创产品八千多种，经过微博、微信、淘宝、微表情、APP 等新媒体营销走红网络，并在社交网络上卖萌，构建起自己的文化 IP 体系。构建文创 IP 的重点在于引发旅游者情感的共鸣，在这个基础上构建产品体系和内容体系，一个好的 IP 需要精细的策划包装、商业化经营、产业化运作等。

新媒体营销与体验式活动捆绑的趋势越来越明显，可以增加旅游者的体验感和参与感，如新世相与航班管家联合推出的"逃离北上广"营销活动，引发各界争相模仿，带来近 1500 万次曝光，新世相公众号涨粉 11 万；蚂蜂窝的"未知旅行"营销活动在微信总阅读量超过 500 万次，微博话题的阅读量超过 1.3 亿次。

旅游休闲小镇可以利用自己的形象体系，构建文化 IP 的系统工程；借助新媒体，推出有创意的新媒体营销活动，提高旅游休闲小镇的知名度。

#### （三）事件营销

事件营销是一种现代市场营销手段，通过策划、组织活动和利用具有新闻价值的活动来吸引对真实和潜在旅游业者的关注和兴趣，从而丰富现有旅游业产品、扩大产品销售、提高小镇的知名度和收入，已经成为小镇营销的有效途径之一。

旅游休闲小镇借助社会生活中的良性事件作为推广和规划旅游项目及活动的载体，吸引旅客的注意力。例如，湖南张家界"飞越天门山"的一系列营销活动，使张家界景区进入全国甚至是全世界的眼球。安徽借势杭州 G20 峰会，推出"杭州 G20 畅游黄山"活动，针对杭州市民免门票游黄山 55 个景点的优惠政策，带火了当地旅游。

在互联网时代，如果一个小镇利用事件营销，可能发生"一夜爆红"的奇迹。事件营销是一种智能地利用目前正在发生的事件和激动人心的活动，以实现营销旅游的目的。成功的事件营销可以极大地提高品牌的知名度并直接创造品牌价值。因此，我们可以根据品牌原则更有效地规划和设计营销活动。

### （四）"泛娱乐"营销

"泛娱乐"营销分为单向娱乐营销和互动娱乐营销两种。单向娱乐营销就是旅游业通过赞助文化体育娱乐活动来营销自己；而互动娱乐营销则是让旅游者成为娱乐节目的主角，让他们参与到互动的娱乐中，从而对小镇产生深刻的认知。各种演艺活动可以看作是互动娱乐营销的方式，如张艺谋导演的桂林阳朔的《印象·刘三姐》、杨丽萍编导的《云南映象》大型原生态歌舞剧、音乐鬼才宣科主演的丽江纳西古乐等。

赞助文化体育娱乐活动也是"泛娱乐"营销的一种方式。影视 IP 是近几年快速发展的一种形式，通过影视剧集等植入广告的形式更容易被旅游者接受。从《非诚勿扰》中的北海道、长城、三亚，到《阿凡达》中的张家界景区，再到《爸爸去哪儿》的沙坡头、雪乡，旅游景点因为植入广告一炮而红。旅游休闲小镇也可以通过冠名电视剧场、精彩剧情、设置电影场景等特殊形式，通过电影、电视剧、娱乐节目快速提升当地的影响力。

"旅游 + 直播"模式是互联网大潮的产物，旅游遇上了直播，遇上了网红经济，产生了奇妙的化学反应，在这股浪潮下，诞生了很多旅游行业营销的创新玩法。很多传统旅游目的地试水了网红直播营销活动，并且取得了不错的效果，如位于西安的华清宫景区在七夕节时召集 77 对情侣体验传统的大唐婚典仪式，仪式全程被拥有超高人气的美女主播在两大直播平台同时直播，又通过新浪微博话题讨论等功能引发线上数百万人的关注和讨论。"旅游 + 直播"的营销方式也是旅游休闲小镇可以借鉴的营销方式之一。

### （五）互联网营销

旅游是一种移动生活方式，互联网是一切产业融合的主渠道与通路结构，二者结合，形成了一种智慧化的移动生活方式。互联网、物联网的盛行，线上线下联动发展，移动 APP 的出现与发展，都将促进旅游产业融合、旅游体验智慧化、旅游方式转变、旅游消费升级。

互联网技术的融入，催生了旅游大数据获取与分析、移动互联网 + 旅游、定制旅游或私人顾问、旅游 O2O、虚拟旅游、智慧旅游服务及管理等新领域及新业态的产生。

互联网下的旅游营销是智慧营销，是创新引领的整合营销，它以大数据带动的精准营销为引擎，以电商的创新发展为机遇，实现以社交化、移动化、定制化、细分化为主导的营销跨平台多元化发展，形成传统营销与互联网营销相融合的全渠道营销路径。

以大数据为基础，结合 CRM（客户管理）、LBS（基于位置服务），通过游客相关数据的积累，逐渐实现用户特征的跟踪描述和精准分析，从而使商家与用户需求更直接、精准、快速地匹配，为私人订制化的精准营销提供基础。

### （六）旅游节庆营销

旅游节庆对于旅游休闲小镇来说在时间和空间上分布相对集中，可以在短时期内营造出浓厚的节日氛围，形成运转良好、高效迅速的旅游节庆运作机制，积累丰富的办节经验，推动旅游休闲小镇迅速崛起，是一种有效的旅游营销手法。

在小镇旅游节庆的发展过程中，主要有六个关键点。第一，节庆品牌化。以长时间的品牌塑造为目标。第二，时间安排序列化。将其分散于各个季节，避免节庆聚群现象。第三，空间分布协同化。强调在同一区域开发该区域的"点"旅游业资源，最后按照具体办法将这些资源组合起来，促进该区域的共同有序发展；不同区域间，具有相关性文化的节庆举办地可以进行整合策划，加强各地之间的相互配合。第四，庆祝活动主题化。举办旅游活动必须有明确的动机和独特的旅游活动主题，以实现明确的层次结构目标，避免各个节日之间的冲突，强调和深化不同级别的主题，并给旅游者留下强烈的印象。第五，节庆时间区分化。在节日规划过程中，我们经常说"大节造势、小节造市"。就是通过一两个大型的传统节庆在旅游业发起强大的活动，并利用各种营销工具进行宣传；在小节的策划过程中，充分利用当地旅游业资源，寻找节庆本土化。第六，节庆内容体验化。旅游节庆的发展不仅取决于旅游业的形式、内容，还取决于活动体验，要设计丰富、生动的体验活动，使旅游者能够通过视觉、听觉、感官和情绪方面与旅游产品交流，以满足个人旅游需求，提高旅游业的吸引力。

# 第六章

# 旅游休闲小镇投融资问题解析

旅游休闲小镇的投资是一项巨大的投资，而且是一种长期投资，难以靠纯市场运作。因此，需要打通三方金融渠道，保障政府的政策资金支持，引入社会资本和金融机构资金，三方发挥各自优势，进行利益捆绑，在旅游休闲小镇平台上共同运行，最终实现旅游休闲小镇的整体推进和运营。那么如何从系统工程的角度出发去解决旅游休闲小镇投融资问题，培育有力的资金支持呢？对此，本章将进行详细地探讨。

# 第一节　旅游休闲小镇投融资概述

旅游休闲小镇并非行政区划单元，是技术、产业和社区等要素的聚集平台。作为国家供给侧结构性改革探索，旅游休闲小镇本质上是经济转型升级的新形态。旅游休闲小镇以基础设施和公共服务的先行配置为前提，需要大量资金投入。因此，可以说旅游休闲小镇的建设是社会多方资源对接、配合的综合表现。多个投资平台的参与，在缓解政府财政压力的同时，可以为旅游休闲小镇的发展提供强有力的资金支持，从而盘活小镇特色产业的发展。

## 一、投融资概念体系

我们国家的投融资方式主要涉及投融资的决策方式（投资者）、投资筹措方式（资金来源）和资源使用方式（怎样投）。

投融资模式是由投融资主体、投融资渠道和投融资方式三个基本要素组成，如图6-1所示。投融资主体是项目投资者和资金融入者，投融资渠道是资金的来源，投融资方式是资金融出融入的方法。

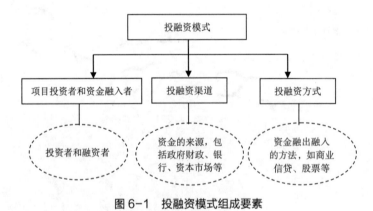

图6-1　投融资模式组成要素

## 二、小城镇建设投融资发展历程

中华人民共和国成立以来，我国小城镇投融资体制几经变迁。由于投融资体制与国家经济体制改革密切相关，所以根据国家经济改革发展，投融资大致可以分为四个阶段。

**（一）第一阶段——政府主导小城镇建设主要的投融资活动**

第一阶段主要指中华人民共和国成立后到 1978 年，这时国家经济体系仍处于计划经济阶段，投融资的特点是政府主导小城镇建设主要的投融资活动。中华人民共和国成立后至 1978 年中央召开十一届三中全会前，国家经济体制实行的是高度集中的计划经济体制，中华人民共和国成立后不久又开始实行粮食等主要农产品统购统销制度，主要为工业化发展作原始积累，并努力解决当时的粮食供应问题。但正如费孝通先生所指出的由于小城镇是城乡商品流通的主要场所，国家统购统销制度很大程度上削弱了小城镇的发展。与此同时，由于国防和产业化原因，过于重视大城市而忽略了小城市和农村的发展。此外，长期的计划经济体系投资于小城市的资金较少，小城市的所有投资都是针对国家基础设施方案而设计的，并且不具有动态性质，即活力不够。

**（二）第二阶段——小城镇建设投融资开始面向市场**

第二阶段是指在 1978—1992 年间，国家经济体制实现了从计划经济到市场经济的转型，由此给小城镇投融资的建设带来了机遇，小城镇投融资开始面向市场。党的十一届三中全会后，国家的中心工作逐步转移到经济建设，也逐渐开始了经济体制的变革。1978—1992 年这 10 多年时间，经济上历经了"计划经济为主、市场调节为辅""有计划的商品经济"这两个阶段，经济体制的改革必然带来小城镇投融资体制的改革。同时，国家在 20 世纪 80 年代中后期逐步重视小城镇的发展，也为小城镇的投融资体制改革带来了动力。这一时期标志性的事件是如下几个文件。一是 1984 年 10 月，国务院下发了《关于农民进入集镇落户问题的通知》，这个文件放宽了对农民进入城镇的限制，改变了长期以来将农民工入城流动视为"盲流"而予以严加限制的做法。人流、物流的涌入极大带动了小城镇工商业的发展，也为小城镇的投资带来活力。二是 1985 年 10 月，为加强对小城镇建设的指导和管理，实行集镇的统一开发、综合建设，当时的城乡建设环境保护部印发了《集镇统一开发、综合建设的几点意见》。在投资体制上，文件指出"县、镇（乡）可以建立村镇建设开发公司，经开发的土地及地上的建筑物，应实行有偿制度，也可以实行商品化经营"。在融资体制上，文件提出"城镇统一开发、综合建设所需的资金，主要依靠集体经济的积累和农民投资，公共建筑和基础设施建设的资金要采取多种途径、多种渠道筹集"。而对一些自来水设施、文娱设施和流通领域的基础设施，文件认为可以"实行谁投资，谁经营，谁得利的原则"，鼓励集体或个人建设和经营。这个文件反映了 1984 年开始城镇改革以来小城镇的新变化，对改革当时小城镇的投融资体制起了很大的作用。

**（三）第三阶段——小城镇建设投融资主体和方式多元化**

第三阶段主要是 1992—2002 年，当我国最初建立以市场为导向的经济体系时，小城镇建设融资主体和方式呈现了多元化。特别是以党的十四大通过的《中共中央关于建立社会主义市场经济体制若干问题的决定》为标志，我国结束了改革开放以来在经济体制选择上的争论，明确建立社会主义市场经济体制。我国的经济体制改革的新阶段正式开始，也标志着小城镇融资体制改革的新突破。1995 年 4 月，国家发展改革委员会、国家建设部等 11 个部委联合发布了《小城镇综合改革试点指导意见》，其中明确提议建立一个"政府、企业和私人投资多元化投资机制"。在发展经济和资金增加的基础上，镇政府加大小城镇公用建设事业的投资比例。通过创造有利的投资环境和制定有吸引力的贸易政策，吸引外来资金对小城镇发展和建设的投资。1998 年 10 月，党的十五届三中全会通过了《中共中央关于农业和农村工作若干重大问题的决定》，"小城镇发展是促进农村经济和社会发展的一项重大战略"。国家制定的一系列促进、引导小城镇发展的政策措施，使 20 世纪 90 年代小城镇建设由总量增长向总量和素质同步提高转变，从而进一步确立了小城镇设立的投资融资保护体系。2000 年 6 月，中共中央、国务院出台《关于促进小城镇健康发展的若干意见》，指出各地要"走出一条在政府引导下主要依靠社会资金建设小城镇的路子"，对有收益的基础设施"可合理确定服务价格，实行有偿使用"。此外，金融机构的服务领域应该扩大，积极参与和支持小城镇的建设，在对小城镇建设贷款和进城农民信贷方面给予支持。

### （四）第四阶段——小城镇投融资面临诸多新特点

第四阶段指从 2002 年至今，这时国家经济体制处于逐步完善时期，小城镇投融资面临诸多新特点。2002 年，党的十六大召开，大会在其报告中强调"基于现有城镇和城镇建设条件、科学规划和适当布局"的重要性。在促进城镇化方面，首次提议"要逐步提高城镇化水平，坚持大中小城市和小城镇协调发展，走中国特色的城镇化道路"。关于城镇化的论述实际上改变了 1989 年制定《城市规划法》时提出的严格控制大城市规模、合理发展中等城市和小城镇的方针。在此以后，国家更为关注大城市的发展，小城镇的发展将被忽略，小城镇的投资体系也没有得到广泛的改革。

近几年来，大城市的问题越来越明显，小城镇作为新农村建设中城乡沟通桥梁以及作为大城市周边卫星城地位受到政策层面的重视。特别值得注意的是，2008 年金融危机后，小城镇模仿许多城市的实践，由政府融资平台进行了大量的融资以保证经济增长，从而导致政府承担巨大的隐性债务负担。2010 年后，中央有关部委才意识到此问题的严重性，并进行清理。这意味着金融体系还没有理清楚，单纯依靠政府融资平台明显会导致许多衍生问题。

### 三、旅游产业投融资现状

从改革开放之初入境旅游"一花独放"，到 20 世纪 90 年代入境旅游、国内旅游"双轮驱动"，发展到如今入境旅游、国内旅游、出境旅游三足鼎立。几十年来，中国的旅游业从单一的接待型产业演变为一个大众化产业，旅游业对我国经济的贡献大幅增加，并成为国民经济战略性支柱产业。

据估计，2016 年全国旅游人口总数为 44 亿人次，旅行收入 4.69 万亿元，旅游业对国民经济综合贡献达到 11%，旅游直接投资和带动投资对财政综合贡献超过 11%。随着我们国家的经济发展进入新常态，旅游业投资已成为最具潜力的投资。

## （一）旅游业投融资发展历程

改革开放以来，中国旅游业的投融资规模发展经历了三个阶段。第一阶段，中国旅游业主要由政府资助的初期阶段（1978—1989年），旅游业项目主要是资金规模较小的单体为主，主要由政府拨资。第二阶段，中国的旅游业迅速发展（1990—1999年），逐渐成为我国第三产业发展的重点，民间资本逐步进入旅游业，旅游投资和旅游业产品出现多样化的现象。第三阶段，全民投资阶段（2000年至今），旅游业呈现总资金需求大、投资项目综合化、投资主体多元化等特点。

今天，全域旅游的概念已经被广大人民接受，"旅游业+"加速发展，旅游管理体制、旅游公共服务、旅游市场监管、产业融合发展方面成效显著。中国旅游业的规模和国际竞争力日益增强，影响到世界旅游业的发展。我们继续保持世界第一大出境旅游客源国和第四大入境旅游接待国地位。通过政府创新的政策来源、增加财政奖励机制等，使筹资环境大大改善，并且快速增加了旅游业的民营企业社会资本，为自身创造了新的商业机会，扩大了旅游产品以及扩大旅游业的多样化选择。互联网时代到来，也助推了大众化旅游消费快速发展

## （二）旅游业投融资的总体规模

《2016年中国旅游投资报告》显示，2016年旅游部门投资额为12997亿元。相较于第三方产业与固定资产投资的增加，分别高于18个百分点和21个百分点，较房地产投资增速高22个百分点。随着我国的经济压力日益增加，国家旅游业投资仍在继续上升，并成为最有潜力的投资。

2016年，全国10亿～50亿元的在建旅游项目2209个，实际投资总额为4406亿元，占全国的33.9%；投资超过50亿元的项目有299个，实际总投资为1146亿元，占全国8.8%；投资额100亿元以上的旅游项目222个，实际完成投资2479亿元，比去年增长55.2%，增速最快。见表6-1。

表6-1 2016年全国总投资10亿元以上旅游项目统计表

| 项目统计范围 | 项目个数 | 实际完成投资（亿元） | 全国占比（%） |
| --- | --- | --- | --- |
| 10亿元～50亿元 | 2209 | 4406 | 33.9 |
| 50亿元以上 | 299 | 1146 | 8.8 |
| 100亿元以上 | 222 | 2479 | 19.1 |

数据来源：《2016中国旅游投资报告》

报告指出，目前旅游业投资主要特点是民间投资具有强大稳固的地位，多元投资模式的主要格局基本形成；景区的投资保持稳定，新产业的投资正在加速；东部地区投资最热，西部地区投资增长最快；资金模式日益创新，PPP模式加快发展；支持产业投资快速增长，新产业投资备受青睐；旅游业公司加快了整合和资本重组。旅游业投资热点包括乡村旅游投资

持续升温、大型综合类项目成为资本新宠、在线旅游投资热度不减、新业态投资潜力巨大。

### （三）旅游业投融资的结构特征

总而言之，东部地区仍然是投资重点，西部地区投资的增长速度最快。2016年，东部实际投资达到了6627亿元，占全国投资的51%，同比增长28.7%。旅游业已成为东部地区转方式、调结构的战略性先导产业。中部地区的实际投资额为2663亿元，占国民份额的20.2%，同比增长了19.2%。西部投资洼地效应逐步显现，旅游业投资也在迅速上升。西部投资的实际价值为3737亿元，占全国的28.8%，同比增长37.7%。随着旅游业基础设施和公共服务的改善，西部地区正日益成为投资者关注的新区域，后发优势明显。

从融资来源看，2016年的国家旅游业投资将继续以民营资本为主要资金，国有企业投资和政府投资为辅助的多元投资格局。民营企业在旅游方面投资约7628亿元，占旅游投资的58.7%，投资热点从房地产业转变为旅游投资和文化投资。政府和国有企业投资总额分别为2484亿元和1945亿元，占旅游投资的19.1%和15%。政府和国有企业仍然是旅游投资的重要组成部分。股份制企业投资迅速增长，占旅游业投资的1.5%，同比增长62%。外商投资和其他公司投资占1.5%和4.2%。

在资金流向方面，2016年的旅游业投资持续上升，实际完成投资7371亿元，占旅游业投资的56.7%。1122亿元的旅游基础设施占投资总额的8.6%，同比增长19.8%。旅游购买项目的投资达872.8亿元，同比增加了24.4%，增长幅度最大。

在业态分布方面，资金流向不同新型业态，主要涉及文化旅游、环境旅游、乡村旅游及风景公园、低空飞行和工业旅游等。其中，旅游业投资的热点是乡村旅游业。2016年，全国乡村旅游接待游客22亿人次，约占国内旅游接待总量的1/2。乡村旅游投资规模不断扩大，投资内容从观光农业等相对单一产品向综合业态发展，休闲农庄、特色小镇、乡村民俗和精品酒店等投资快速增长。

随着国家"一带一路"倡议、城镇化战略、美丽乡村建设、万众创业大众创新以及减税惠民政策的深化实施，旅游投资空间与领域不断扩张。加上特色小镇的建设推进，旅游休闲小镇的投资呈现良好趋势。

## 四、旅游休闲小镇投融资模式体系

建设旅游休闲小镇涉及多种资源的配合、对接。融资主要有五个来源，即政府资金、开发性金融、政策性资金、商业金融、社会资本。多个投资平台的参与为小城镇的开发提供了强大的财政支持，同时减少政府的财政压力，推动了产业发展。

### （一）差异化投资主体结构

#### 1. 开发性金融发挥"特殊作用"

在建设特色小镇的过程中，开发性金融主要承担长期融资的任务，针对瓶颈领域，提供大额长期资金，主要包括基础设施、基础产业、特色产业等领域的建设资金问题。

为了加强党中央、国务院对于特色小镇的建设精神的推进，发挥开发性金融对新型城镇化建设的独特作用，积极引导和扶持特色小城镇培育工作，中国开发性金融促进会等单位共同发起成立"中国特色小镇投资基金"。投资基金将采取母子基金的结构，母基金总规模为 500 亿元人民币，未来将带动巨大的资金投资规模，可能会超过 5000 亿甚至是上万亿，主要投资于养生养老、休闲旅游、文化体育、创客空间、特色农业等各类特色小镇。

中国特色小镇特别基金将整合包括地方政府、建筑单位、金融投资者、产业投资者和金融机构在内的多方资源，以促进和探索社会资本和政府合作创新模式，从特色小镇的发展规划入手，培育和建设市场信用，引导各类资金和资源投入小镇建设。

2. 政府资金发挥"杠杆作用"

在建设特色小镇的资金渠道中，政府资金起主导作用。国家发改委等有关部门对符合条件的特色小镇建设项目给予专项建设基金支持，中央财政对工作开展较好的特色小镇给予适当奖励。

3. 政策性资金发挥"推力作用"

政策性资金是国家为促进特别小镇的发展而提供的财政专项资金。中国农业发展银行信贷基金的重点领域就是小城镇建设，对较贫穷地区建造小镇优先提供支持，保障信贷和满足供资需求。开启办贷绿色通道，确定相关项目的优先受理，并在满足信用条件时提供信用贷款，提供中期和低成本信用的资金选择。

4. 社会资本发挥"主体作用"

在特色小镇建设中引入社会资本不仅有助于提高建设特色小镇的效率，给参与的民营企业带来直接或间接的利益，还可以减轻政府的财政压力。浙江特色小镇建设推介会促进社会资本的参与，仅在 2015 年的浙江第三届浙商大会上，就有多达 24 个涉及特色小镇的 PPP 项目现场签约。

5. 商业金融发挥"促进作用"

在特色小镇的建设中，通常通过 PPP 融资，而作为投资主体的商业银行既是 PPP 项目的服务商，又是规范者和促进者。

金华成泰农商银行就是支持特色小镇的典范。2016 年，金华成泰农商银行与曹宅镇开展全面合作，并将其列为年度重点工作。金华成泰农商银行曹宅支行成为小镇唯一的合作银行，主要配合当地政府做好引进新企业、发展特色产业、整村征迁等相关工作，并根据特色小镇实际需求和项目建设进度，推出特色信贷融资产品和特色服务，打造配套特色小镇的特色支行。目前，该银行对辖内规划或建设中的 11 个特色小镇，提供信贷服务支持基础设施建设，并对相关产业经营户、种养户、农业龙头企业等，以纯信用、家庭担保、商标质押等多种方式予以资金支持，累计支持 1034 户，授信金额 5770 万元。

（二）依托主导资本的投融资模式体系

一般旅游项目所涉及资本根据市场投资主体可分为四类：企业自有资本、政府资本、多层次资本市场（直接融资资本）、间接融资资本（以银行为代表），如图 6-2 所示。总的来看，那些资金需求量大，但是利润低且需要对资源进行保护的项目，需要政府资金的扶持。项目筹资的市场进程中，资本市场逐步涉入，资本运营也会从政府主体延伸到企业主体等综合形式。

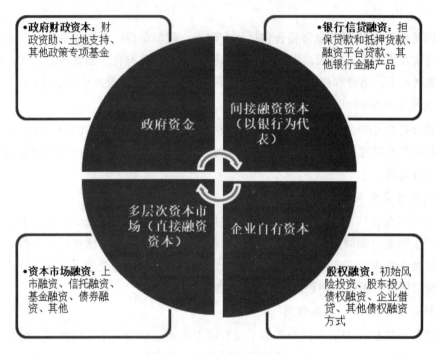

图 6-2　旅游项目资本结构

根据旅游项目划分标准，构建以主导资本为划分标准的旅游休闲小镇投融资模式体系，包括政府资本主导型、私有资本主导型、资本市场主导型、综合型的项目投融资模式，见表 6-2。

表6-2 以主导资本为划分标准的旅游休闲小镇投融资模式体系

| 投融资模式体系类型 | 内涵 | 构成要素 | 投融资目标 | 运营机制 |
|---|---|---|---|---|
| 政府资本主导型 | 政府作为主要投资主体发挥基础性作用。一般情况下旅游项目存在资源优势强而开发难度大、投融资渠道单一、筹资难度大等特点。其投资重点主要为完善公共服务基础设施与旅游服务设施、开发重点旅游项目资源、发挥政府导向功能适度调动市场积极性 | 采取政府主导、适度引入市场参与的方式。该模式强调在投融资环境不利的前提条件下，优先选择核心资源进行阶段性开发，投资过程具有风险大、收益低、资本回收周期长等特点，需要政府作为投资主体率先投资，在一定的时期内弱化市场盲目性和逐利性，充分发挥导向性作用。在非核心环节，政府需引入市场资本尤其是大型企业集团的资本优势，通过市场参与解决项目资本量需求，提升资本利用效率，创新项目管理理念 | 集中政府资本优势优先开发重点旅游资源，以重点旅游资源为核心，由点到面，逐步完善旅游项目服务设施与公共服务设施等，保证项目开发的有序性，为项目开发打下良好基础 | 政府资本主导型投融资模式所适用项目对资金、人才、制度和技术方面的资本投入都有要求。在项目开发中要综合考虑政府资本的政策优势和稳定性优势，同时制定一系列激励政策鼓励市场投资主体参与。在项目运作中，通过政府指引作用，避免市场盲目竞争开发；运用市场化运作模式，促进旅游休闲小镇旅游项目资本的有效配置等 |
| 私有资本主导型 | 私有资本主导型模式属于"资本送上门来找项目"，不同于政府主导的政企合作模式。主要以实力雄厚的私有资本为基础。根据市场需求和企业发展战略决策，选择合适的旅游项目开发经营方向与内容 | 这种模式开发旅游休闲小镇项目来源于开发主体的主营业务收入等。但不意味着投资者一方来完成，只是以企业资本为担保，采取多方合作的方式为企业筹措资金，借助公司平台的融资渠道和以银行为核心的间接融资渠道 | 简单来说，是通过寻求市场需求，或把握政府政策导向，通过创新形式，打造市场导向型的旅游项目。企业开发运营的旅游休闲小镇的旅游项目主要实行资本集中式管理、项目统一化经营，从而保证旅游项目在市场机制下的灵活运转能力，较前一种要更为自主 | 采取自主经营、自负盈亏的运营机制。市场导向，以实现利润为主，其他投资主体则根据出资配比，实现收益，如股东收取股利和分红、债权人收取债务利息等 |

续　表

| 投融资模式体系类型 | 内涵 | 构成要素 | 投融资目标 | 运营机制 |
|---|---|---|---|---|
| 资本市场主导型 | 借助于资本市场进行融资，通过资本证券化，发行股票、债券、旅游专项基金等方式进行直接融资 | 以项目资产为基础，通过资本市场筹集社会资本及境外资本。开发主体在资本结构中占据小部分份额，承担稳定支撑性作用，社会资本在于满足项目资本量的需求，基本不参与旅游项目投融资的实际决策过程 | 打破旅游项目的资金约束问题，减轻项目开发主体资金压力，丰富资本结构的同时，降低了间接投融资带来的风险 | 以项目为核心，通过物化资本，采取租赁经营、股权分立、资产重组、交易转让等优化路径，提高资本运营效率和效益。这种模式下的资本经营活动，倾向于轻资本的道路，通过收益的循环用以回馈各投资利益相关主体 |
| 综合型 | 旅游休闲小镇的旅游项目筹资主体落实到具体项目，以各大旅游项目为载体，进行直接投资。通过市场的资源配置功能，丰富旅游项目投融资的主体结构，还要利用旅游项目投融资结构刺激新的市场需求，引导特色小镇旅游的开发方向，从而形成高品位的旅游项目，以好的旅游产品来满足市场的需求，以此来达到投融资主体利益的诉求 | 以旅游项目为筹资载体，采取企业自主、政府调控的方式。其路径主要是开发主体发掘小镇的具体旅游项目，再充分利用市场机制，结合政府的宏观导向功能，在小镇的整体区域内进行资源的合理配置 | 这种投融资模式的目标就是实现综合效益的整体提升。通过旅游项目的投融资实践，开发经营活动，塑造项目品牌，以此满足小镇中旅游项目的利益相关者诉求，最终实现综合效益优化与提升 | 强调项目的重要性，注重小镇开发过程中的各利益相关主体间的协调性，包括资源合作优势、风险共担等。在开发经营中，各利益主体一般合作组成项目公司，针对性进行开发经营活动，采取所有资本集中管理，用市场化手段实施运营 |

## 五、旅游休闲小镇投融资特点

在旅游休闲小镇建设运营过程中，投融资模式至关重要。持续稳定的资金来源是旅游休闲小镇开发的重要前提条件，合适的融资模式对于旅游休闲小镇的发展是非常必要的。

首先，旅游休闲小镇的投融资特点与其建设内容相匹配，见表6-3。

表6-3　旅游休闲小镇的投融资特点（从建设内容角度）

| 建设内容 | 投融资特点 |
|---|---|
| 基础设施建设 | 投融资主体能力受限 |
| 土地开发利用 | 资金需求量大 |
| 健全社会公共服务 | 投资见效期长 |
| 生态、人文环境建设 | 不确定因素多，风险控制难度高 |
| …… | …… |

其次，旅游休闲小镇的开发是一个复杂且巨大的系统，涉及规划、建设和运营不同阶段且侧重点也各有不同。具体如图6-3所示。

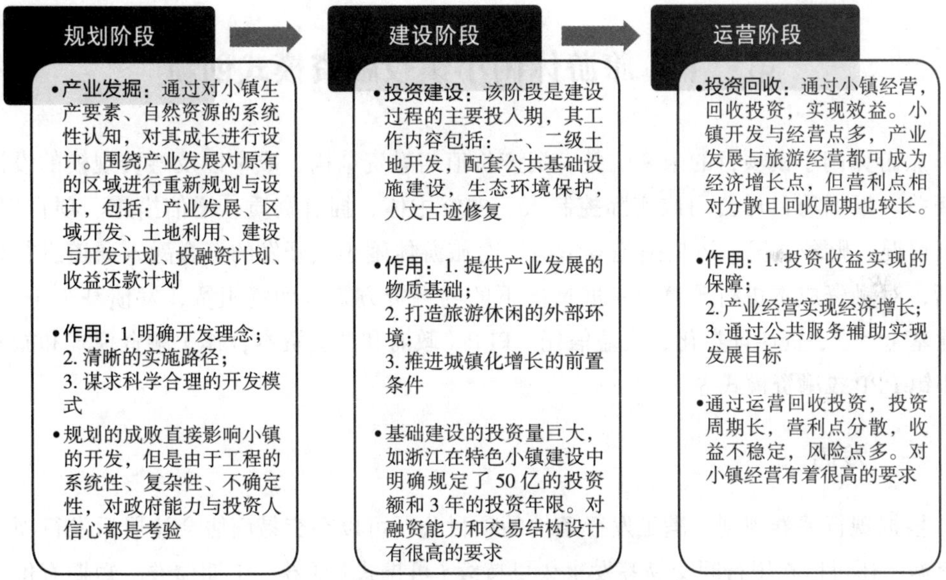

**规划阶段**

- **产业发掘**：通过对小镇生产要素、自然资源的系统性认知，对其成长进行设计。围绕产业发展对原有的区域进行重新规划与设计，包括：产业发展、区域开发、土地利用、建设与开发计划、投融资计划、收益还款计划

- **作用**：1.明确开发理念；2.清晰的实施路径；3.谋求科学合理的开发模式

- 规划的成败直接影响小镇的开发，但是由于工程的系统性、复杂性、不确定性，对政府能力与投资人信心都是考验

**建设阶段**

- **投资建设**：该阶段是建设过程的主要投入期，其工作内容包括：一、二级土地开发，配套公共基础设施建设，生态环境保护，人文古迹修复

- **作用**：1.提供产业发展的物质基础；2.打造旅游休闲的外部环境；3.推进城镇化增长的前置条件

- 基础建设的投资量巨大，如浙江在特色小镇建设中明确规定了50亿的投资额和3年的投资年限。对融资能力和交易结构设计有很高的要求

**运营阶段**

- **投资回收**：通过小镇经营，回收投资，实现效益。小镇开发与经营点多，产业发展与旅游经营都可成为经济增长点，但营利点相对分散且回收周期也较长。

- **作用**：1.投资收益实现的保障；2.产业经营实现经济增长；3.通过公共服务辅助实现发展目标

- 通过运营回收投资，投资周期长，营利点分散，收益不稳定，风险点多。对小镇经营有着很高的要求

图6-3　旅游休闲小镇投融资阶段性特点

基于以上分析，将旅游休闲小镇投融资过程中存在的问题总结如下，如图6-4所示。

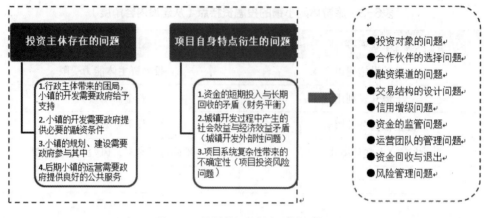

图6-4　旅游休闲小镇投融资问题

## 第二节　旅游休闲小镇投融资模式创新

旅游休闲小镇项目的未来收益、资产价值与融资结构、成本以及融资规模的设计息息相关。根据项目母公司或实际控制人、融资主体、拥有资质、增信措施、项目现状、资产情况、财务状况、风控措施等情况，对旅游休闲小镇开发的资金融入通道进行综合判断，对融资成本进行预算。一般情况下的的融资方式有融资租赁、发债基金（专项、产业基金等）、资产证券化、收益信托、PPP（政府和社会资本合作）融资模式和旅游休闲小镇PPP投融资模式等。

### 一、发债

根据现行债券规则，满足发行条件的项目公司可以在交易商协会注册后发行项目收益票据，还可以在银行间交易签发永久可持续(可携式)证券、中期债券、短期有价证券等债券，这些债券在商会注册后通过国家发展改革委员会批准企业和项目收益债，公共或非公共证券交易所发行。

### 二、融资租赁

融资租赁（Financial Leasing）也叫现代（设备）租赁，它主要用于资金的转移和所有权相关的大部分或者全部回报及风险的租赁。融资租赁是全球第二大融资方法，除银行贷款外，还包含金融、贸易和服务功能。

2015年8月26日的国务院常务会议宣布，加快发展筹资和租赁是一项重要的金融改革倡议，有助于减轻财政问题、动员对公司设备的投资并促进产业现代化。租赁公司可以在出现问题时收回和处置租赁合同中的租赁物，因而在办理融资时对企业资信和担保没有太高要求。租赁是一项表外资金，不会反映在公司财务报表的负债中，而且不会影响公司的资信状况。

融资有三种主要方法：第一，直接租赁可在建设期间大幅减少所需资金的压力。第二，设备金融租赁，可解决购买大型设备的成本高昂、融资难等问题。第三，销售后回租，即购买和归还具有可预测和稳定回报率的资产，以改善公司的财务状况。

## 三、基金

### （一）产业投资基金

国务院在《关于清理规范税收等优惠政策的通知》（国发〔2014〕62 号）中指出："增强税收改革、对融资模式进行创新，对于股权投资、产业改革等进行充分利用，提高财政资源的使用绩效。"

产业投资基金与私募股权投资基金比较，具有下面的特点及优势。

特点如下：第一，产业投资基金具有产业政策导向性；第二，产业投资基金更多的是政府财政、金融资本和实业资本参与；第三，存在资金规模差异。

优势主要包含以下几点。第一，是实现政府扶持企业发展的利器。政府通常采取财政补贴、奖励、贴息税收优惠等形式，"看得见的手"遗留诸多问题；通过产业投资基金市场化运作方式，以股权投资及增值服务的方式扶持企业发展，充分发挥市场在资源配置中的作用。第二，实现财政资金杠杆作用。政府通常以母基金方式参与产业投资基金，通过设立多个子基金，引导金融资本和社会资本参与，充分发挥财政资金放大效应及引导作用。第三，实现产业与资本对接的纽带。"主导产业＋基金"模式，撬动社会资本投资，使"行政补贴"变为"市场化投资"，支持实体经济发展，推进产业转型升级。第四，实现融资平台公司转型的途径。融资平台可以参与产业投资基金，吸引金融机构及社会投资参与 PPP。融资平台以其国资背景，有利于产业投资基金的募集和投资后的管理。

### （二）政府引导基金

政府引导基金是指由政府财政部门出资并吸引金融资本、产业资本等社会资本联合出资设立，按照市场化方式运作，带有扶持特定阶段、行业、区域目标的引导性投资基金。政府引导基金具有以下特征。第一，目的并非为了营利。政治基金，在"有限损失"的情况下对人们有益。第二，引导性。充分利用基金的导向和放大功能来引导实施投资。第三，运作方式市场化。通过有偿流程，非补贴、利息支付等无偿方式，维护管理团队的独立决策能力。第四，通常不会直接投资到企业项目，而是主要投资到子公司基金。

政府引导基金相比于市场化母基金，其异同点如下。

相同处：引导基金和母基金都是投资基金，不直接投资具体项目，在投资流程、操作方式上借鉴了母基金的部分做法。

差异处：引导基金其本质源于政府职能的延伸，而市场化母基金则是私募股权投资市场在进化过程中的产物；大多数引导基金具有地方封闭色彩，只能进入特定领域和地域；引导基金投资多借助外力，自身基金管理能力较弱；引导基金不设立明确盈利目标，激励机制不明确。

### （三）城市发展基金

城市发展基金是由地方政府带头设立的基金，主要用于城市建设。领导人是地方政府，通常是由金融部门负责并由当地最大的地方融资平台公司负责实施和提供信贷服务；投资目标是本地基础架构项目，通常是非营利项目。如城市建筑、公共道路、医疗保健等，还款主要来自财政资源；投资方法主要是通过当地融资平台收回的固定收益，通常可以考虑进一步通过其他方式增加信用水平。

### （四）PPP 基金

PPP 基金是指基于稳定现金流的结构化投融资模式。PPP 基金可分为 PPP 引导基金和 PPP 项目基金（包括单一项目基金和产业基金等）。

中国政府和社会资本合作（PPP）融资支持基金是国家层面的 PPP 融资支持基金。2016 年 3 月 10 日，按照经国务院批准的中国政府和社会资本融资支持基金筹建方案，财政部联合建行、邮储、农行、中行、光大、交通、工行、中信、社保、人寿 10 家机构，共同发起设立政企合作投资基金并召开中国政企合作投资基金股份有限公司创立大会暨第一次股东大会。

PPP 基金在股权、债权、夹层融资领域均有广泛应用：为政府方配资；为其他社会资本配资；单独作为社会资本方为项目公司提供债权融资等。

## 四、资产证券化

资产证券化是指由于特定基础资产或资产组合产生的现金流为偿付支持，通过结构化方式使信用增级，在此基础上发行资产支持证券（ABS）的业务活动。

ABS 在美国建立了 40 多年，而中国资产的证券化才刚刚开始。尽管在 2002 年就开始出现，但政府实际上在 2005 年才开始支持它，然后随着美国次贷危机的爆发而停止。中国正处于金融改革的创新阶段，并加速证券交易的进一步发展。

目前，我国有两种主要的证券化工具：信贷资产证券化、企业资产证券化。

信贷资产证券化：由人民银行、银监会主管，在银行间市场发行，基础资产为银行业金融机构的信贷资产，现在基于《信贷资产证券化试点管理办法》的法规支持更加完善。

企业资产证券化：由证监会主管，在交易所市场发行，基础资产为企业所拥有的收益权及债权资产，主要依据为《证券公司资产证券化业务管理规定》，处于试点期向常规化管理转型。

## 五、收益信托

收益信托类似于股票的融资模式，由委托人委托，向社会发布信托计划、获取信托基金并投资特定项目，从运营收益、政府补贴、服务费用等形式获得项目的利益。

## 六、PPP 融资模式

具有强融资属性 PPP 模式以缓解地方政府债务为出发点。政府与选定的社会资本在旅游休闲小镇的开发过程中签署《PPP 合作协议》，按出资比例组建 SPV(特殊目的公司)，并制定《公司章程》，实施机构是由政府指定，并授予 SPV 特许经营权，旅游休闲小镇建设运营一体化的服务方案就是由 SPV 负责提供。在小镇建成以后，政府购买一体化服务，SPV 移交政府债务，社会资本退出。

## 七、旅游休闲小镇 PPP 投融资模式

旅游休闲小镇的开发是产城乡一体化，集旅游景区、消费产业聚集区、新型城镇化发展区三区合一的新型城镇化模式，包括产业开发、土地整理、资源整合、基础设施建设等项目。在旅游部门建设小城镇的重点是将产业、文化、居住地和环境整合，但当地政府往往不具备这样的能力。因此，必须引入社会资本，引入城市投资专业供应商，通过专门的 PPP 模式集成优质资源，以克服当地人才、资本和能力不足等方面的瓶颈，并促进旅游业中小城镇的跨越式发展。

在旅游休闲小镇中，小城镇具有公益性和商业性的特点，并且贴合 PPP 模式。

第一，通过与政府合作建立的 PPP 公司避免投资者对资金的投资，同时避免政府债务负担增加和政府平台的有限融资。

第二，政府部门和社会资本可以利用自己的优势来建设基础设施，并补偿各自的赤字。双方都可以设置长期目标，以有限成本条件为公众提供高质量的服务。

第三，在旅游休闲小镇中，商业和运营项目将为社会资本的运营提供足够的空间，以实现社会最好的管理功能。

### (一)旅游休闲小镇 PPP 模式各部门职能

1.SPV 项目公司

SPV 项目公司是 PPP 项目由政府和资本社会组成的具体操作者，主要负责项目融资(财务、目标、结构)、创建、运营和维护、财务管理等。

2. 政府部门

政府部门(或由政府任命的机构)通常是吸引社会资本并通过提供支持政策的特定任务或措施促进项目成功的主要筹资机构。PPP 模式中的功能主要涉及投标、特许权分配、政府部分付款、政府补贴、资金支助基金(股票、债券、担保等)、质量控制、价格监控等。

3. 社会资本

社会资本也是与政府指定的机构合作建立 PPP 项目公司的主要发起人之一。社会资本可以是一家公司或多家公司的集体，特别是私营部门、国有企业、参股企业等。

4. 金融机构

金融机构主要在 PPP 模式中提供财务支持和信用担保，也可以作为社会资本纳入投资。从 PPP 项目筹集的社会资本直接投资和政府直接投资的比例通常较小，因为在旅游业的小城市项目中投资的规模很大，而且大部分投资来自金融机构。向 PPP 模式贷款的金融机构主要是国际金融机构、商业银行和信托投资者。

### （二）旅游休闲小镇 PPP 模式投资收益

在旅游休闲小镇开发 PPP 项目时，根据共享原则分配项目位置主要考虑整个项目的投资额和风险。与此同时，政府确定补贴、调整或限制利益的条件。

对于社会资本，政府补贴是非营业项目的主要收益；项目的营业利润分配和政府提供的赠款是研讨会或运营项目的主要收益。

例如，如果由于初始业务运营较低，社会资本利润低于合同水平，政府负责保证合同中的基本社会资本利润，是通过财政补贴来实现。

对于金融机构，如果只提供间接资金来资助项目公司，则利润来源主要是信用利息。如果直接参与社会资本，可以与政府、社会资本以及最终将项目的营业利润或政府支付结合起来，达成三方合作协议。

对政府来说，主要收入是土地出售＋税收＋非税收收入＋特别费用，这四个收入将成为每个利益相关方的成本和收入的主要来源。

### （三）PPP 模式建设旅游休闲小镇优势分析

1. 缓解地方政府债务压力，产生补短板、调结构效应

目前，由于需求拉动经济增长的空间受到限制，我国对于旅游休闲小镇本着政府引导，来自不同方向的社会资本广泛参与的原则，不搞"大而广"的建设形态，坚持其特有的风格。花最少的钱，做最多的事情，获得最大收益，在经济的新旧动力之间起到切换和推动作用，一方面可以稳增长，另一方面可以使投资与消费并重，补充建设规划的不足，调节规划的结构，助推经济去杠杆的独特效应。

2. 发挥要素集聚和扩散作用，降低和分散投资风险

创新、公共产品和服务是我国未来经济增长的两大引擎，PPP 模式就是将两者组合的动力。在特色小镇建设过程中，通过公开招标，政府引进综合实力较强的企业，明确划分投资、建设过程中相关责任边界。在 PPP 模式的推广与成熟的基础上，社会资本凭借先进的管理技术和经验，通过产业集约、节约、绿色的发展模式，促进旅游休闲小镇建设的效率和效益的提高。各种各样的资源在行政等级高的城市中心区集中的形态得到改善，在区域经济发展过程中，既可以提高小镇的凝集力，又可以吸引更多的人才。

3. 扩大社会资本的投资领域

在经济新常态下，民间投资增速减速很容易被观察到。通过投资旅游休闲小镇，社会资本可以获得直接和衍生的经济利益。例如，小镇的商业设施和公共服务设施在参与旅游休闲的日常经营和管理中产生合理的经营性收入。

### （四）PPP 模式建设旅游休闲小镇的具体路径

#### 1.依托项目，打造一体化的运营平台

旅游休闲小镇与现有地区的城市建筑不同，它不仅仅是产业区、经济发展、旅游业等功能的重叠。随着经济上升趋势的增加，一些地方政府正在努力招商，社会资本正在寻找投资机会。事实证明，在为项目创造机会的前提条件方面，双方很难建立一个项目。

发展旅游业的关键在于消除当前城市建筑项目缺乏基本上管理结构的"特色"的现象，并需要根据创新、协调、环境友好、开放和共同发展的战略层面，避免一些产业或传统小城市在旅游项目中强硬"包装"，认清重点，进行专向治理。

共同规划设计和统一"生产、城市、人力、文化"运营平台，同时考虑保持自然特点、人文底蕴等，以协议形式处理不同专业机构的利益。

#### 2.定位精准，构建灵活的体制机制

欧美的旅游业与其"产业生态水平"密切相关，并将各个产业的人才放在着重培养的位置。旅游业的小城镇既不是商业公司，也不是国家赞助的项目，因此必须建立设施、运营、管理等过程精确而正确的项目，具体取决于位置。要充分利用以市场为导向的市场作用，突出产业计划和定位的竞争优势，创造一个"小而精、小而美、小而优、小而特、小而强"的产业生态环境，如养老产业和手工艺产业等。筛选项目时，不仅可以使用"快速"这个词，更应该可以保持与人的联系，促进产业拉动就业，以激励人们发挥潜力。

#### 3.金融支持，形成利益主体的有机融合

作为供给侧一端的金融公司，应该将金融创新要素（如银行信贷、保险、基金、风险资本、私人权益融资和 P2P）与项目设计相结合，持续降低市场参与和信息访问的成本，促使与此相关的利益方的意见达成一致。

PPP 过程管理涉及项目识别、模式选择，该管理既包含对传统的可行性进行分析论证，还形成了一系列的政策体系保障，从而可以提供精准服务。在项目确定的开始就要使政府与企业确定双方责任，签订合同。因为合同规定了我国政府和社会资本的行为准则，包含了多层次、多渠道的资源、资产、资本集成等内容，明确定义了旅游休闲小镇的建设目标，真正在对旅游休闲小镇的项目决策评价体系中实现高效和高价值。其中，优质项目优先受理、优先审批，只有当实现理念、规则、能力的最大效能到位，才可以对发展的难题进行有效破解，增加发展动力，增强发展优势。

## 第三节 旅游休闲小镇投融资规划

对于体量庞大的旅游休闲小镇而言，无论是建设环节还是运营环节，都离不开资本的有力支撑。近年来，我国旅游休闲小镇的建设普遍面临着资金投入大、回收周期长的巨大挑战。同时，旅游休闲小镇在建设过程中投融资模式及后续的运营管理方式，都不

同程度地影响了旅游休闲小镇的建设，融资约束成为旅游休闲小镇建设的最大障碍。因此，旅游休闲小镇投融资规划应立足资金统筹安排，重点研究旅游休闲小镇开发资金投入与产出能力，科学设计开发与融资时序，创新设计建设运营管理模式，提出有效的融资策略。统一各参与主体思路，推动规划的有效落实和建设运营工作的有序进行。

## 一、旅游休闲小镇投融资规划的系统环境

对于旅游休闲小镇这一巨大的系统开发工程，投资决策者往往会面临产业发掘、基础设施完善、土地和房地产开发时序、公共服务完善、吸引开发资金、生态和人文环境的维护及运营等问题。旅游休闲小镇投融资规划的系统环境如图6-5所示。

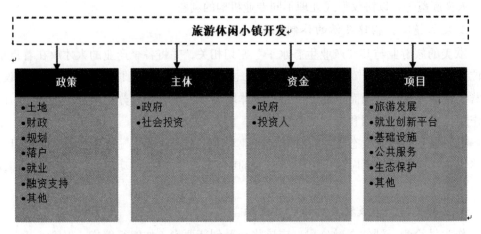

图6-5　旅游休闲小镇投融资规划的系统环境

## 二、旅游休闲小镇投融资规划目标

旅游休闲小镇投融资规划的目标主要包括以下六个方面。

### （一）区域规划策略

设置旅游休闲小镇的主要功能区域的红线，将经济中心、城市系统、产业工具、基础架构和发展区域限制在特定的地理区域。

### （二）土地利用策略

制定解决小城镇土地使用问题的办法：优化土地管理和利用，以实现基于土地所有权的旅游小镇的环境系统、经济体系和社会体系的可持续协调发展。

### （三）产业发展规划

以区域要素禀赋和比较优势为基础，为城镇和城市产业发展奠定坚实的基础。鼓励与旅游业相互结合，按照至少3A景区标准方案的规划，建立旅游小镇的特色产业。

### （四）建设与开发时序

这包括第一和第二级土地开发、公共基础设施建设、环境保护、文物古迹环境修复等。

## （五）投融资时序

设计符合行业融资、发展筹资和资金要求的资金时间顺序，以确保资金来源及时可靠。

## （六）收益还款安排

通过小镇经营，回收投资，实现效益。产业发展与旅游经营都可成为经济增长点。其特点为盈利点分散，回收周期长。可创新金融手段，平衡现金流。

## 三、旅游休闲小镇投融资规划原则、步骤及功能

### （一）旅游休闲小镇投融资规划原则

在进行旅游休闲小镇的投融资规划时，要坚持系统性原则、非均衡性原则、可达性原则、成本效益原则和可持续发展原则，如图6-6所示。

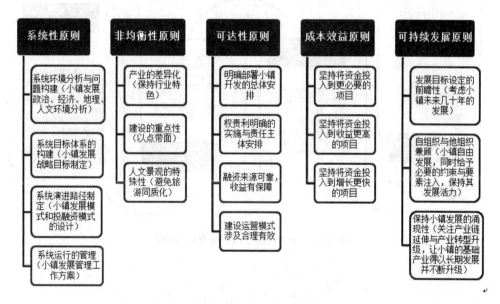

图6-6 旅游休闲小镇投融资规划原则

### （二）旅游休闲小镇投融资规划步骤

根据旅游休闲小镇投融资特点，将其投融资规划分为以下步骤：系统环境——问题界定——整体解决方案——细部解决方案——建立投融资规划模型——模型修正——部署实施。

（1）系统环境。对旅游休闲小镇的软、硬件环境及约束条件进行分析。从各地实际出发，挖掘旅游资源优势，促进旅游产业发展。

（2）问题界定。发掘旅游产业发展与小镇现有资源环境、规划要求、功能条件的主要矛盾。

（3）整体解决方案。围绕主要矛盾对原有系统环境进行重新规划设计。包括区域规划、土地利用、产业发展、建设与开发时序、投融资时序、收益还款时序等。

（4）细部解决方案（如何达成各子系统的发展目标）。设计目标体系达成策略，细部解决方案即达成各个子系统目标的措施集合。

（5）建立投融资规划模型。对细部解决方案通过时序安排进行搭接，形成投融资规划模型。

（6）模型修正。进行定量检验，与政府部门、专家学者进行研讨优化，得到最终模型。

（7）部署实施。确定开发部署安排，提出建设运营建议，实现可达性。

**（三）旅游休闲小镇投融资规划功能**

旅游休闲小镇投融资规划在规划与建设运营之间、项目与资本之间、政府与市场之间、产业与要素之间起着桥梁作用。

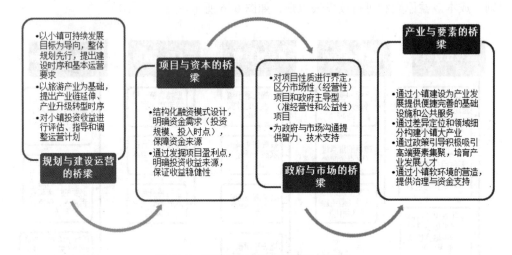

图 6-7　旅游休闲小镇投融资规划功能

# 第四节　旅游休闲小镇投融资保障体系

旅游休闲小镇是一种开发运营一体化、投资一体化的结构，它是城市开发的最高阶段，是一种生活追求、理念追求、哲学追求、精神追求的社会化呈现。单个企业或单纯依靠政府难以独立完成旅游休闲小镇的建设、开发、运营。对于旅游休闲小镇而言，特色化是小镇发展的前提，旅游化是小镇发展的有效路径，而资金和土地扶持是基本保障。为保证旅游休闲小镇建设中投融资渠道的顺畅，一方面要创新小镇投融资的保障机制，另一方面要做好旅游休闲小镇投融资的政策保障。

## 一、创新小镇投融资的保障机制

在旅游小镇建设基础设施方面的创新投资不仅是一个理念的转变，还是发展模式和发展路径、战略性、全球性和系统性的变革。新的资金方式不再是单方面的政府投资，而是通过创造有利于融资创新的体制机制、政策的机构和政策框架来强调政府的领导和组织，从而创造一个多元化、多渠道的金融体系，以确保资金的可持续性。因此，必须克服体制障碍，进一步探讨制定创新的政策措施以改善市场监管体系。

国家积极支持是为旅游业建设小城区提供经费的先决条件。总结旅游休闲小镇的发展思路和经验，寻找共同价值观和发展共性，争取多方支持和资金创新。以此为基础，促进国内外的相关金融机构合作，通过直接间接筹措资金，探索新的方式，为小城镇的旅游业创造财政资源，并为促进经济增长和社会进步创造激励机制。

加强对各级融资平台的扶持力度，建议设立一个金融行政委员会，其中包括发改委金融、财务、金融办公室和建设处等领域，主要负责在旅游地区开展与小城市融资有关的活动，并对债务活动进行适当的监督以及制订适当的政府融资计划。

出台旅游休闲小镇融资政策，可以促进小城旅游业务方案调整和措施实施，以便在不同时间明确定义业务目标。建立旅游休闲小镇项目筹备机制。建议政府确定专门的融资平台，以支持建设旅游休闲小镇，包括旅游业、整合生产城市和产业发展，列出关键项目的详细列表，并设立工作组，以便跨部门控制和执行重要项目的建设。

## 二、旅游休闲小镇投融资的政策保障

### （一）旅游产业投融资的政策保障

政府创新政策供给随着《"十三五"旅游业发展规划》上升到国家层面，国务院办公厅《关于进一步促进旅游投资和消费的若干意见》《关于深入推进农业供给侧结构性改革加快培育农业农村发展新动能的若干意见》《关于加快美丽特色小（城）镇建设的指导意见》《关于深入推进新型城镇化建设的若干意见》《关于进一步激发社会领域投资活力的意见》《关于支持旅游业用地政策的意见》《关于促进自驾车旅居车旅游发展的若干意见》《关于实施旅游休闲重大工程的通知》《关于大力发展体育旅游的指导意见》《关于促进交通运输和旅游融合发展的若干意见》等一系列旅游发展利好政策频频出台，为旅游投资提供了良好的政策环境。与此同时，政府提供越来越多的财政激励机制。2016年，旅游业发展基金支持地方项目的建设，与去年相比增加了8%以上。2015年和2016年，已经设立了690亿元的发展筹资项目来支助旅游业项目，中央预算投入了16亿元来支持旅游业基础设施项目。

为了提高投资动力，我国政府不断鼓励民间投资部门加入投资领域。2018年，国家旅游组织召开了一次促进中国旅游业融资发展会议，向中国旅游业私营企业募集投资500多亿美元，并吁请各省设立旅游业投资基金。此外，国家旅游业公司与12个金融机构(如国家开发银行)签署了战略合作协定。

旅游政策的红利越来越快释放，旅游业的战略地位也越来越高。中国旅游业正在进入一个新的黄金发展阶段，在这个阶段，消费品多样性、需求质量、发展全球化、产业现代化和竞争力国际化的趋势日益明显。

### （二）旅游休闲小镇投融资的政策环境

旅游休闲小镇的投资是高投资和长期的，难以推广纯市场。因此，需要通过三方供资途径确保政府的政策支持、引入社会资本和金融机构的资金，利用利益捆绑、建立利益关系，实现旅游休闲小镇的整体推进和运营。

**1. 鼓励多渠道对旅游休闲小镇的金融支持**

国务院《关于深入推进新型城镇化建设的若干意见》提出基于更多的财政金融资助。项目基金应扩大对新型城镇建筑项目的支持，为支持城市基础设施和公共事业基础设施以及小城市的功能改进提供具体的筹资指导。提倡支持政策性银行对信用模式和产品进行创新，以便为不同项目开发提供不同的融资模式和债务偿还机制。鼓励商业银行的金融服务和产品面向新城镇化的开发。鼓励公共资金、保险费等参与建立和运营具有稳定回报率的城镇基础架构项目。鼓励地方融资和社会基金设立城镇发展基金，并鼓励地方一体化和政府投资平台建立城镇投资平台。协助市政府执行基础建设改造、租赁方资产证券化以及增加城市基础建设专案的资金分配。

**2. 鼓励多渠道投融资创新**

国家发改委《关于加快美丽特色小（城）镇建设的指导意见》中引入了小城镇建设融资机制的创新，鼓励各级政府利用财政资金筹集社会财政资源，共同启动一个小城镇建设基金。鼓励开发银行、农业发展银行、农业银行和其他金融机构加强其财政支持。鼓励通过发行债券等途径扩大其融资渠道。

**3. 政策性信贷资金支持范围**

《关于推进政策性金融支持小城镇建设的通知》是由住房城乡建设部、中国农业发展银行提出，对政策性信贷资金支持的范围做了明确规定。在促进改善小城市公共服务和特殊行业发展的背景下，政策性信贷主要支持小城镇的相关设施建设、城市公共服务设施建设、产业资助和项目建设。

第七章

# 旅游休闲小镇评价体系与建设对策研究

　　旅游休闲小镇的建设对于旅游业发展和城镇化进程至关重要，是实现小城镇特色发展的路径之一。在国家层面也支持这一发展模式，并建议在不偏离小城评价体系的情况下加快旅游业城市的建设和发展。近年来，旅游业的发展日益成熟，旅游业的需求也随之改变。文化和休闲功能已经成为旅游业的趋势，旅游休闲小镇的功能已经成为消费者喜欢的产品类型，可以让消费者享受各种旅游服务，如文化经验、休闲和度假住宅，并成为国内外旅游界研究的热点以及旅游业发展的探索试验区，其对于平衡城乡发展、增加区域经济收入、拓宽旅游业发展空间、推动新型城镇化进程等具有积极的意义与作用。

# 第一节　旅游休闲小镇评价体系

　　旅游休闲小镇的建设是在基础设施配套、资源要素保障、文化内涵挖掘传承、生态环境保护等方面坚持科学规划、特色产业挖掘、环境保护的"人民、产业、城镇、文化"四个主要有机组合功能平台。评价体系的建立旨在指导并规范旅游休闲小镇的发展，提高旅游休闲小镇的服务质量，促进我国旅游资源开发、整合、利用和环境保护，最大限度地发挥旅游休闲小镇的带动作用及示范作用。

## 一、评价指标选取原则

　　根据旅游休闲小镇本身的特征，在选取其评价指标时，需把握以下几方面的原则。

### （一）满足生活和旅游的双重目标

　　旅游休闲小镇的基础设施要满足生活和旅游两个目标一体化。首先，要有良好的区位条件和可进入性。其次，公共服务设施和基础设施不仅要满足景区的要求，还要满足生活、产业和城镇发展的需求。

### （二）注重保护原有居民的利益

　　旅游休闲小镇应该围绕着生态、可持续、宜居、能够带动农民致富和发展、能够提升小镇原有居民生活水平、能够实现就地城镇化发展的目标去界定。在建设过程中，要充分考虑原有居民的参与程度，形成旅游社区与开发主体间的协商机制，综合考虑旅游者和社区居民的满意度，协调好两者之间的关系。

### （三）强调业态聚集，发挥经济带动作用

　　旅游休闲小镇要实现旅游产品的聚集，保证旅游项目数量充足，类型多样，满足游客需求。项目体系结构合理，含观光、体验、休闲、度假等多类型产品；核心旅游项目主题鲜明，体现小镇品牌文化。

　　旅游休闲小镇的开发要强调休闲业态的聚集，尤其是夜间消费业态的聚集。只有能留住游客，才能促进消费，才能真正实现旅游产业效应的发挥。此外，旅游休闲小镇还应强调旅游产业对城镇发展与区域经济发展的带动作用，这一带动作用体现在对乡村、乡村镇接合部、城镇文明建设、就业人口和环境提升等多方面。

## （四）注重环境保护，实现可持续开发

旅游休闲小镇在开发和建设中，要注重对地方特色风貌资源的保护，实现"一城一貌"。只有对当地文化的开发、保护、继承和发展才能反映当地的维度和唯一性，它们才能形成独特的城市肌理，形成具有吸引力的城市外观和城市品牌标志。小城市还应制定保护资源的方案和具体措施，以保护所有历史文化的遗产，包括古代建筑、老树和古镇，并保护当地传统文化的传承。

## 二、评价指标体系

从旅游休闲小镇的基本情况、发展进程和产业发展三方面来构建指标体系的整体框架，分别从总体、功能和产业三维度对旅游休闲小镇的发展水平进行系统评估。需要指出的是，所选指标并非一成不变，随着社会发展阶段的变化，指标也会呈现动态变化，以适应市场经济和旅游休闲小镇建设的需要。

### （一）基本情况统计体系

基本情况指标主要适用于旅游休闲小镇的设计规划。对小城镇的建筑、投资和规划的统计，主要强调小城镇的发展，见表7-1。

表7-1　旅游休闲小镇基本信息统计体系

| 统计指标 | 计量单位 |
| --- | --- |
| 产业定位 | — |
| 主管单位 | — |
| 建设运营主体 | — |
| 建设情况 | — |
| 规划面积 | 平方千米 |
| 规划建设用地 | 亩 |
| 固定资产投资计划 | 亿元 |
| 实现税收计划 | 亿元 |
| 旅游接待总人数计划 | 万人次 |
| 下放补助计划总量 | 万元 |
| 人均 GDP | 万元 / 人 |

### （二）发展进程评价指标体系

指标反映了主要的经济发展指标和旅游休闲小镇建设规划的有效性。反映旅游业的效率和性能，包括产业、功能 ( 旅游业发展 )、形态和制度四个维度上的发展效率与成绩，

强调旅游业模式作为高端发展平台，特别是服务业以及其新空间模式的特征，可用于整合地貌和城市空间，见表 7-2。

表7-2　旅游休闲小镇发展进程评价指标体系

| 一级指标 | 二级指标 | 计量单位 |
|---|---|---|
| 税收 | 税收总额 | 万元 |
| | 税收占本县（市、区）税收的比例 | % |
| 就业 | 全部从业人员数 | 万人 |
| | 高中级技术职称人员数 | 人 |
| | 创业人员数 | 人 |
| 投资 | 固定资产投资完成额 | 万元 |
| | 非国有投资总额占投资总额的比例 | % |
| | 固定资产投资占年度固定资产投资计划的比例 | % |
| 产业规模 | 服务业营业收入 | 万元 |
| | 工业总产值 | 万元 |
| | 电子商务销售金额 | 万元 |
| | 小微企业引进计划总量 | 个 |
| | 旅游接待总人数 | 万人次 |
| 产业集聚 | 特色产业服务业营业收入占小镇服务业营业收入的比例 | % |
| | 特色产业工业总产值占小镇工业总产值的比例 | % |
| | 专利拥有量 | 个 |
| | 高新技术企业数占全部企业的比重 | % |
| | 特色产业投资占总投资的比例 | % |
| 生态治理 | 工业废水达标处理率 | % |
| | 城市生活污水处理率 | % |
| | 地表水水质达标率 | % |
| | 环境空气达标率 | % |
| | 镇区噪声达标率 | % |

| 一级指标 | 二级指标 | 计量单位 |
|---|---|---|
| 制度保证 | 相关管理部门行政效率评分 | 分 |
| | 人才引进计划落户人数 | 人 |
| | 年环境信访量 | 人次 |
| | 民生支出占财政支出比重 | % |
| | 开放空间评价 | 分 |
| | 城镇场所人气评价 | 分 |
| | 公共 WiFi 覆盖率 | % |
| | 数字化管理覆盖面积比例 | % |
| 人居环境 | 公共文化设施建筑面积 | 平方米 |
| | 公园绿地面积 | 平方米 |
| | 城镇视觉风貌评分 | 分 |
| | 小镇景区等级 | — |
| | 绿地率 | % |

## （三）产业发展评价指标体系

产业发展评价指标主要是反映旅游休闲小镇的规划建设方面的特色性指标，既便于与同类小镇之间的比较，又能反映特色建设工作进程，评价指标见表7-3。

### 表7-3　旅游休闲小镇产业发展评价指标体系

| 一级指标 | 二级指标 | 计量单位 |
|---|---|---|
| 信息产业 | 信息经济制造业总产值 | 万元 |
| | 信息经济服务业营业收入 | 万元 |
| | 所用专利中本国专利所占比重 | % |
| 金融产业 | 金融业产值 | 万元 |
| | 入驻金融投资机构个数 | 个 |
| | 管理资产规模 | 万元 |

| 一级指标 | 二级指标 | 计量单位 |
|---|---|---|
| 旅游产业 | 旅游业总产值 | 万元 |
| | 旅游接待总人次 | 万人次 |
| | 星级宾馆数量 | 个 |
| | 住宿业床位数 | 个 |
| | 游客服务满意度得分 | 分 |
| | 小镇景区等级 | — |
| 时尚产业 | 时尚业总产值 | 万元 |
| | 时尚品牌出口占品牌总销售额比例 | % |
| | 省级及以上品牌产品（名牌、商标、商号、产品）个数 | 个 |
| | 研发与设计师人数 | 人 |
| 高端装备制造 | 高端装备制造业总产值 | 万元 |
| | 产业规模以上企业数 | 个 |
| | 高新技术企业数占入驻企业数比重 | % |
| | 新产品研发经费支出 | 万元 |
| 环保产业 | 环保产业制造业总产值 | 万元 |
| | 环保产业服务业营业收入 | 万元 |
| | 政府环保投入额 | 万元 |
| 健康产业 | 健康产业总产值 | 万元 |
| | 健康服务人次 | 人次 |
| | 持证健康服务人员数量 | 人 |
| 历史经典产业 | 展览馆（博物馆）总面积 | 个 |
| | 省级以上非物质文化遗产项目数 | 个 |
| | 国家级、省级大师人数 | 人 |
| | 国家级、省级非遗产代表性传承人数 | 人 |

对旅游休闲小镇发展水平的综合评价是一项具有重要现实意义又复杂的工作，由于旅游休闲小镇尚处于发展初期，还需要适时调整评价体系，以动态促完善，确保指标体系的有效性。

# 第二节　国外旅游休闲小镇建设经验

　　与我国的小城镇相比，发达国家的一些小城镇不仅拥有良好的人类环境，还拥有丰富的历史遗产和特色鲜明的城市形象，加之世界上许多大学、产业和公司坐落在这里，集中了许多大城市都无法比拟的资源优势，这对我国建设旅游休闲小镇有着重要的借鉴意义。本节总结了旅游休闲小镇的一些发展特征和模式，以期对国内旅游休闲小镇建设有所启发。

## 一、国外旅游休闲小镇建设案例

### （一）瑞士——达沃斯论坛小镇

　　达沃斯位于瑞士兰德瓦瑟河畔，是个群山环抱的小镇，海拔1529米，人口约1.3万，是瑞士知名的温泉、会议、运动度假胜地，如图7-1所示。世界经济论坛每年都会在这里召开年会，也因此被冠为"达沃斯论坛"。小镇主要有以下几个特点。

图7-1　瑞士达沃斯小镇

#### 1. 阿尔卑斯山系最高的小镇

　　在瑞士东南部的格里松斯地区，距离奥地利边境17公里的山谷有一个达沃斯小镇。这里是阿尔卑斯山脉山系海拔最高的城镇，海拔1529米。最开始，达沃斯以清新的空气而闻名。19世纪，结核病仍然是无法治愈的，而达沃斯城的大海、山脉和新鲜空气，对各种肺病的治疗是最佳的。当时城里的医院很多，现在许多医院被改建成旅馆。但是，由于达沃斯仍然是现代的医学代表中心，因此仍然有许多国际医学会议在此召开。

#### 2. 欧洲最大的高山滑雪场

现在达沃斯小镇已经转化为旅游目的地。当时，达沃斯的观光客很少，大家都是因为避暑而来。旅馆主人向他们许诺，如果他们肯冬天来度假，第二年夏天的房费全免。客人们无法抵抗"买一送一"的诱惑，来到这里，发现这里的冬天比夏天更有趣。这个小镇由此出名。1877 年，欧洲最大的天然冰雪场降落在达沃斯，有五条独立的大滑雪道。在达沃斯还有冰雪体育馆，每年举行国际比赛，让体育迷们欣喜万分。20 世纪起，这里成为国际冬季运动中心之一，每年吸引大约 70 万游客来此度假。

#### 3. 世界经济论坛之地

达沃斯城不仅因为它是滑雪区而闻名，而且因为世界经济论坛每年都在这里举行。每年举行的世界经济论坛都有全球 2400 多位政治和企业重量级领导者为影响世界的重要问题进行探究。在这里，每个参与者只能一人进场，不能带任何人入内。无论是大公司的 CEO、亿万富翁，还是当红明星，每个人的身份只有一个——参会者。在会场上没有指定坐席，来晚的人都要站在过道上听会，发言时大家机会均等，畅所欲言。这样的高端会议极大地推动了当地的旅游，如图 7-2 所示。

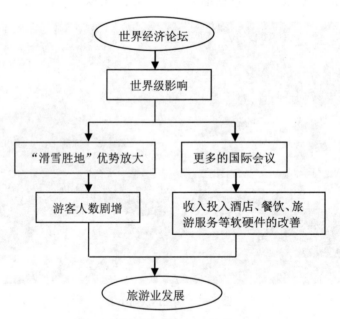

图 7-2　达沃斯小镇会议与旅游的关系

### （二）法国——普罗旺斯小镇

法国普罗旺斯是世界知名的旅游胜地，世界闻名的薰衣草故乡，并出产优质葡萄酒。普罗旺斯也是欧洲的"骑士之城"，是中世纪最重要的文学骑士的爱情诗歌的起源地。普罗旺斯充斥着丰富的资源、阳光和美丽的景色，自古希腊、古罗马时代就吸引着大量的旅行者，如图 7-3 所示。

**图 7-3　法国普罗旺斯小镇**

普罗旺斯的成功是文化产业推动城镇化发展的经典，主要表现为以下几点。

**1. 以薰衣草和葡萄酒产业为基础**

普罗旺斯文化产业的基础是农业。它的产业主要是薰衣草和葡萄酒行业，薰衣草和葡萄酒在人们的生活中扮演着重要角色，可以使人们融入一种对消费者至关重要的舒适生活方式，这吸引了大量的消费者。

**2. 以忘忧闲适为文化主题**

普罗旺斯不再是一个地理名称，而是一种简单、无忧无虑的生活方式，加上中世纪骑士的爱情故事，普罗旺斯满足了人们最基本和最重要的生活追求。

**3. 文化名人汇聚**

薰衣草和葡萄酒吸引了全球各地的艺术家，把普罗旺斯的文化产业推到了顶峰，薰衣草的颜色激发了艺术家的创作灵感，肖恩、梵高、莫奈、毕加索、扎卡尔等纷纷来此寻找灵感。美国作家菲茨杰拉德、英国作家劳伦斯等的拜访，加上普罗旺斯的精神指引使普罗旺斯成为许多人想去的地方。

**4. 新兴文化产业集群**

以意境、文化巨人的魅力为基础，根据意大利文化的魅力和技术手段，普罗旺斯成功地将新兴的文化产业（如影视、文化发展、展览等）变成一个文化群集，如戛纳电影节就是衍生的文化产业业态。

普罗旺斯的范围很广，是一个综合的文化和产业化群集，不仅需要良好的自然环境，还需要历史文化的积淀来创造完整的文化产业。

### （三）突尼斯——蓝白小镇

蓝白小镇建于 13 世纪，位于突尼斯首都突尼斯城以北 20 公里，坐落在地中海一块峭壁上，如图 7-4 所示。

图 7-4　突尼斯蓝白小镇

小镇的主要特色如下。

1. 一个专为爱而设计的浪漫地方

白墙蓝窗的两种简单颜色代表世界上最简单、最浪漫的颜色，使之成为世界上最受欢迎的爱情圣地，即求婚、蜜月的圣地，是世界十大浪漫的小镇之一，有许多情侣在此发誓，对爱情忠贞不渝。

2. 小镇结构简单，具有原始有趣的生态环境

小镇的路上铺着鹅卵石，充满了原始的自然乐趣。

3. 艺术家的聚集地点

小镇的美丽风景吸引了世界著名的画家，他们的画作多取材于这里的现实世界。神圣的清真寺。艺术的咖啡馆……成为艺术家的天堂。

### （四）意大利——Positano 小镇

Positano 位于阿马尔菲海岸，这个颜色鲜艳的小城位于岩石上，拥有"地中海最美的城市"的声誉。小镇的大多数建筑位于山丘后面，建筑按地形分层显示。从前有个人这样描述他：Positano 是个梦，并不真实，你离开的时候，他便活灵活现，如图 7-5 所示。

图 7-5　意大利 Positano 小镇

小城市具有以下特征。

1. 一座独特的海景房，一座有色的建筑

这座城镇位于岩石上，独特的布局让每个房子都能看到海洋风景。小屋外面涂有色彩斑斓的彩绘，温暖的阳光和蓝色的海水给游客展示了一个令人难以置信的美丽乐园。

2. 影视和艺术文化中心

太阳、海滩，是普通人美丽的艺术梦想。小镇是许多电影的取景地，如《托斯卡纳艳阳下》。作曲家肖恩·菲利普斯和滚石乐队也曾到这里，创作出了经典的古典作品。

（五）德国——海德堡小镇

海德堡是德国最著名的旅游文化胜地。海德堡坐落于内卡河的岸边。内卡河从狭窄的陡峭的山谷流向莱茵河谷，与海德堡西北 20 公里的曼海姆相交。高耸入云的海德堡城堡位于内卡河海拔 200 米高的山上，俯瞰海德堡城堡，如图 7-6 所示。

图 7-6　德国海德堡小镇

海德堡小镇的特色如下。

1. 秀美的风景

海德堡是德国的第三大景点，前两个是科隆大教堂和新天鹅堡，令人着迷的是，整座旧城市都是一个巨大的画卷。满目的青山、内卡河的绿水、充满历史沧桑的古堡残垣、尖顶错落和石径幽深的老城，所谓童话，不过如是。特别受到这座被摧毁的旧城堡的影响，它保留了一个不完整、不精致的过去，在墙下埋藏着一个曾经需要令人安慰的故事，这个故事曾使人感到遗憾，而且成为海德堡的标志之一。

2. 文化古城

海德堡拥有德国最古老的大学，海德堡大学共有 28000 名学生，是德国的大型学术研究机构之一，学科范围覆盖埃及研究和计算机语言等多个专业，拥有全德国在医学、法律及自然科学领域最优秀的师资。它既是德国浪漫主义文艺的发源地，又培育了许多摘取诺贝尔奖的科学家。作为一座大学城，海德堡不仅有深厚的文化底蕴，还有年轻人的活力和朝气。

### （六）西班牙——胡斯卡尔小镇

在西班牙安达卢西亚地区的胡斯卡尔是 3D 电影《蓝精灵》的录音地点。小镇把剧本和小镇的城市建筑结合起来，成为一个世界闻名的文化旅游小镇，如图 7-7 所示。

图 7-7　西班牙胡斯卡尔小镇

它的成功来源于以下几方面特色。

**1. 电影布景与设施建设相结合**

蓝精灵的照片有机地与城市生活设施的建筑结合在一起，其中 175 座建筑物，包括教堂、政府办公楼甚至墓地，都是蓝色的。

**2. 创建与旅游业项目相关的电影主题**

在所有巡回演出、消费者项目中利用电影主题传播文化元素。比如"格格巫酒吧"，旅游团队的导游穿着蓝精灵的衣服等。大力发展与蓝精灵相关的衍生产品，销售与蓝精灵相关的工艺品、纪念品和美食，在假日举办"蓝精灵集市"等。

胡斯卡尔小镇是农村和城市融合发展的榜样，其经验对于落后的小城镇和规模小、通行便利的城镇而言是有益的。

### （七）美国——卡梅尔小镇

卡梅尔是美国蒙特利半岛一个精致的海滨文艺小镇，距离旧金山市大约两个小时车程。卡梅尔镇建于 20 世纪初期，历史虽还不到百年，但是在美国西海岸却是众所皆知，是一座人文荟萃、艺术家聚集、充满波西米亚风味的小城镇，如图 7-8 所示。

图 7-8　美国卡梅尔小镇

卡梅尔镇的成功之处在于其具有以下特点。

1. 以独特的滨海风光为依托

卡梅尔小镇位于美国西海岸旧金山附近，是蒙特利半岛一个精致的海滨小镇。美丽的蒙特利半岛具有独特的地理位置，被称为土地、海洋、蓝天的集大成者。加利福尼亚的主要道路一边有太平洋，一边有陡峭的岩石山脉，而 17 英里则是其中的精华。碧绿的海洋，蓝色的天空、松鼠、海鸟和海豹、古老的柏林……这是一张令人着迷的 17 英里的美丽画卷。

2. 传承艺术文化主题

卡梅尔的美丽环境吸引了许多独特的艺术家和作家。100 年前，艺术家、诗人和作家都知道卡梅尔，60 % 的早期居民是专业艺术家。美丽的自然环境和美丽的艺术场景将成为加州沿海高速公路的一大亮点。这里可以接受艺术熏陶，不管是在时装店、古董店、糖果店、玩具店还是手工艺品店，都能让人感受到艺术熏陶，很多画廊、雕塑精品店的主人本身就是成就卓著的艺术家，不少店家的商品是世上独一无二的珍品。

3. 保留独特原始风情

卡梅尔是一处世外桃源般的地方，人们反对现代化。没有红灯，骑自行车穿街道，相互礼让；城里禁止广告、霓虹灯、停车场和餐厅，以此维持原来的样子。没有路灯，没有门牌号，门牌都放在镇子里唯一的邮局里，每天下午三四点钟，居民便全到邮局自家的门牌里取出自家的信、报纸杂志等。市政条例还禁止人们穿高跟鞋，以免破坏小镇的安宁。原始的风情带给人朴实、祥和和温馨。迄今为止只有 4000 多居民的卡梅尔风采依旧，美得如童话一般。

## 二、国外旅游休闲小镇的共性与建设经验

### （一）国外旅游休闲小镇的共性

上述旅游休闲小镇深受世界各地游客喜爱的原因包括以下几点。

1. 独特的自然风光

小镇或者在海岸，或者冰山上的园圃、湖泊或悬崖，所有景观的开发和挖掘都基于它们的自然资源，根据地方特色来建立与之相互符的产业，避免和其他地区一样。正如西塔诺独特的景致一样。

2. 依靠悠久的本地历史资源

悠久的历史资源给景区增加文化内涵，如卡梅尔的文艺氛围等。

3. 建立地方文化特征产业

充分发展本地文化元素，并利用大型的文化节庆等提高环境的吸引力，如胡斯卡尔小镇的影视节和达沃斯的运动赛事和大型会议等。

4. 自然的生活方式

在每个风景中，必须尊重当地的生活习惯和特征，而且景观的发展必须符合当地的生活节奏，以避免过度商业化。

### （二）国外旅游休闲小镇建设的经验

以上小镇虽然体量都不太大，但都十分精致独特，建筑密度低，产业富有特色，文化独具韵味，生态充满魅力，是文化产业推动城镇化的典型，其文化产业推动城镇化的成功经验，可为我们带来如下启示。

1. 使用单一文化背景主题建造小城镇

世界闻名的大多数文化小镇都在发展成为一个可以从许多好处中获益的文化圈。首先，单一文化动机可以更快、更深入地促进小镇的宣传。其次，经济上可以降低多元化的巨大成本，并以最低的成本实现最大的价值。此外，单个文化主题可以轻松地形成特定产业的相互关系，从而实现规模的优势。

2. 文化产业促进城市化的最终原因是人类

在工业生产时代的价值形式是产品，而文化产品的价值形式主要是人的感受，文化产业的价值反映在人类的感觉中。人的感受与健康、活动、舒适、生态等特征结合在一起，这是城市产生吸引力的一个重要因素。所以，人类是促进城市化的文化产业的核心。

3. 城市化期间产生的产业链对小城市的发展至关重要

尽管所有这些成功的文化小镇都是围绕单一文化元素进行城镇化，但传统农业和产业的真正转型对产业链的延长实现，在城市基础结构的建设过程中至关重要。

4. 文化产业是城市化的主导

城市化进程基本上是城市发展、产业结构现代化和人民生活的改善过程。文化产业的非物质和物质层面，再加上产业物质性的特征，使传统行业得以升级，不仅加快了落

后地区的城镇化，还提高了城镇化的质量。简言之，一个文化驱动的旅游小镇是传统旅游产品的重要支持和补充，通过将文化产业和旅游业密切结合起来，产生巨大的增长前景。为了建立一个经典和有趣的旅游小镇，必须熟悉当地资源、当地情况和景区特殊吸引力的文化特征和生活方式。

# 第三节　国内旅游休闲小镇建设实践

旅游休闲小镇建设的关键要点在于特色，包括资源特色化、文化特色化、产品特色化、业态特色化和风貌特色化。近年来，借助国家一系列新型城镇化建设的政策导向，国内许多省市开始看好旅游休闲小镇带来的综合效应，纷纷利用本地资源优势，先后启动特色小镇工程。各省结合自身资源优势和地域特色，积极探索旅游休闲小镇的建设模式，取得了许多值得借鉴的实践经验

## 一、国内旅游休闲小镇建设典型经验

### （一）贵州旅游休闲小镇建设

贵州是旅游资源丰富的一个省份，拥有一个独特的地质风景，有许多令人惊叹的景观，是一个文化资源大省。然而，长期以来，发展不足的经济文化并没有彻底改变，许多地区的丰富旅游资源和开发资源未得到充分开发。近年来，贵州省结合国家新型城市化建设部署和贵州省建设"旅游大省"战略，先后提出建设50个旅游小镇和100个示范小城镇的战略，初步形成了具有贵州特色的旅游小镇建设经验，走出了一条有别于东部、不同于西部其他省份的特色小城镇发展新路。先后3个镇入选全国宜居小镇名单，7个镇列入国家级历史文化名镇名单，10个乡镇列为全国特色旅游景观名镇，并在住建部公布的全国首批特色小镇名单中，贵阳市花溪区青岩镇、六盘水市六枝特区郎岱镇、遵义市仁怀市茅台镇、安顺市西秀区旧州镇、黔东南州雷山县西江镇5个镇成功入选。贵州省在旅游休闲小镇建设实践中主要值得借鉴的经验有以下几点。

（1）以建设100个示范小城镇战略为抓手。第一，进行改革创新，建造动态的小城镇；第二，协调城市和农村社区发展的配合；第三，坚持绿色发展，建造生态小城市；第四，坚持以人为本，建造小康小城。

（2）在全国率先开展以镇为单位，全面小康社会创建工作，制定《贵州省100个示范小城镇全面小康统计监测工作实施办法》，建立以镇为单位，全面小康统计监测指标体系，有效促进示范小城镇全面小康的进程。

（3）提出旅游城市和风景、风情旅游城镇的建设具有特色产业支撑，更好地促进"镇"与"景"的协调发展，促使"镇"更好地服务于"景"，将贵州的多彩文化与旅游资源相结合，着力打造以景区景点为依托，对周边区域进行成片综合开发的旅游综合体和"文化旅游发展创新区"。

（4）根据贵州特有的自然资源、人文资源，将贵州旅游休闲小镇大致分为历史文化型、红色旅游型、民族民俗型、资源主导型、生态宜居型以及复合型六大类型，将贵州248个景区景点连线成面，分类规划，改变以往贵州旅游资源"散、乱、杂、小"的状态，促进贵州旅游升级换代，深度打造贵州休闲经济。

（5）按照一个品牌（旅游小镇）、两个整合（对内整合资源，对外整合资本）、三大原则（大项目、大规划、大投入）和四个统一（统一规划、统一招商、统一开发、统一推广）的思路来具体运作开发50个"旅游小镇"。成立"贵州旅游产业发展基金管理有限公司"，并面向全国发行贵州省第一支"旅游产业发展基金"，定向投入50个"旅游小镇"的开发建设。

（6）依托大数据、大健康、现代山地特色高效农业、文化旅游业、新型建筑建材业五大新兴特色产业和烟、酒、茶、民族医药、特色食品五大传统特色产业，重点创建富有现代气息的旅游休闲小镇。

### （二）云南旅游休闲小镇建设

早在2005年，为了充分利用云南的资源优势，促进旅游业和建立有机城市，促进旅游业的发展，为云南的经济和社会发展创造新的亮点，云南省政府出台了《关于加快旅游小镇开发建设的指导意见》（云政发〔2005〕151号），并提出了一系列主题，这些主题是通过促进旅游城市的发展而产生的，提出通过推进旅游小镇的开发建设，形成一批主题鲜明、交通便利、服务配套、环境优美、吸引力强，受广大旅游者欢迎的观光旅游、度假休闲的新型小城镇的基本目标和"全面动员、分类指导、分步实施"的基本思路；2011年又出台了《云南省人民政府关于加快推进特色小镇建设的意见》（云政发〔2011〕101号），提出"十二五"期间，要重点建设6种类型、210个特色小镇，其中包括60个"旅游型特色小镇"。目前，云南省有15个乡镇列为全国特色旅游景观名镇，3个镇入选全国宜居示范小镇名单，3个镇入选住建部公布的首批特色小镇名单，一系列风情旅游小镇闻名天下。结合近年来云南省特色小镇建设取得的进展，概括云南省的旅游休闲小镇建设的主要做法与经验如下。

#### 1. 战略突出，协同发展

云南省是我国较早开展旅游小镇建设，并将旅游业发展与城镇建设有机结合、实施旅游强省战略的省份，也是特色小镇建设的先行省。早在2003年，云南便开始建立一个特色旅游小镇，这个小镇是根据"总体控制（60家）、动态管理、分类推进、特色效应、增强设施环境"等原则创建的，其中包括一系列美丽、有吸引力、特色、功能丰富的住宅、旅游业项目和商业功能。2011年，云南省政府发表《云南省人民政府关于加快推进特色小镇建设的意见》，以60个特色小镇为基础，加快小城市建设150个小镇的建设性发展，并强调必须全面启动旅游业试验项目，加速旅游业的"二次革命"，继续推动小城镇建设与旅游产业的有机结合和协同发展，有效地推动了云南旅游特色小镇的健康发展。

#### 2. 理念先进，分类指导

无论是2005年的《关于加快旅游小镇开发建设的指导意见》还是2011年的《云南

省人民政府关于加快推进特色小镇建设的意见》，均体现了云南省人民政府在旅游休闲小镇建设中的先进理念和步骤方法。

（1）确定旅游休闲小镇建设的基本原则。第一，坚持按市场经济规律运作。第二，坚持企业参与为主。第三，坚持使群众得实惠。第四，坚持保护与开发并重，突出特色、张扬个性。

（2）将旅游休闲小镇开发建设分三种类型分步进行：保护提升型（共11个）、开发建设型（共22个）、规划准备型（共27个）。

（3）确定旅游休闲小镇建设的基本原则。第一，坚持发挥优势、突出特色原则。第二，坚持政府引导、市场运作原则；坚持产业立镇、群众受益原则；坚持统筹城乡、协调发展原则；坚持保护耕地、持续发展原则。

（4）将拟建特色小镇分为六类进行分类指导。将200个首批重点开发建设的特色小镇划分为六类：现代农业型特色小镇（68个）、工业型特色小镇（34个）、旅游型特色小镇（60个）、商贸型特色小镇（27个）、边境口岸型特色小镇（12个）和生态园林型特色小镇（9个）。

**3. 制度创新，管理融合**

旅游休闲小镇建设是一个系统工程，需要多部门管理协调，云南省是全国较早成立旅游发展委员会的省份。

（1）成立统筹领导管理机构。2005年由省政府领导牵头，有关部门参加，成立云南省旅游小镇开发建设指导协调领导小组；2013年云南省旅游局正式更名为云南省旅游发展委员会；2011年随着特色小镇建设的推进，云南省成立由省发展改革委、工业信息化委、财政厅、人力资源及社会保障厅、国土资源厅、住房城乡建设厅、农业厅、商务厅、旅游局等部门参加的特色小镇建设协调领导小组，在省住房城乡建设厅设办公室，统筹推进和指导协调全省特色小镇建设各项工作。

（2）出台各类特色小镇建设的保障性政策。完善土地使用政策，提供土地保障，完善农村土地承包制度和流转制度；落实各项税、费减免政策，实施加快县域经济发展、推进城镇化进程、培育旅游产业和农业产业化发展的相关税费优惠政策，落实户籍制度改革措施，引导农村人口向特色小镇聚集。多渠道筹集建设资金，加大投入力度。通过存量资源置换、公共设施经营权出让等途径，吸引社会资本参与特色小镇公共设施的建设和管理；改革行政管理体制，下放部分管理权限，扩大特色小镇管理权限，赋予特色小镇部分县级经济和社会管理权，适当放宽特色小镇工商、公安等部门权限。

**4. 研究策划旅游小镇主题形象，加强包装、宣传和推荐工作**

每个旅游休闲小镇都有独特的住宅建筑物、奇特的自然景观以及长期的历史和文化特征，这些都是可以反映和提高城市知名度的形象代言。促进旅游促销活动的创新途径，积极参与或采取各种形式的旅游活动，如说明会、展览和其他活动，聚焦、计划和步骤，以实现良好的总体形象，并促进媒体与建立旅游休闲经济城市的合作，建立一系列广告和特色广告方案。与此同时，国内和国外的大型媒体受到邀请，进行访问、采访和报告，推进旅游休闲活动的受欢迎和吸引力不断发展。

### （三）四川特色小镇建设

四川旅游资源得天独厚，历史文化底蕴深厚，地域广袤，人口众多，有行政建制镇2032个，如何更好、更快地依赖本地富足的旅游资源来促进小城市的发展，是一个重大的事件，对四川的整体发展具有长期战略重要性。2013年，对于四川的小城数量居多但是城镇规模小和城镇的承载力弱的问题，四川省实施战略行动"百镇建设行动"决定在城市和农村发展总体规划与建造小城镇相结合，解决农村、农业和农民的发展模式，并在连续三年中选择100个具有良好规划、规模大、具有明显特色和优势的小城镇。经过三年的努力，以21个省级重点镇为龙头的300个试点示范镇竞相发展，并且形成了众多特色独特的小城镇为引导，带动周边城镇发展的强大动力，从一条多样化、具有鲜明特色和对群众有利的西部农村城市发展道路中发展起来。先后有16个乡镇列为全国特色旅游景观名镇，5个镇入选全国宜居示范小镇名单，7个镇成为住建部最近公布的首批全国旅游休闲小镇。四川省近年推动特色小镇建设的做法与经验主要有以下几点。

1. 规划引领，科学布局

注意城市规划和相关特别规划的整体联系，注意城市和村庄的独特作用，注意区域特征、族裔特征和历史、文化特征以及通过规划，把文化遗产、族裔风俗、自然环境和小城市产业特色突出显示。

（1）坚持"多规合一"。四川进行了试验性的"多规划和一体化"改革，将小城市的总体规划和管制详细规划纳入了"百镇建设行动"之中，同时确保300个试点镇的城市建筑、产业和基础设施与新居设施的整体规划布局、规模和功能相匹配，形成了一个小城镇的科学规划系统，并科学安排小城市的布局和功能。

（2）坚持"一镇一规"。四川是一个大区域，其中2032个行政城市分布在山谷、山脉和高原，发展条件有很大差异。在"百镇建设行动"中，四川根据产业优势、人口聚集、居住环境、城市空间布局和地区特点以及"相应的工作、适当的经济"原则制定了不同的规划，每个城市都有不同的特征和定位最佳发展方向和道路。

（3）坚持"绿色优先"。利用四川山区的山脉、水域和森林的独特生态优势，以城市的初始自然特征下作为基础，利用山区种植和水势环境，最大限度地减少对环境的破坏，并创造具有山脉依赖和自然和谐的小城镇的生活价值。严格规划小城市发展的红线和边界，引导小城镇土地、能源、水和材料的节约发展，在保护中实现发展，并在保护和发展中创造具有特殊性和可持续发展的绿色低碳城市。

2. 依托产业，分类打造

强化产业支撑，以特色产业立镇，化解小城镇发展"空心化"难题，正是四川打造旅游休闲小镇的核心之举。2013年，四川省旅游产业发展领导小组办公室发布了《四川省A级旅游景区提升计划实施意见》，要求从2013年起启动实施为期5年的"四川省A级旅游景区提升计划"，以打造A级景区加强版，促进景区与城镇一体化建设。除借助景区发展特色旅游休闲小镇外，激活其他小城镇生命力的关键因素也充分利用优势和弱点，增加竞争优势，并与发展中城市和谐共处。四川过去三年的研究和实践，初步形成了六种具有特征的小城市发展模式。

（1）产业园区特色镇。突出发展以历史经典产业和新兴产业为主体的特色镇。例如，白酒文化特色名镇泸州二郎镇和遂宁沱牌镇；新都区新繁镇大力发展"新繁泡菜"食品产业园和"西部家具之都"家具产业园，年实现总产值175亿元；成都金堂淮口镇围绕发展节能环保和电子科技建设成阿和金堂工业园，凉山安宁镇围绕发展现代医药、装备制造和新能源建设成凉工业园，内江白马镇围绕发展电子信息、生物医药、现代物流建设高新园区，成为产城相融特色镇；广安街子镇主动对接重庆产业退二进三，大力发展汽摩装备制造、节能环保等产业，成都寿安镇承接机械制造和包装印务产业，形成了承接大城市产业的特色镇。

（2）旅游观光特色镇。充分发挥四川省的历史文化遗产山水美丽和民族情怀浓郁的优势，积极发展旅游城市。例如，成都对27个古镇文化资源进行了整合，建立了"天府古镇"。川西庄园是位于安仁镇建设文化观光特色的村镇。江油市在文化深厚的历史遗迹中建立了"诗仙故里"。宜宾的李庄镇建设了抗日战争和饮食文化观光的特色城镇。以自然美景作为名片，甘孜磨西镇制作了以羌族为主题的独特的观光街。巴中诺水河镇是以海拔冰川和许多民族风情为主题的特色旅游镇。做优休闲旅游名片，适应城市居民现代生活的需求，全省各个城市近郊发展形成了一批有地方特色、适合观光休闲的旅游休闲小镇，如德阳集凤镇依托名贵中药材种植优势建设乡村体验旅游镇。

（3）商业流通特色的小镇。重点研究地理位置优秀、经济环境好、人口移动密度大的小城镇的贸易和物流特点。泸州的九支镇位于四川和贵州的边境地区，物流量大，吸引了6大中型超市和7家知名企业，发展家具、建材、农副产品批发市场，成为地区边境物流中心。眉山青龙镇利用成都近郊优势建设大型综合物流园区，资阳贾家镇依托成渝三条国道交汇的地理优势发展商贸物流产业。成都濛阳镇打造国际农产品交易中心、创建国家级蔬菜博览会品牌发展农业贸易重镇，宜宾新市镇依托长江、金沙江黄金水道打造辐射凉山的物资集散中心，均取得了很好效果。

（4）生态宜居特色镇。重点在生态优良、气候宜人的地方，发展适宜居住、康养和观光的生态宜居特色镇。攀枝花红格镇利用温暖的冬季气候和丰富的温泉，形成了有名的阳光旅游品牌镇。眉山高庙镇设立依靠峨眉山景色和丰富的森林资源的国际养生基地。与此同时，郫县友爱镇、合江福宝镇、温江永宁镇、前锋代市镇等生态系统已经初具规模。

（5）现代农业城市。发挥农业优势，建设服务农村、带动农业、促进农民增收的特色小城镇。例如，资阳龙台镇突出柠檬种植优势，形成集生产、加工、销售、物流、研发为一体的柠檬集散中心，成为"中国第一柠檬城市"；内江市发展特色农产品，如无花果、萝卜、大头菜和花生糖等。巴中驷马镇推进农副产品加工与养猪业务；西充县多扶镇建立西部有机食品加工基地，开发有机农产品深加工和产品，发展休闲旅游等相关产业，全省大量小城镇在现代农业发展的支撑下蓬勃发展。

（6）创新创业特色镇。随着创新创业活力不断释放和产业转型升级，一批以孵化＋创投、互联网＋创新工场等新型业态的创新创业集聚区，如雨后春笋般应运而生，成为打破传统建制镇意义的新生园区镇、城中镇。郫县菁蓉镇是以"菁蓉创客小镇"品牌为导引，打造"产、镇、人"融合发展的创新型小镇，建有30万平方米的创业园区。2015年初开园以来，与8所高校签订合作协议，签约入驻创业项目823个，孵化器项目100个，集聚创业创新人才上万人。华蓥市在双河街道建成电子信息产业园，创办中小企业孵化中心，仅两年多时间入驻中小微企业30余家，吸引3000余人才创业就业，2015年产值达到95亿元。成都规划的30个"互联网小城镇"加快建设，全省一大批产城相融的产业园区蓬勃发展，正逐渐成为集生产生活于一体的新型小镇。

3. 深化改革，优化机制

在实施"百城建设行动"中四川省政府坚持政府为主要引领，坚持改革为发展动力，专注于维持和改善小企业城市的自我完善和发展能力。

（1）加强小城镇改革管理的活力。加强"扩权强镇"，给予试点和县级行政经济社会管理权限。例如，交出或移交给新津区和大竹县的97项和111项经济社会管理权限，授权当局细化分布式内容和处理的期限。责任方要加强试点城市经济和社会事务的整体协调。

（2）实施一站式服务。将镇级行政管理权限和公共服务事项，集中纳入便民服务中心，明确办事依据、办事程序和办结时限，减少办事环节和流程。例如，成都安德镇实施了城镇管理体系和功能区"镇区合一、两块牌子、一套人马"。城市管理主要侧重于社会管理和公共服务。管理委员会主要关注产业规划和投资促进实现社区综合管理。

（3）在改革中实现"农村人口市民化"。全面放开小城镇落户限制。四川从2013年开始，在全国率先全面放开特大城市以外的城镇落户限制，清理并废除不利于农业转移人口落户的限制条件，促进农业转移人口落户城镇，推动其享受城镇居民同等权益。

（4）大力推进社会保障体系改革。我们将提高社会关系的转移方法，改善农业人口系统的传递社会保障，全面落实农业转移人口和城镇职工失业保险，增加农业人口对小城镇转移的注意力，让农民愿意来小镇工作，提高薪酬保障和制度设施，让他们留下来，生活过得更好。

（5）向改革问"钱从哪里来"。省财政开发"替代奖励"的机制以及省财政部门安排，以"打造100个城市的行动"，同时整合专项资金用于城乡环境综合治理，每年5亿元专项资金支持全国各大城市的基础设施。通过"替代奖励"竞争机制的支持，鼓励社会资本投资建立多渠道、多形式的投融资机制，稳固加大对小城镇发展的投入。探索利用PPP，财政贴息直接补贴和地方政府债券的发行，以促进社会资本在小城镇建设。

4. 补足短板，各个突破

四川小城镇建设的重点是弥补小城镇基础设施和公共服务的不足，解决"适合产业不适合生活"的问题。与东部发达地区相比，四川基础设施落后，缺乏公共服务，小城市农民工的福利无法保障。为此，"短板补充"已成为四川"百城建设行动"的重要组成部分。

（1）补基础设施短板。300 个示范城市试点基础设施投资 316 亿元，完成基础设施项目近 1000 个，重点是将诸如水、电、道路和天然气等基础设施推进小城市。以成都为例，每个城市都有 28 个基础设施和服务，如学校、医院和服务中心。

（2）补公共服务的短板。加大对医疗卫生和教育的投入，将农业迁移人口子女的义务教育纳入教育发展规划并给予财政保障。公立学校向农村迁移人口子女开放。在 2015 年抽样检测的 127 个城镇中，平均有 6 所幼儿园和 6 所中小学，卫生院的工作人员是 80 名，医疗卫生机构的数量达到 9.8 个，比 2012 增加了 30.3%。

（3）在试点城市设立分支机构，推动综合执法权力下放。广安街子镇已建立了完善的管理和执法中队，配备专职人员和车辆，综合管理功能，如市场和城市管理已经达到了全天候维护。

四川"百城建设行动"紧贴小城镇的发展需求，根据创建经验已形成创建实践理念，为其他地区建设提供了模板：要建立符合产业化、城市化和信息化发展的公共企业平台，顺应一体化的时代潮流。四川历史文化厚重，所以在建设特色小城镇的发展过程中，保留了"看山，看水，记忆乡愁"的故事背景和四川记忆。

### （四）海南省特色风情小镇建设

在海南省国际旅游岛定位上升到国家战略之后，海南省 2010 年开始实施了以旅游特色风情旅游休闲小镇建设助推新型城市化发展战略。根据《海南省国际旅游岛建设发展规划纲要》《海南省城乡经济社会发展一体化总体规划》（琼府〔2011〕68 号）和《海南省社会主义新农村总体规划》等要求，为在全省范围内科学、有序地推进特色风情小镇建设，将特色风情小镇作为海南城镇化建设的突破口，集中力量规划建设一批特色风情示范小镇，2011 年海南省住建厅组织编制了《海南国际旅游岛特色风情小镇（村）建设总体规划（2011~2030）》（以下简称《规划》）。该规划提出到 2020 年将建设 50 个特色风情小镇、500 个美丽村庄；到 2030 年将建设 100 个特色风情小镇、10 个旅游名镇、20 个旅游名村，并公布了首批海南省特色风情旅游休闲小镇建设名单。2014 年 4 月，为加快推进特色风情小镇建设步伐，提升国际旅游岛建设品位，省住房和城乡建设厅出台了《海南省特色风情小镇建设指导意见》（以下简称《意见》）。

《意见》指出，要通过特色风情小镇带动我省城镇化进程，逐步实现城乡基础设施、公共服务、就业和社会保障城乡一体化。每年选择 2 或 3 个城镇展示，乡镇和县至少有一个重点投资城镇，逐年推动，促进建设一批设施齐全、环境优美、特色鲜明、经济繁荣、社会和谐、风情独特的小城镇。

经过几年建设，观澜湖高尔夫小镇、海棠湾风情小镇、博鳌天堂小镇、福山咖啡小镇、儋州雪茄小镇、万宁希望小镇、保亭三道旅游小镇等特色风情小镇已初具特色和规模，成效明显。在特色小镇建设中，海南主要从以下几个方面入手。

1. 高度重视，战略定位

省委省政府将因地制宜打造一批基础设施配套、特色产业支撑、人口聚集、文化魅力独特的风情小镇，这是适应国际旅游岛需要、丰富特色旅游产品、承载巨大客流量的必然选择，也是海南特色城镇化的战略定位，旨在将特色风情小镇打造成国际旅游岛的特色名片。

**2. 全省布局，规划先行**

海南在建设风情小镇之初就非常重视小镇的发展规划。海南按照"二极""一海""三路廊""三个区"的总体布局，重点建设生态人居型、历史文化型、民族民俗型等 7 个功能类型的旅游城市（村）。

**3. 严格把关，稳步推进**

按照《海南省省本级小城镇建设资金管理办法》，综合考虑建设积极性、区位优势、产业基础、文化内涵、特色风情等因素，凡列入国家和省级重点乡镇的小城镇优先考虑，限制各市州申报名额 1~2 个，每年选择 2~3 个各方面条件都较成熟的小城镇，通过重点支持，集中建设一批特色风情小镇优秀示范。2014 年，海南省进一步加大投入力度，将重点特色风情小镇建设数量和资金翻番，资金投入主要用于环境整治、街景立面改造、园林绿化、道路硬化、路灯照明等基础建设方面。

**4. 协调部门，整合资源**

风情小镇的建设涉及规划、建设、国土、旅游、工商、公安、金融、财税等多个部门，积极调动协调各有关部门，制定有利于风情小镇建设发展的各项政策措施，推动体制机制创新，释放发展活力；加强各部门资源整合，集中资金使用，形成工作合力，推动风情小镇又好又快地建设和发展。

**5. 广泛参与，大力推广**

海南风情小镇建设的原则是"规划引导、企业参与、市场运作、群众受益"，主要采用的模式是"政府 + 企业"型或"政府 + 企业 + 社区"型。长期以来，海南小城镇规模小、基础设施落后、经济实力普遍较低，之后通过招商引进了一些企业，打造了一批精品旅游配套项目，一些企业主动组办了"国际旅游岛下的海南风情小镇建设高峰论坛"，并邀请政府、学界、企业等方面的代表，共同探讨如何建设风情小镇。以博鳌景区为例，海南旅游休闲小镇吸引了大批游客，日接待游客达 3.5 万人次。

## （五）浙江省特色小镇建设

浙江素以千年水乡古镇和主要商业城市而闻名。如今，梦想小镇、云栖小镇、财富小镇等特色小镇依赖行业的强劲增长成为各个领域的焦点。与我国其他地方相比，浙江特色小镇更加系统化和规模化，先后有 12 个乡镇列为全国特色旅游景观名镇、6 个镇入选全国宜居示范小镇名单、8 个镇入选住建部最近公布的全国首批特色小镇名单，并公布了两批 79 个省级特色小镇创建对象、51 个省级特色小镇培育对象，其中首批 37 个特色小镇建设已经取得阶段性成果。2016 年 2 月 25 日，国家发改委就新型城镇化与特色小镇有关情况举行发布会，会上浙江省发改委副主任、省特色小镇规划建设工作联席会议办公室常务副主任翁建荣先生，浙江省杭州市云栖小镇党委书记、杭州转塘科技经济园区管委会主任吕钢锋先生分别对浙江省城镇功能进行介绍。虽然进展时间不长，但基于发展取得了显着成效，浙江省特色小镇的许多经验值得借鉴。

1. 突出战略地位

在 2015 年的浙江省两会上，"特色小镇"首次亮相《政府工作报告》，加快规划建设一批特色小镇被列入省政府重点工作。2016 年 2 月，在浙江省委机关报《今日浙江》上，时任浙江省省长的李强发表"城市浙江的创新和发展战略决策功能"的署名文章，明确城市特色是浙江省的"大战略"。2015 年 4 月，浙江省政府出台了《关于加快特色小镇规划建设的指导意见》（浙政发〔2015〕），提出全省力争通过 3 年时间重点培育和规划建设 100 个特色小镇。同时，建立了省会城市的建设联席会议制度，常务副省长担任召集人，省政府秘书长担任副召集人，13 家省级部门负责人为成员。联席会议办公室设在省改革委员会，住建厅和省委宣传部、省财政厅、省国土厅都作为联席会议办公室的副主任单位。目前，特色小镇建设已成为浙江省工作的一个"大热门"和浙江省干部主动了解新经济、发展新经济、做实新经济的有效抓手，而且政府形成了对浙江省特色小镇建设战略定位的高度共识：

（1）基于生产力布局优化规律，特色小镇是破解浙江空间资源瓶颈的重要抓手；

（2）基于产业结构演化规律，特色小镇是破解浙江有效供给不足的重要抓手；

（3）基于创业生态进化规律，特色小镇是破解浙江高端要素聚合度不够的重要抓手；

（4）基于人的城市化规律，特色小镇是破解浙江城乡二元结构、改善人居环境的重要抓手。

2. 创新理念机制

特色小镇是浙江省创新的一个"大亮点"，在内涵、设计理念、运行机制、制度等各个方面都透露着创新。无论是信息化的高科技产业小镇，还是历史悠久的古典小镇，每一个小镇都添加适量的创新元素发展自身的竞争力。

（1）内涵创新。景区"区域"的"镇"和"区"按照创新、协调、绿色、开放、共同发展的理念，找准自己的特色产业定位，科学规划，挖掘产业特色，打造"生产、城市、人文、文化"的有机整合平台。

（2）设计理念的创新。浙江特色小镇强调建设"高颜值"小镇，建设形态力求"精而美"，规定小镇规划空间要集中连片，建筑面积控制在一平方公里左右。坚持规划先行、监管融合，联动"三位（产业、文化、旅游）一体"，生产、生活、生态"三生融合"，工业化、信息化、城镇化"三化驱动"，项目、资金、人才"三方落实"的建设规划。同时，立足城市功能定位，强化建筑风格个性化设计，系统规划品牌建设、营销和形象塑造。

（3）运营机制的创新。浙江的特色小镇创建坚守"政府引导、企业主体、市场运作"的原则。政府主要负责编制规划、基础设施配套、要素保障、生态环境保护、营造政策环境五方面工作；企业主要负责产业发展、人才引进、市场营销、项目推进等方面工作。浙江省采用独特的市场化运作机制，加紧推进小城镇建设引入社会资本，引入第三方机构为公司提供专业化的金融、营销、技术孵化、供应链整合等服务，搭建特色城市新型公共创新平台。

（4）制度供给的创新。浙江把特色小镇定位为综合改革的试验区，凡是国家的改革试点，特色小镇优先上报；凡是国家和省里先行先试的改革试点，特色小镇优先实施；凡是符合法律要求的改革，允许特色小镇先行突破。在政治支持方面，突出"个性"，从"事先给予"改为"事后结算"，对验收合格的小镇给予土地指标奖励和财政返还。同时，服务突出"定制"，放宽商事主体核定条件，实行集群化住所登记，在审批流程上，降低准入门槛，削减审批环节。

浙江特色小镇创建具有显著的产业带动型模式特点，浙江省政府《关于加快特色小镇规划建设的指导意见》明确规定：浙江未来的发展依靠信息管理、环境保护、卫生、旅游、时尚、金融和高端装备制造等七大"万亿"行业，同时兼顾茶叶、丝绸、黄酒、中国医药、青瓷、木雕根雕等历史经典产业。每个城市都应该结合自身特点寻找其最基础、最有优势和最具特色的产业，避免同质化的竞争，进行自我定位，拉动效益增长。例如，第一批37个特色社区吸引了3300多家企业完成了480亿投资，有5个小城市已经投入20多亿元。

（1）云栖小镇。依托信息产业为基本产业，重心在大数据和云计算，着重引进阿里巴巴云计算、富士康等世界级的公司，建设相对完整的云计算产业链，2015年涉云的年产值近30亿人民币，共有328家企业被引入，其中包括255家相关的云计算公司和行业云计算、大数据、互联网金融和移动覆盖等互联网相关领域的公司。

（2）梦想小镇。专注于互联网创业和风险投资，仅一年多的时间，就积累了大量的创业人才、创业项目和项目融资，其中两家公司已被列入新三板。

（3）龙泉青瓷小镇。引进4位重量级老师傅，建设了46个创意工作室，创立了青瓷院校，对人才培养模式、工艺和产品进行创新。青瓷文化具有很强的经济潜力，尽管密度低、体积率低，但"小镇品味"却是独一无二的。

（4）山南基金小镇。专注于金融行业的品牌，拥有漂亮、舒适的办公环境和"一站式"办公政府服务，凭借众多的来源和巨大的资本效益，吸引了800多位各类基金经理人。

（5）嘉善巧克力甜蜜小镇。推出"旅游＋产业"，2014年前11个月已接待游客112万人次，突破3500万元的旅游营业收入。

4. 融合系统功能

浙江特色小城镇建设注重自然生态、社会生态共同发展，遵循"创新、协调、绿色、开放、共享"的发展理念，依托其自身巨大的经济、历史文化资源和自然景观等方面的独特优势，融合生产、生活、生态于市场主体的城乡特色建设之中，同时加强城镇的生活配套功能和自然美化功能，实现"产、城、人、文"四大职能"聚合"，建造宜居、宜业、宜游的小镇，推动浙江城乡的发展和创新。

（1）做强特色产业。浙江的特色小镇建设强调产业定位突出"特而强"，要求切合现代化产业要求，锁定产业主攻方向，打造产业创新高地。

（2）探索文化功能。注重产业发展全过程中的文化基因，培育创新文化、历史文化、农业文化、人文景观。

（3）嵌入旅行功能。每个特色城市都建立了一个 3A 旅游景区，而以旅游为导向的城镇形成了 5A 级旅游景区。

（4）加强社区功能，创建"活力小镇"公共服务 APP，促进医疗保健、教育和娱乐设施的数字化管理全覆盖。

### （六）山东省特色小镇建设

过去，山东省小城镇存在着要素吸纳和集聚能力不强、产业层次不高、城镇管理效能不高等问题。在城镇化发展过程中，山东省委、省政府高度重视小城镇改革发展问题，先后实施了"百镇建设示范行动""示范镇提升行动"，以加快小城镇改革发展。同时，注重小城镇特色发展，指导各地因地制宜，挖掘了一批历史文化名镇，塑造了一批特色景观旅游名镇和美丽宜居小镇，打造了一批产业特色强镇。山东省有全国重点镇 207 个、国家级历史文化名镇 2 个、特色景观旅游名镇 24 个、美丽宜居示范小镇 3 个、全国首批旅游休闲小镇 7 个，还有省级示范镇 200 个、省级历史文化名镇 26 个、特色景观旅游名镇 57 个、宜居小镇 47 个，有称号的特色镇总计有 331 个，占全省小城镇总数的 30%，形成了全国重点镇、省级示范镇、省级中心镇、特色镇等分层分类、梯度培育、特色发展的小城镇发展格局。

"十三五"期间，山东省计划在全省创建、培育 100 个产业上"新而特"、机制上"新而活"、功能上"小而精"、形态上"小而美"的生态、宜居、宜业、宜游的旅游休闲小镇，山东省的小城镇建设实践为各地特色小镇建设提供了宝贵经验。

1. 发挥政策导向，成为小城镇发展的启动力和助推力

2012 年，山东省出台了《山东省人民政府关于开展"百镇建设示范行动"加快推进小城镇建设和发展的意见》，启动"百镇建设示范行动"，通过扩权强镇、保障用地、扩大财权、金融支持、资金扶持、引进人才、优化机构等政策支持了 200 个示范镇建设。经过 3 年时间，200 个示范镇各项经济指标远超过同期全省相应指标增长幅度；镇区人口平均 3.6 万，是全省镇均水平的 2.25 倍，已成为新型城镇化的重要载体。实践证明，土地、资金、税收、棚改等支持政策的助推作用十分重要，一些有独特资源优势的小城镇，只要给予适当政策支持，两三年就能发展起来。其创新性的优惠政策主要包括以下几个方面。

（1）资金方面：累计下拨省级示范镇建设专项资金 53.26 亿元，争取省产业发展贷款贴息资金 2 亿元，专项支持示范镇产业发展。

（2）土地方面：每年为示范镇直供建设用地指标 5000 亩，优先在示范镇安排农村土地综合整治和城乡建设用地增减挂钩项目。

（3）扩权强镇方面：赋予省级示范镇县级经济类项目核准、备案权和工程建设、市政设施、市容交通等方面的管理权，县级有关部门可以在示范镇设立分支机构。

2. 强化规划引领，依靠科学规划引领小城镇建设

山东省出台了《山东省百镇建设示范行动示范镇规划编制审批管理办法》《山东省小

城镇专项规划编制技术要点》。各类特色镇编制相应专项规划，省级示范镇建成区编制详细规划，对开发建设地区的土地使用性质、开发强度、环境建设、基础设施配套、传统风貌保护等做出明确规定；小城镇各类规划实现全覆盖，各项建设规范有序展开。

3. 强化设施建设，提高小城镇承载能力

一是创新管理机制。开展"数字化小城镇管理"，推进城镇管理转型，实行政府公共服务外包，培育和发展非营利性社会组织和专业合作社，参与、承担示范镇公共事务管理；二是完善基础设施。实现四年全省累计投入小城镇基础设施投资 600 多亿元，通过建筑立面改造、广告牌匾规范、人行道路铺装，实施亮化绿化美化工程，改善和提升示范镇环境面貌，各小镇镇区规模迅速扩大，发展空间不断拓展；三是完善公共服务设施。全省小城镇均建有"一站式服务"的便民服务中心。

4. 强化产业支撑，提高小城镇发展能力

一是突出产业特色。坚持走差异化、规模化、特色化的道路，充分发挥资源优势，发展特色产业。二是加快培育主导产业。各镇根据不同的自然条件、资源禀赋，选准主攻方向，打造优势主导产业，培育骨干企业、龙头企业，促进产业集群发展。三是推动产城一体、镇园融合发展。集中建设发展产业园区，吸引大中型企业到小城镇开展产品开发、商业连锁、物资配送、农副产品批发等经营活动，吸引镇域内和周边乡镇的企业向园区集聚，承接大中城市产业转移。

5. 突出小镇特色，分类指导小城镇健康发展

一是省财政给予资金奖励支持，分别开展省级历史文化名镇、特色景观旅游名镇、宜居小镇等特色村镇评选工作，并实行分类指导。二是对于历史文化名镇、旅游名镇，加强保护性开发建设，切实保护好古村落、老街巷、特色民居；对于产业特色强镇，围绕优化产业结构，培植主导产业，拉长产业链条，配套产业集群，做优做强做特；是对美丽宜居小镇，运用先进理念，加强改革创新，优化小城镇的空间布局和功能定位，打造特色鲜明、优势明显、个性彰显、宜居宜业的美丽小镇。用特色彰显小镇魅力，成为新的经济社会发展增长极。

（1）莒南县大店镇。启动了 4 平方公里的古镇庄园规划建设，整个镇驻地仿古建筑形象进度达到 95% 以上。

（2）单县浮岗镇。注重挖掘历史文化资源，依托浮龙湖资源优势，全力打造生态文化旅游产业，推动地方特色文化发展。

（3）泰安市岱岳区满庄镇。着力打造休闲旅游特色城镇，先后开发建设了太阳部落、天颐湖、天乐城等精品旅游项目。

## 二、国内旅游休闲小镇建设的政府导向

2009 年，我国住房和城乡建设部与国家旅游局联合启动了"全国特色景观旅游名镇（村）示范"工作；2013 年住房和城乡建设部启动了"美丽宜居小镇、美丽宜居村庄"示

范工作；2016年住房和城乡建设部、国家发改委和财政部共同启动了"全国特色小镇培育"工作，逐步推动了国内类似特色旅游小镇的发展。

### （一）全国特色景观旅游名镇建设示范

为了贯彻落实党的十七届三中全会对于农村改革发展的决定精神的推进，促进旅游乡村城镇发展，保护和利用城镇和乡村特色景观资源，促进新农村建设，2009年住房和城乡建设部、国家旅游局决定开展全国特色景观旅游名镇（村）示范工作，向各省、自治区、直辖市建设厅（建委、农委）、旅游局（委），计划单列市建委、旅游局，新疆生产建设兵团建设局、旅游局下发了《住房和城乡建设部、国家旅游局关于开展全国特色景观旅游名镇（村）示范工作的通知》（建村〔2009〕3号）（简称《通知》）。《通知》明确了全国特色景观旅游名镇（村）建设的指导思想和考核办法，强化了全国特色景观旅游名镇建设的政策导向和实践指导。

#### 1. 指导思想

《通知》指出，国家风景旅游示范城镇（村）的发展，有利于保护乡村城镇的自然环境、田园景观、传统文化、民族特色和乡镇的特色产业，促进城乡协调发展，增加农民收入，扩大内需，促进农村发展。

经济社会的总体发展重点在于利用旅游业作为新景观建设的突破口。《通知》要求通过政策支持等手段来支持这些地方的旅游产业发展，并总结经验教训，为我国提供镇（村）的标准化开发模式创造的设计模板，并强调以下建设原则。

（1）优先发展具有特色的国家景观旅游示范镇（村），应坚持保护优先，规划优先。

（2）充分利用现有资源，不做重大拆迁建设工程。

（3）突出农村特色，实现城乡差别化发展；促进当地农民就业，保护农民合法权益和收入。

（4）节约用水，实现可持续发展和管理，创造安全、舒适、旅游环境。

#### 2. 示范导则

为了稳步发展，住房和城乡建设部、国家旅游局决定建立一批全国知名的风景旅游小城镇（村）和国家风景旅游镇（村），并制订了《全国特色景观旅游名镇（村）示范导则》。

#### 3. 考核办法

为推进特色景观旅游名镇（村）的健康发展，指导和规范其规划建设管理，住房和城乡建设部、国家旅游局研究制定了《全国特色景观旅游名镇（村）示范考核办法》和《全国特色景观旅游名镇（村）标准（试行）》。考核评定工作分为省级推荐和全国综合考核两个阶段。依据《全国特色景观旅游名镇（村）示范导则》和《全国特色景观旅游名镇（村）标准》，各省（自治区、直辖市）在初选结果的基础上推荐不超过10个条件较好的镇（村）参加全国综合考核。全国综合考核由住房和城乡建设部村镇建设司、国家旅游局政策法规司共同组织专家组负责。如果符合国家综合评估要求，会得到住房和城乡建设部和国家旅游局的确认。

### 4. 示范名单

全国著名的特色风景旅游名城镇（村）示范工作启动后，特色景观旅游村庄发展示范城市（村）进行自然环境、田园景观、传统文化、民族特色和特色产业等资源的整合，促进城镇和村庄的协调发展，增加农民收入，扩大内需，促进农村经济社会的发展。旅游城市（村）在建设国家景观旅游示范镇（村）的过程中形成了一些典型的实例和经验，促进了当地旅游业的发展，改善了人民居住环境。经过小镇申报、各省（区、市）推荐和专家组认真评选，住房和城乡建设部、国家旅游局先后于 2010 年、2011 年和 2015 年公布了三批共 373 个全国特色景观旅游名镇示范名单。

## （二）全国特色小镇培育建设

### 1. 指导思想

全面贯彻党的十八大和十八届三中、十八届四中、十八届五中全会精神，以"创新、协作、绿色、开放、共享"的坚定信念，推进旅游休闲城市产业发展，探索小镇建设健康发展之路，推进新型城镇化和新农村建设。

### 2. 基本原则

结合自身特点，找准产业定位，进行科学的规划，挖掘产业特色，形成"生产、城市、人、文化"四位一体的功能平台。因此，特色小镇创建的基本原则有以下几点。

（1）坚持突出特色。根据当地经济社会发展的实际情况，发展继承传统文化，改善社区基础设施，防止城市千篇一律。基于特色资源优势和发展潜力，科学确定培育对象，防止一哄而上。

（2）坚持市场领导。尊重市场规律，充分发挥市场作用，政府专注于构建平台并提供服务，防止大包大揽。注重产业发展，依据产业发展确定建设规模，防止城市盲目发展。

（3）坚持深化改革。加强体制机制改革，创新发展观念、发展模式、规划建设管理和社会服务创新管理，推动传统产业转型升级，培育壮大新兴产业，创新创业平台，发展新经济。

### 3. 工作目标

总体目标是到 2020 年培育约 1000 个特色城市，建设具有休闲旅游、贸易物流、现代制造业、教育与科技、传统文化、美丽宜居等特色鲜明的小城镇，不断提高建设水平和开发质量。在组织、领导和支持具体任务方面，实现上下联动，统一协调。

（1）三部委负责组织和维护全国的特色城镇，明确发展要求，制定政策和措施，实施导向控制，公布一系列城镇名单。

（2）省住房城乡建设发展和改革部、财政部负责组织具有特色的地方城市发展，制定本区域的指导方针和扶持政策，实施监督检查，并组织推荐。

（3）县政府是特色城镇培养的具体负责人，制定支持措施和保障措施，整合落实资金，完善体制机制。

（4）市人民政府负责执行工作的开展。国家发展和改革委员会等有关部门支持合格的社区建设项目申请专项建设资金，中央政府将对功能完善的特色城市给予适当奖励。

#### 4. 培育要求

《通知》要求培育特色小镇要坚持突出特色，防止千镇一面和一哄而上。坚持市场主导，培育和壮大新兴产业，为创业创新开创新平台，发展新经济。项目评估和开发应符合以下要求：

（1）产业具有鲜明特征。

（2）美丽和谐的生活环境。

（3）具有特色的传统文化。

（4）便利和完整的设施和服务。

（5）具有活力的体制机制。

三部委《关于开展特色小镇培育工作的通知》中提出，根据全国各省级小城镇的具体情况，每年确定省级推荐数量。省住房建设和城市发展改革、财政部门按照推荐发展和改革的数量，把每年 8 月底前达到要求的小镇向三部委推荐。根据三部委《关于做好 2016 年特色小镇推荐工作的通知》规定及其确定的 2016 年各省特色小镇推荐 159 个总数和各省市区的推荐名额，在各地推荐的基础上，经专家复核，并会签国家发展改革委、财政部。2016 年 10 月 11 日，住房城乡建设部公布了包括北京市房山区长沟镇等 127 个镇在内的首批中国特色小镇名单。2017 年 7 月 27 日，住房城乡建设部又公示了包括北京市怀柔区雁栖镇等 276 个镇在内的第二批特色小镇名单。

## 第四节　我国旅游休闲小镇建设的对策与建议

建设旅游休闲小镇，是落实国家新型城镇化战略部署和推进供给侧结构性改革的重要抓手，也是推进区域产业转型升级的有效路径。党的十九大报告提出了"大力发展乡村战略"，为进一步发展旅游休闲小镇指明了方向。建设旅游休闲小镇要以建设田园综合体为载体，以产业建设为突破口，实行差异化的建设，避免同质化的建设风貌，不能搞大拆大建，突出设计、机制、产业上的特色。

### 一、规划先行，积极发展

#### （一）注重顶层设计

好的规划和理念是成功的一半，规划的引领作用至关重要。顶层设计方面建议在"五个结合"上发挥引领作用：一要与当地自然风光结合起来，立足山、水资源，立足"特"字，凸显自然特色，彰显地方文化，实现差异化建设发展；二要与国家支持政策结合起来，特别是要紧扣党的十九大"乡村发展战略"，争取国家特色小镇建设方面的支持，立足"大"字，做出大文章，实现大作为、大带动、大发展；三要与群众的参与性结合起来，群众是主体，充分调动群众的积极性和主动性，立足"融"字，加快产业集聚，延伸产业链，实现融合发展，带动群众脱贫致富；四要与长远发展结合起来，要有前瞻性，规划眼光要长远，标准突出新时代、新发展、新思想，要立足"高"字，高起点谋划，高标准要求，高品位打造；五要与景点、景区、美丽乡村建设、环境卫生整治结合起来，同规划同步建设，立足"效"字，体现效果，突出效益。

一旦规划审定完成，要坚定不移的抓好落实，严格按照设计方案、设计风格、总体布局，科学引领小镇建设与发展。

### （二）凸显文化元素

旅游休闲小镇是一个有活力的生命体，城镇的肌理结构是小镇的骨骼，建筑风貌是小镇的相貌，业态是一个小镇的命脉，小镇生活和旅游活动是呼吸，文化是一个小镇存活的灵魂。旅游休闲的发展应该与城市的特定文化紧密相关，如果不依托文化，那么旅游休闲小镇将会缺乏文化活力。对此，在对旅游休闲小镇进行规划时，可遵循以下路径。

1. 文化挖掘，主题定位

文化是旅游休闲城镇在组织结构、建筑、习惯和风俗、传统工艺品和其他商业活动中表现出来的灵魂。文化的挖掘就是确定旅游休闲小镇的地理背景、历史背景，寻找城镇的文化依托，挖掘差异化优势和独特性内涵。旅游休闲文化是城镇吸引力的核心，而文化的选择是第一步，也是决定性的一步。

2. 肌理打造，搭建骨架

纹理结构是小城镇的骨架，结合文化主题的历史地理特征，创造出城镇纹理结构的旅游休闲小镇特色。以古典的中国城镇为例，街道、商店、住宅、祠堂、书院、寺庙和歌剧院是古城镇的核心元素，青石板的路面、街道临水而建，住宅与公共建筑布局合理、错落有致。仿欧洲中世纪的小镇的肌理特征则展现了另外的一种布局结构，即以教堂为中心向外自然分散。与文化主题相对应的纹理结构是旅游休闲城市文化遗产的重要组成部分。

3. 风貌选择，塑造外观

城市的风格是通过建筑和景观所反射出来的，建筑风格是小镇的市容市貌，是城市文化元素的一个重要体现。旅游休闲小镇的文化主题不同，城镇建筑风格的功能也就不同。例如，以地域文化建设的仿古旅游休闲小镇，建筑风格的选择往往侧重于当地古老建筑的特点，形成具有明显地域特色的建筑风格和景观风格；东部华侨城的茵特拉格小镇受瑞典风格的影响，带有典型的城市文化烙印。

4. 业态设计，输入血脉

商业活动是城市旅游休闲的生命线，旅游休闲小镇在城镇规划之初对城市商业活动进行科学合理的设计是必要的。城市的商业活动通常是饮食、住宿、娱乐、文化、休闲、旅游纪念品和特产销售等不同的类型，这也是小镇旅游休闲文化弘扬的重要途径。不同的地理和民族文化发展到现代住宿和饮食都有不同的特点，业态的设计必须体现城市独特的文化特色。此外，旅游休闲小镇的设计要结合旅游小镇的休闲定位、文化定位和市场定位，拓展餐饮、住宿、购物、休闲等多种功能的比例，在休闲度假体验的基础上，确定城市功能。例如，以观光、休闲文化为核心功能的旅游休闲小镇应该扩展旅游和休闲功能的份额，由参观者数量来衡量餐馆、住宿和其他形式的比例。根据不同的市场情况，确定内部配置格式，如客栈、商务酒店、度假酒店等。就经济效益而言，旅游休闲小镇只有符合市场定位和消费形式规律的文化特色和功能，才能为城镇拓展更多业务，带来无限商机。

5. 功能规划，注入活力

虽然不同类型的城市在某些功能方案上存在差异，但旅游休闲城市本身就是一个复合体，都应具备最基本的接待服务和旅游休闲功能。比如，景点休闲旅游休闲小镇拥有旅游、休闲、住宿、商务、娱乐、生活六个功能。小镇在旅游休闲产品的基础上开发，以设计核心节点来满足休闲、娱乐的功能。

6. 产业整合，良性互动

旅游休闲小城镇包含旅游产业和文化产业的多个产业，由农业、房地产、零售、会展业等复杂的系统集成，产业支撑是城市发展的动力。在旅游休闲小镇规划中，需要对以文化为主导的旅游产业进行协调发展整合，形成旅游产业多方面的产品加工，通过不同行业之间的相互作用，实现城镇的持续发展。

7. 城镇配套，景镇合一

旅游休闲小镇的发展实际上是以旅游业为主，对小镇进行规划。因此，在旅游休闲小镇发展中，要尊重旅游发展规律，遵循城市规划规范，城镇产业发展与城市规划实现系统整合。旅游功能与旅游城市社区生活同等重要。城市既是旅游区又是生活居住区和旅游互补发展区，为社区居民提供了就业岗位和就业机会，形成社区旅游服务、旅游休闲和社区生活互利共生的"景镇一体"体系。

此外，就相对成熟的城市规划而言，旅游和休闲计划不应该是相同的，而应该是"有用的、可用的"，即计划应该与高度可行性有机结合。旅游休闲小镇规划设计既为旅游发展，又可以展示旅游目的地的形象，更是吸引投资的重要资产。

## 二、政策护航，加强引导

前面已经提到，旅游休闲小镇的建设投资大、回报的周期长。所以，旅游休闲小镇的有序高效发展，必须要有政策支持和制度创新。

### （一）设立机构，制定政策

旅游休闲小镇在发展过程中会面对多方面的问题，其中包括经济、区域文化、地域政治、民生等，政府要求相关部门制定对应的解决机制和实施方案的优惠政策，根据特定的机构对于产业发展所需人员、资金、土地项目、产业安全等方面进行必要的协调和规划。此外，还要针对小镇发展过程中可能出现的各种各样的问题，进行"一对一"改革方案的制定，消除小城镇发展建设中的隐患和障碍。

### （二）深化投融资体制改革，建立建设资金保障机制

旅游休闲小镇的建设需要巨额的资金支持，那么对于政府而言，就需要对融资渠道进行开放，目前的投融资体制也需要进行改革。

一是明确实施主体，政府、投资机构、产业运营商强强联合。政府作为牵头整合机构，提供财政支持及信用背书，设置引导基金，鼓励社会各类资本参与旅游休闲小镇项目。产业运营商凭借其丰富的经验积累和强大的市场号召力，注重专业化产业的培育，提升旅游休闲小镇价值。投资机构在项目初期以股权的形式介入，进行开发全过程的测算与控制。

二是资本早期介入，长远布局，充分发挥市场力量。在项目资本金阶段，以政府产业基金做引导，获得产业资本方的支持。在开发建设阶段，国家开发银行及商业银行的贷款是项目顺利进行的关键。在项目运营资金阶段，银行流动性贷款较为容易，提供土地、房屋、产权等资产抵押。在项目成熟阶段，考虑以资产证券化的方式退出，实现资产的估值溢价，完成本轮投资。

### （三）创新小镇后期业态招商机制，确保顺利"筑巢引凤"

政府需着力对旅游休闲小镇的商业、旅游公共服务业、文化产业及能够促进小镇特色发展的其他相关产业的招商引资机制和产业运作机制进行创新改革，确保小镇特色产业的迅速聚集和小镇的繁荣发展。

### （四）创新小镇居民招入机制

吸引当地的百姓和其他地区生活富足的人入住小镇，既可以采用给他们进行更换宅基地和商品房运作的模式，又可以采取原城镇居民进行"等面积"置换等方式，快速增加小镇的人气。在不破坏当地居民需求的条件下，考虑放宽对住户登记的限制和接待外籍和外地人口的迁入问题。一些房屋还可以被创建为"特色度假房屋"，用于临时住宿。

## 三、创新机制，统筹推进

旅游休闲小镇的建设需要政府、企业、群众积极配合，协调步调，统筹谋划。一要搭建班子，明确政府、企业、群众的角色定位。要组建专门班子，加大项目推进力度，妥善解决项目建设中存在的各项问题，调动三方积极性，加快项目推进。二要解决好用地矛盾。好钢用在刀尖上，特别是在用地、林地手续上对旅游休闲小镇予以倾斜照顾，通过加大土地开发复垦力度，搞好占补平衡，积极争取小城镇建设用地指标，做好建设用地的收储工作，满足旅游休闲小镇建设用地的需求。三要整合项目，加大投入。旅游休闲小镇的建设是涵盖产业、旅游、文化、健康、运动、生活于一体的新型创新创业平台，其中产业发展是基础。建议要捆绑各项目资金，多业融合，多业促一业，以一业推多业，将资金最大限度地向旅游休闲小镇聚集。四要加大群众的宣传教育，引导群众积极主动参与小镇建设。妥善处理好企业与群众的利益共享问题，一方面要保护群众的合理诉求，另一方面要想方设法调动群众的积极性，依法依规做好群众的工作。另外，优

先在"三变"改革上做文章，解决群众的持续增收问题。

## 四、强化产业，打造品牌

产业是旅游休闲小镇的基础。在产业建设上，要立足地方的资源禀赋，围绕游、吃、购方面，抓好园区、基地和能人大户的培育工作，通过抓点扩面促进产业发展规模化，尽快把产业做大做强做精。

旅游品牌形象是游客对旅游地的评价和认识水平上的行为，是区域经济发展的新动力，对促进旅游业的发展贡献了重要力量。比如，我们说到江南水乡，乌镇、周庄就会浮现眼前；说到徽派建筑，就会想起宏村、西递等。那些具备品牌优势的旅游休闲小镇在旅游开发与旅游产业发展的大潮中占据有利形势。在品牌打造方面，要围绕旅游六要素，着力在品牌上下工夫，要使山水风光、风俗人情、土特产品、独特经济、个性产业、人文历史等皆可成为小镇的特色和精品。

## 五、有序竞争，错位发展

旅游休闲小镇的旅游开发是一拥而上、遍地开花，还是百花齐放、百家争鸣？显然，有秩序的竞争与错位的有序发展，走区域旅游合作的路径是发展旅游休闲城镇的有效途径。例如，同里、南浔、乌镇、周庄、西塘和角直六大江南古镇在开发旅游的浪潮中意识到因为空间认知的相似性和目标市场的趋同性面临的无序竞争的危机，开始了区域旅游合作以削弱竞争，实现共赢的尝试，这也是旅游休闲小镇在开发与运营中需要注意的问题，因而可借鉴原有的古镇旅游等经验，以更好地指导旅游休闲小镇的可持续发展。

区域协调旨在协调不同旅游休闲小镇之间的关系，指出优势并弥补不足之处。区域协调不仅是协调定位旅游休闲小镇的发展目标和功能，而且是协调旅游基础设施、营销策略、接待设施，发挥出"1 + 1> 2"的效果。

## 六、因地制宜，深度开发

相比之下，旅游休闲小镇在与其他旅游景点的竞争过程中必须适应当地条件，依靠自我资源，建立自我特色，以促进进一步发展。在旅游休闲小镇的可持续发展过程中，要从改善区域旅游产品结构、丰富内容、提升质量、拓展市场的角度出发促进旅游休闲小镇的可持续发展。旅游产品内容丰富性、结构合理性是直接影响旅游休闲小镇游客吸引力的重要因素。在了解游客参观旅游休闲小镇的动力来源时，要注意和其他周边城市、景区景点等旅游产品形成互补，通过扩大产品数量、丰富产品组合，来增加游客的选择性。

作为一项新举措，旅游休闲小镇建设的价值，需要人们用长远的眼光去认识，功在今朝，利在长远。如果我们可以做大量的规划并高起点实施，相信在不久的将来，旅游休闲小镇一定会在中国走上一条独具特色、经得起实践检验的新型城镇化发展之路。

附录

# 我国部分地区旅游休闲小镇建设规划

## 一、浙江省

2016 年 12 月，浙江省政府计划办公厅正式发布《浙江省旅游风情小镇创建工作实施办法》，计划在五年左右，验收大概 100 个旅游业态丰富、生态环境优美的省级旅游风情小镇，将省级旅游风情小镇作为发展乡村旅游"十三五"时期的重要发展对象，建成 3A 级以上景区，形成旅游产品多元化、产业融合、旅游效益突出的共赢新模式。

在 2018 年 1 月 23 日召开的全省旅游工作会议上，浙江省政府公布了首批（14 家）旅游风情小镇，见附表 1。

**附表1　浙江省首批旅游风情小镇名单**

| 地区 | 入选小镇 |
|---|---|
| 杭州 | 余杭区塘栖镇、淳安县姜家镇 |
| 宁波 | 象山县石浦镇、宁海县前童镇 |
| 温州 | 泰顺县泗溪镇 |
| 湖州 | 德清县莫干山镇、南浔区南浔镇 |
| 嘉兴 | 桐乡市乌镇、嘉善县西塘镇 |
| 绍兴 | 柯桥区安昌镇 |
| 金华 | 义乌市佛堂镇、兰溪市诸葛镇 |
| 衢州 | 江山市廿八都镇 |
| 丽水 | 龙泉市竹垟畲族乡 |

## 二、湖南省

湖南省旅游局和湖南省文化产业改革发展办公室共同开展"湖湘风情文化旅游小镇"的创建工作，2015 年公布了第一批湖湘风情文化旅游小镇名单，2016 年公布了第二批湖湘风情文化旅游小镇名单。此外，湖南"十三五"旅游规划提出了要建设 100 个旅游小镇的目标，见附表 2、附表 3。

**附表2　第一批、第二批湖湘风情文化旅游小镇名单**

| 第一批湖湘风情文化旅游小镇名单 | | | |
|---|---|---|---|
| 序号 | 入选小镇 | 主题定位 | 宣传口号 |
| 1 | 益阳市安化县东坪镇黄沙坪 | 黑茶小镇 | 茶马古道起点，东方黑茶之乡<br>品黑茶韵，逛黄沙坪 |

续 表

| 2 | 长沙市开福区沙坪镇 | 湘绣小镇 | 中国湘绣之乡，历代绣品之王<br>体验湘绣韵，品味湘女情 |
|---|---|---|---|
| 3 | 湘西土家族苗族自治州龙山县里耶镇 | 秦简小镇 | 土家世居地，秦书竹简处<br>里耶边寨古镇，秦书竹简楚韵 |
| 4 | 株洲市醴陵市陶瓷艺术城 | 陶瓷小镇 | 世界陶瓷好莱坞，荆楚古邑别样情<br>陶瓷体验游，请到碗里来 |
| 5 | 湘西土家族苗族自治州花垣县边城镇 | 边城小镇 | 翠翠秋水望穿，书里边城溜湾<br>拉拉渡口摆舟，梦里茶峒访幽 |
| 6 | 娄底市新化县水车镇 | 梯田小镇 | 观梅山农耕文明，品紫雀梯田神韵<br>赴梯田王国，赏灵秀紫鹊 |
| 7 | 怀化市通道县皇都侗文化村 | 侗歌小镇 | 百里侗乡经典，侗族歌舞名片<br>畅游百里侗乡，享受侗歌狂欢 |
| 8 | 邵阳市隆回县虎形山瑶族乡 | 花瑶小镇 | 赏"小西藏"美景，品真"花瑶"风情<br>赏高原风光，品花瑶风情 |
| 9 | 永州市江永县上江圩镇 | 女书小镇 | 千古女书，南楚奇字 |
| 10 | 衡阳市衡山县萱洲镇 | 萱草小镇 | 青青萱草，在河之洲<br>悠悠花海，人人好逑<br>何以忘忧，唯有萱洲 |
| 11 | 郴州市汝城县热水镇 | 温泉小镇 | 华南第一温泉，湘南顶级热水<br>温泉养生，热水怡情<br>一样的温泉，不一样的热水 |
| 12 | 张家界市武陵源区天子山镇 | 土家小镇 | 谁人识得天子山，归来不看天下山 |

| 第二批湖湘风情文化旅游小镇名单 | | | |
|---|---|---|---|
| **序号** | **入选小镇** | **主题定位** | **宣传口号** |
| 1 | 望城区湘江沿岸古镇群：靖港、书堂山、铜官、乔口、新康等 | 湘江古镇群 | 靖港寻古、乔口吃鱼、铜官玩陶、新康看戏、书堂润墨 |
| 2 | 长沙县开慧镇 | 浪漫小镇 | 小镇大爱，浪漫板仓 |
| 3 | 宁乡县黄材镇 | 青铜小镇 | 四羊方尊故里，青铜文化之乡 |
| 4 | 浏阳市文家市镇 | 会师小镇 | 红色源头，会师圣地 |
| 5 | 常宁市庙前镇 | 庙前小镇 | 中田古村守大印，庙前小镇护财神 |
| 6 | 永顺县芙蓉镇 | 土王小镇<br>或挂瀑小镇 | 瀑布挂芙蓉，铜柱耀神州 |
| 7 | 溆浦县思蒙镇 | 思蒙小镇 | 十里碧水丹山，千古楚辞绝唱 |

| 8 | 资兴市黄草镇 | 湖心小镇 | 湘南水中镇，东江湖中花 |
|---|---|---|---|
| 9 | 汝城县三江口镇 | 白茶小镇 | 白毛茶韵，畲瑶风情 |
| 10 | 新宁县崀山镇 | 丹霞小镇 | 中国丹霞，绝色崀山 |
| 11 | 绥宁县寨市镇 | 苗侗小镇 | 神奇黄桑，美丽苗姑 |
| 12 | 汨罗市长乐镇 | 故事小镇 | 故事传千年，长乐驻万家 |
| 13 | 涟源市湄江镇 | 岩溶小镇 | 九曲湄江一画廊，峡谷飞瀑有洞天 |
| 14 | 石门县壶瓶山镇 | 湘脊小镇 | 登湖南屋脊，赏壶瓶山水 |
| 15 | 永定区王家坪镇 | 土寨小镇 | 赏张家界风光，品王家坪民俗 |
| 16 | 江华县涔天河镇 | 瑶池小镇 | 涔天瑶池，世外桃源 |

### 附表3　湖南"十三五"旅游资源重点县、特色旅游小镇名单

| 市州 | 旅游资源重点县 | 特色旅游小镇 |
|---|---|---|
| 长沙市 | 望城区、宁乡县、浏阳市、长沙县 | 开福区沙坪街道、宁乡县灰汤镇、望城区靖港镇、宁乡县花明楼镇、望城区铜官街道、长沙县榔梨街道、长沙县开慧镇、望城区乔口镇、浏阳市中和镇 |
| 株洲市 | 炎陵县、茶陵县、醴陵市 | 炎陵县鹿原镇、茶陵县云阳街道、茶陵县秩堂镇、醴陵市官庄镇、醴陵市陶瓷艺术城、攸县酒埠江镇、株洲市芦淞区大京风景区 |
| 湘潭市 | 韶山市、湘乡市、湘潭县、岳塘区（昭山） | 韶山市韶山乡、湘潭县乌石镇、湘乡市棋梓镇、湘潭县白石镇、湘乡市壶天镇、岳塘区荷塘街道 |
| 衡阳市 | 南岳区、耒阳市、衡山县、珠晖区 | 衡山县萱洲镇、衡东县荣桓镇、衡东县白莲镇、衡南县宝盖镇、珠晖区茶山坳镇、常宁市庙前镇、南岳区南岳镇 |
| 岳阳市 | 岳阳楼区、君山区、汨罗市、平江县、湘阴县 | 临湘市忠防镇、君山区许市镇、汨罗市屈子祠镇、汨罗新市镇、岳阳县张谷英镇、湘阴县樟树镇、平江县长寿镇、临湘市羊楼司镇、湘阴鹤龙湖镇 |
| 常德市 | 汉寿县、石门县、鼎城区、桃源县、澧县 | 鼎城区花岩溪镇、桃源县茶庵铺镇、桃源县桃花源镇、津市新洲镇、石门县壶瓶山镇、石门县罗坪乡、汉寿县岩汪湖镇、澧县复兴镇 |

续　表

| 市州 | 旅游资源重点县 | 特色旅游小镇 |
|---|---|---|
| 益阳市 | 安化县、赫山区、桃江县、沅江市 | 安化县东坪镇、安化县江南镇、赫山区沧水铺镇、桃江县桃花江镇、资阳区长春镇、安化县柘溪镇 |
| 娄底市 | 新化县、双峰县、涟源市 | 新化县水车镇、双峰县荷叶镇、涟源市杨市镇、双峰县甘棠镇、涟源市茅塘镇、涟源市湄江镇、冷水江铎山镇 |
| 邵阳市 | 新宁县、隆回县、绥宁县、城步县、武冈市 | 隆回县虎形山瑶族乡、绥宁县寨市乡、新宁县金石镇、新宁县崀山镇、城步县长安营镇、洞口县高沙镇、城步县丹口镇、洞口县文昌街道 |
| 张家界市 | 武陵源、慈利县、永定区、桑植县 | 武陵源区军地坪街道、桑植县利福塔镇、永定区大庸桥街道、永定区罗水乡、永定区王家坪镇、桑植县洪家关乡 |
| 湘西自治州 | 凤凰县、吉首市、泸溪县、花垣县、保靖县、古丈县、永顺县、龙山县 | 龙山县里耶镇、永顺县芙蓉镇、花垣县边城镇、凤凰县山江镇、吉首市矮寨镇、古丈县默戎镇 |
| 郴州市 | 资兴市、宜章县、汝城县、苏仙区、桂东县、永兴县 | 汝城县热水镇、汝城县三江口瑶族镇、宜章县莽山瑶族乡、资兴市黄草镇、永兴县高亭司镇、北湖区华塘镇、苏仙区飞天山镇 |
| 永州市 | 零陵区、宁远县、双牌县、江永县、江华县、道县 | 江永县上江圩镇、江华县沱江镇、宁远县九嶷瑶族乡、双牌县茶林镇、道县清塘镇、祁阳县白水镇 |
| 怀化市 | 芷江县、通道县、洪江市、沅陵县、洪江区、靖州县、溆浦县、会同县、中方县 | 通道县坪坦乡、沅陵县沅陵镇、洪江市黔城镇、芷江县芷江镇、芷江县三道坑镇、沅陵县五强溪镇、会同县高椅乡、溆浦县思蒙乡 |

## 三、安徽省

2016 年 10 月，安徽省旅游局在《关于开展安徽旅游小镇创建工作的指导意见》中，对全省旅游小镇的发展进行了框架规划。在"十三五"期间，安徽省将打造 100 个旅游小镇，其中 2017 年已经评定了第一批 20 个旅游小镇，见附表 4。

附表4　安徽首批省级旅游小镇名单

| 序号 | 入选小镇 | 特色 |
| --- | --- | --- |
| 1 | 合肥市肥西县三河旅游小镇 | 皖中古韵、梦里水乡 |
| 2 | 宿州市灵璧县虞姬旅游小镇 | 楚汉相争、霸王别姬 |
| 3 | 蚌埠市五河县沱湖旅游小镇 | 撒一网晨曲、载一湖星光 |
| 4 | 滁州市凤阳县小岗旅游小镇 | 中国农村改革第一村 |
| 5 | 六安市金寨县梅山旅游小镇 | 红色故土、英雄故里 |
| 6 | 六安市裕安区独山旅游小镇 | 一镇十六将，独秀大别山，中国第一将军镇 |
| 7 | 六安市霍山县佛子岭旅游小镇 | 山明水秀、大坝风光 |
| 8 | 马鞍山市花山区濮塘旅游小镇 | 乔木葱茏、竹林似海 |
| 9 | 芜湖市鸠兹旅游小镇 | 品民俗文化、赏古镇徽风 |
| 10 | 宣城市旌德县旌阳旅游小镇 | 穿山纳水、古桥遗韵 |
| 11 | 宣城市广德县海棠旅游小镇 | 吃木瓜果脯、逛森林人家 |
| 12 | 铜陵市大通旅游小镇 | 千年古镇里的老情怀 |
| 13 | 池州市青阳县茶溪旅游小镇 | 一山、一佛、一小镇 |
| 14 | 安庆市潜山县天柱山野人寨旅游小镇 | 翠岭连绵、溪谷环绕 |
| 15 | 安庆市岳西县黄尾旅游小镇 | 林深树密、云峰峡谷、山场广阔、风情小镇 |
| 16 | 安庆市太湖县禅源太湖旅游小镇 | 一湖、一园、一文化 |
| 17 | 黄山市徽州区呈坎旅游小镇 | 藏风聚气、纳四水于村中聚水聚财、宛如迷宫 |
| 18 | 黄山市黄山区汤口旅游小镇 | 农家徽院、与黄山风景区山水相连 |
| 19 | 黄山市黟县西递旅游小镇 | 桃花源里人家 |
| 20 | 黄山市屯溪区黎阳旅游小镇 | 老宅与洋房结合、古典与现代交融、中西文化交流碰撞 |

## 四、江西省

2015—2017 年，江西省陆续公布了一些省级休闲旅游小镇和旅游风情小镇名单，见附表 5。

**附表5　江西省省级休闲旅游小镇和旅游风情小镇名单**

| 2015 年江西省十大休闲旅游小镇 |
| --- |
| 1、南昌市湾里区太平镇<br>2、宜春市靖安县宝峰镇<br>3、九江市庐山区海会镇<br>4、新余市仙女湖区欧里镇<br>5、吉安市万安县高陂镇<br>6、抚州市南丰县琴城镇、<br>7、萍乡市莲花县琴亭镇<br>8、赣州市宁都县小布镇<br>9、上饶市广丰县铜钹山镇<br>10、鹰潭市贵溪市塘湾镇 |
| **2016 年江西省十大旅游风情小镇** |
| 1、上饶婺源县篁岭<br>2、宜春明月山温汤镇<br>3、景德镇浮梁瑶里镇<br>4、鹰潭贵溪樟坪畲族乡<br>5、南昌安义县石鼻镇<br>6、抚州黎川日峰镇<br>7、吉安井冈山茨坪镇<br>8、上饶玉山七里街<br>9、赣州龙南虔心小镇<br>10、九江武宁上汤镇 |
| **2017 年江西省十大旅游风情小镇** |
| 1、鹰潭市龙虎山上清古镇<br>2、景德镇市乐平洪岩镇<br>3、萍乡市莲花县沿背红色培训小镇<br>4、赣州市石城县大畲旅游小镇<br>5、赣州市上犹县陡水旅游小镇<br>6、南昌市南昌县幽兰镇<br>7、九江市湖口县武山垦殖场旅游小镇<br>8、南昌市进贤县李渡镇<br>9、九江市永修县柘林镇<br>10、吉安市文陂镇庐陵旅游小镇 |

## 五、河北省

2016 年 12 月 17 日，河北省政府在《河北省旅游业"十三五"发展规划》中对未来河北重点打造的旅游特色小镇进行了规划，列出了 80 个小镇名单并对河北 11 地市的旅游做出了全新定位，见附表 6。

附表6　河北旅游特色小镇名单

| 地市 | 城市定位 | 入选小镇 |
|---|---|---|
| 石家庄（10 个） | 旅游中心城市 | 平山县西柏坡红色旅游小镇 |
| | | 灵寿县漫山花溪旅游风情小镇 |
| | | 藁城区屯头宫灯文化小镇 |
| | | 石家庄航空小镇 |
| | | 藁城（滹沱河）康怡乐生态小镇 |
| | | 赵县笨花村旅游小镇 |
| | | 鹿泉区土门驿道小镇 |
| | | 新乐市伏羲文化旅游小镇 |
| | | 元氏县殷村农业特色小镇 |
| | | 赵县石桥文化小镇 |
| 张家口（5 个） | 冰雪奥运城市 | 怀来鸡鸣驿国际旅游度假小镇 |
| | | 蔚县国际艺术小镇 |
| | | 崇礼冰雪文化产业小镇 |
| | | 宣化乡村旅游特色小镇 |
| | | 宣化红石山温泉滑雪度假小镇 |
| 承德（7 个） | 皇家文化休闲城市 | 丰宁满族自治县中国马镇 |
| | | 丰宁满族自治县汤河温泉生态特色小镇 |
| | | 围场满族蒙古族自治县御道口草原生态小镇 |
| | | 围场满族蒙古族自治县皇家猎苑小镇 |
| | | 隆化县茅荆坝枫水满乡特色小镇 |
| | | 鹰手营子矿区北马圈子山楂特色小镇 |
| | | 宽城宽和康养休闲特色小镇 |

续 表

| 地市 | 城市定位 | 入选小镇 |
|------|----------|----------|
| 秦皇岛（6个） | 国际滨海度假康养旅游城市 | 昌黎干红小镇 |
| | | 北戴河医疗康养旅游小镇 |
| | | 山海关西罗城小镇 |
| | | 海港区海阳古镇 |
| | | 海港区圆明山生态小镇 |
| | | 北戴河新区朝鲜民俗特色小镇 |
| 保定（12个） | 京畿文化名城 | 易县恋乡 太行水镇 |
| | | 涞水四季圣诞小镇 |
| | | 易县易文化休闲度假小镇 |
| | | 易县燕都古城 |
| | | 白沟特色商贸小镇 |
| | | 顺平白求恩红色文化小镇 |
| | | 涞水红木文化旅游特色小镇 |
| | | 定兴中华非物质文化遗产小镇 |
| | | 阜平龙泉关文化小镇 |
| | | 清苑好梦林水特色小镇 |
| | | 安国药苑小镇 |
| | | 雄县温泉小镇 |
| 廊坊（6个） | 商务休闲名城 | 安次区第什里风筝小镇 |
| | | 固安知子营乡现代农业主题小镇 |
| | | 大厂陈府创意田园小镇 |
| | | 安次区北田曼城国际小镇 |
| | | 香河国安运河文化旅游小镇 |
| | | 霸州塔上花香小镇 |

| 地市 | 城市定位 | 入选小镇 |
|---|---|---|
| 唐山（6个） | 工业旅游名城 | 滦县滦州古城小镇 |
| | | 迁西露营小镇 |
| | | 遵化满清文化小镇 |
| | | 迁安灵山小镇 |
| | | 玉田农福缘乡村旅游养生特色小镇 |
| | | 迁西花乡果巷特色小镇 |
| 沧州（6个） | 运河武术名城 | 肃宁华斯裘皮产业特色小镇 |
| | | 吴桥杂技旅游小镇 |
| | | 中捷通航产业小镇 |
| | | 献县单桥旅游度假小镇 |
| | | 任丘白洋淀水乡风情特色小镇 |
| | | 青县果蔬水韵乡情小镇 |
| 衡水（6个） | 生态休闲名城 | 武强周窝音乐小镇 |
| | | 安平县汉王文化旅游景区 |
| | | 景县广川董子文化小镇 |
| | | 枣强县吉祥文化小镇 |
| | | 冀州北岳家庄旅游区特色小镇 |
| | | 深州清辉头特色小镇 |
| 邢台（8个） | 文化休闲名城 | 清河羊绒时尚小镇 |
| | | 内丘县太行山苹果旅游特色小镇 |
| | | 宁晋小河庄电缆小镇 |
| | | 邢台县生态旅游路罗水镇 |
| | | 邢台县浆水生态旅游特色小镇 |
| | | 柏乡牡丹小镇 |
| | | 南和县农业嘉年华特色小镇 |
| | | 临城西竖特色小镇 |

| 地市 | 城市定位 | 入选小镇 |
|------|----------|----------|
| 邯郸（7个） | 历史文化名城 | 涉县赤水湾太行旅游小镇 |
| | | 馆陶县寿东粮画小镇 |
| | | 永年东关小镇 |
| | | 武安幸福白沙宜居小镇 |
| | | 广平南阳堡乡村微影旅游小镇 |
| | | 大名丽君小镇 |
| | | 馆陶县羊洋花木小镇 |
| 定州（1个） | -- | 东亭绿谷小镇 |

## 六、海南省

《海南省全域旅游建设发展规划（2016—2020 年）》提出，建设"美丽海南百千工程"要以城镇综合服务能力构建为驱动，重点推进 56 个特色旅游风情小镇建设，见附表 7。

附表7 海南特色旅游风情小镇名单

| 市县 | 等级 | 序号 | 小镇名称 | 小镇类型 |
|------|------|------|----------|----------|
| 海口市（6个） | 重点镇 | 1 | 演丰红树林国家湿地公园风情小镇 | 互联网和旅游小镇 |
| | | 2 | 红旗花卉风情小镇 | 旅游小镇 |
| | 一般镇 | 3 | 甲子猫眼互联网小镇 | 互联网和旅游小镇 |
| | | 4 | 旧州古韵风情小镇 | 热带特色农业旅游小镇 |
| | | 5 | 新坡民俗文化旅游小镇 | 热带特色农业旅游小镇 |
| | | 6 | 石山互联网农业、火山风情旅游小镇 | 互联网农业和旅游小镇 |
| 三亚市（5个） | 重点镇 | 7 | 亚龙湾玫瑰风情小镇 | 旅游小镇 |
| | | 8 | 天涯小鱼温泉小镇 | 旅游小镇 |
| | 一般镇 | 9 | 龙海创客小镇 | 旅游小镇 |
| | | 10 | 林旺旅游服务小镇 | 旅游小镇 |
| | | 11 | 龙江手工创艺小镇 | 旅游小镇 |

| 市县 | 等级 | 序号 | 小镇名称 | 小镇类型 |
|---|---|---|---|---|
| 儋州市<br>（4个） | 重点镇 | 12 | 八一军垦风情小镇 | 旅游、加工小镇 |
| | | 13 | 中和东坡文化风情小镇 | 旅游小镇 |
| | 一般镇 | 14 | 光村雪茄风情小镇 | 旅游小镇 |
| | | 15 | 兰洋温泉养生休闲小镇 | 旅游小镇 |
| 琼海市<br>（4个） | 重点镇 | 20 | 万泉水乡风情小镇 | 旅游小镇 |
| | | 21 | 中原南洋风情小镇 | 旅游小镇 |
| | | 22 | 潭门南海风情小镇 | 渔业和旅游小镇 |
| | | 23 | 博鳌小镇 | 旅游小镇 |
| 文昌市<br>（4个） | 重点镇 | 16 | 东郊椰林小镇 | 旅游小镇 |
| | | 17 | 航天龙楼小镇 | 旅游小镇 |
| | 一般镇 | 18 | 会文佛珠小镇 | 旅游小镇 |
| | | 19 | 铺前民国骑楼旅游小镇 | 旅游小镇 |
| 万宁市<br>（4个） | 重点镇 | 24 | 兴隆东南亚风情小镇 | 旅游文化风情小镇 |
| | 一般镇 | 25 | 龙滚侨乡小镇 | 互联网和旅游小镇 |
| | | 26 | 和乐龙舟渔家小镇 | 渔业和旅游小镇 |
| | | 27 | 日月湾冲浪小镇 | 滨海旅游小镇 |
| 五指山市<br>（2个） | 重点镇 | 28 | 水满雨林茶园风情小镇 | 旅游小镇 |
| | 一般镇 | 29 | 毛阳红色田园风光小镇 | 农业和旅游小镇 |
| 东方市<br>（3个） | 重点镇 | 30 | 大田乡村休闲旅游小镇 | 旅游小镇 |
| | | 31 | 板桥国际文化小镇 | 旅游小镇 |
| | 一般镇 | 32 | 新龙福缘文化小镇 | 旅游小镇 |
| 定安县<br>（4个） | 重点镇 | 33 | 龙门富硒冷泉小镇 | 旅游小镇 |
| | 一般镇 | 34 | 龙湖道家文化小镇 | 旅游小镇 |
| | | 35 | 翰林富硒香米·红色旅游小镇 | 旅游小镇 |
| | | 36 | 仙沟美食·物流小镇 | 旅游小镇 |

| 市县 | 等级 | 序号 | 小镇名称 | 小镇类型 |
|---|---|---|---|---|
| 屯昌县<br>（2个） | 重点镇 | 37 | 乌坡南药养生风情小镇 | 农业和旅游小镇 |
| | 一般镇 | 38 | 新兴旅游和健康养生小镇 | 旅游小镇 |
| 澄迈县<br>（2个） | 重点镇 | 39 | 澄迈福山咖啡文化风情镇 | 旅游小镇 |
| | 一般镇 | 40 | 大丰归侨文化小镇 | 旅游小镇 |
| 临高县<br>（1个） | 重点镇 | 41 | 多文桑蚕小镇 | 旅游小镇 |
| 昌江黎族<br>自治县<br>（2个） | 重点镇 | 42 | 昌化古城文化小镇 | 旅游小镇 |
| | 一般镇 | 43 | 七叉木棉雨林小镇 | 旅游小镇 |
| 乐东黎族<br>自治县<br>（2个） | 重点镇 | 44 | 尖峰热带雨林小镇 | 旅游小镇 |
| | 一般镇 | 45 | 九所养生度假小镇 | 旅游小镇 |
| 陵水黎族<br>自治县<br>（1个） | 重点镇 | 46 | 光坡休闲农业风情小镇 | 旅游小镇 |
| 白沙黎族<br>自治县<br>（3个） | 重点镇 | 47 | 七坊养生度假温泉小镇 | 旅游小镇 |
| | | 48 | 金波山水度假休闲小镇 | 旅游小镇 |
| | 一般镇 | 49 | 白沙原生态茶园小镇 | 旅游小镇 |
| 琼中黎族<br>苗族自治<br>县（2个） | 重点镇 | 50 | 长征乡村旅游小镇 | 旅游小镇 |
| | 一般镇 | 51 | 上安温泉旅游小镇 | 旅游小镇 |
| 保亭黎族<br>苗族自治<br>县（1个） | 重点镇 | 52 | 新政旅游风情小镇 | 旅游小镇 |
| 农垦（4<br>个） | 重点镇 | 53 | 南田温泉度假小镇 | 旅游小镇 |
| | | 54 | 南平温泉养生小镇 | 旅游小镇 |
| | | 55 | 五指山黎苗文化小镇 | 旅游小镇 |
| | 一般镇 | 56 | 南岛山地度假小镇 | 旅游小镇 |

## 七、山东省

### （一）山东省旅游风情小镇

2015 年 12 月 4 日，大众日报和山东省旅游行业协会、大众日报旅游记者站、山东省旅游规划设计院和山东旅游职业学院共同主办"2015 年寻找山东省最美丽的旅游风景小镇"颁奖典礼和乡愁故事分享会。在项目启动以后，政府高度重视，全省各市政旅游局认真推荐，招收近 300 个报名单位。经过公众投票和专家讨论后，60 个山东最美丽的旅游城市镇最终被推选出来，名单见附表 8。

**附表8　2015年山东最美旅游风情小镇名单**

| 最佳品牌旅游风情小镇 |
|---|
| 兰陵国家农业公园、青州市弥河镇、曲阜市尼山镇、济南市长清区万德镇、海阳旅游度假区、烟台市福山区张格庄镇、沂水县泉庄镇、肥城市新城街道办事处古店村、垦利县黄河口镇、沂水县院东头镇、济南市长清区万德镇马套村、青州市王坟镇上白羊村 |
| 最佳乡村记忆旅游风情小镇 |
| 枣庄市山亭区冯卯镇、临朐县寺头镇、宁津县柴胡店镇、临朐县九山镇、荣成市虎山镇、蓬莱市蓬莱阁街道办事处、泰安市岱岳区道朗镇里峪村、烟台市牟平区姜格庄街道里口山村、沂南县铜井镇竹泉村、威海市文登区葛家镇西谭家口村、泰安市岱岳区天平街道办事处大陡山村、泰安市泰山区上高街道办事处魏家庄村 |
| 最佳生态旅游风情小镇 |
| 临朐嵩山生态旅游区、招远市玲珑镇、荣成市宁津街道办事处、潍坊市峡山区郑公街道办事处、微山县南阳镇、邹城市香城镇、博兴县乔庄镇、济南市长清区双泉镇、枣庄市山亭区桑村镇、青州市王府街道井塘古村、章丘市圣井镇宋李福村（紫缘香草园）、莱阳市姜疃镇濯村 |
| 最佳休闲旅游风情小镇 |
| 青州市王坟镇、枣庄市台儿庄区马兰屯镇、沂水县夏蔚镇、禹城市辛店镇、宁阳县葛石镇、烟台市莱山区解甲庄街道办事处、费县许家崖乡村风情休闲旅游区、淄博市博山区池上镇中郝峪村、东阿县新城街道办事处、青岛市黄岛区王家台后休闲旅游度假村、蓬莱市刘家沟镇马家沟村、沂源县张家坡镇洋三峪村 |
| 最佳宜居旅游风情小镇 |
| 齐河县安头乡、滕州市滨湖镇、枣庄市山亭区水泉镇、邹城市张庄镇、滕州市柴胡店镇、东营市东营区龙居镇、枣庄市山亭区山城街道兴隆庄村（翼云石头部落）、泗水县泗张镇王家庄民俗村、济南市历城区西营镇拔槊泉村、平邑县地方镇九间棚村、淄博市淄川区太河镇梦泉村、蓬莱市大辛店镇丘山山谷国际生态旅游休闲度假区 |

### （二）山东省特色小镇

根据《山东省人民政府办公厅关于印发山东省创建特色小镇实施方案的通知》（鲁政办〔2016〕149号），山东省有关部门组织并推出了特色乡镇的选拔工作，确定将平阴县玫瑰小镇等60个小镇纳入省级特色小镇创建名单。同年，山东省组织了第二批特色城镇的审批评选，平阴县、汽车小镇等49个城镇被列入山东省第二批特色城镇名单。见附表9。

附表9　山东省特色小镇创建名单

| 地市 | 入选小镇 |
| --- | --- |
| 山东省首批特色小镇（60个） ||
| 济南市（4个） | 平阴县玫瑰小镇 |
| | 济阳县崔寨智慧物流小镇 |
| | 历城区西营生态旅游小镇 |
| | 长清区马山慢城小镇 |
| 青岛市（5个） | 城阳区棘洪滩动车小镇 |
| | 胶州市胶莱高端制造业小镇 |
| | 即墨市蓝村跨境电商小镇 |
| | 平度市大泽山葡萄旅游古镇 |
| | 莱西市店埠航空文化小镇 |
| 淄博市（4个） | 淄川区双杨建筑陶瓷小镇 |
| | 周村区王村焦宝石小镇 |
| | 临淄区朱台艺居产业小镇 |
| | 桓台县起凤马踏湖生态旅游小镇 |
| 枣庄市（3个） | 山亭区徐庄休闲慢游小镇 |
| | 滕州市滨湖微山湖湿地古镇 |
| | 峄城区古邵港航物流小镇 |
| 东营市（2个） | 垦利区黄河口滨海旅游小镇 |
| | 利津县陈庄荻花小镇 |

| 地市 | 入选小镇 |
|---|---|
| 烟台市（5个） | 牟平区龙泉养生小镇 |
| | 招远市辛庄高端装备制造小镇 |
| | 海阳市辛安海织小镇 |
| | 栖霞市桃村新能源小镇 |
| | 莱阳市姜疃生态旅游小镇 |
| 潍坊市（5个） | 青州市黄楼文化艺术小镇 |
| | 昌乐县方山蓝宝石小镇 |
| | 临朐县九山薰衣草小镇 |
| | 诸城市昌城健康食品小镇 |
| | 坊子区坊城1989坊茨小镇 |
| 济宁市（4个） | 曲阜市尼山圣地小镇 |
| | 金乡县鱼山蒜都小镇 |
| | 微山县欢城光伏小镇 |
| | 梁山县马营旅游休闲小镇 |
| 泰安市（4个） | 徂徕山汶河景区汶水小镇 |
| | 岱岳区大汶口水上石头古镇 |
| | 新泰市羊流智能起重小镇 |
| | 东平县老湖水浒影视小镇 |
| 威海市（4个） | 环翠区温泉风情小镇 |
| | 文登区大溪谷文化创意小镇 |
| | 荣成市人和靖海渔港小镇 |
| | 乳山市海阳所滨海养生小镇 |
| 日照市（2个） | 东港区后村航空小镇 |
| | 五莲县潮河白鹭湾艺游小镇 |
| 莱芜市（1个） | 雪野旅游区养生休闲度假小镇 |

续　表

| 地市 | 入选小镇 |
|---|---|
| 临沂市（5个） | 罗庄区褚墩静脉小镇 |
| | 平邑县地方罐头小镇 |
| | 兰陵县兰陵美酒小镇 |
| | 蒙山旅游区云蒙氧吧休闲小镇 |
| | 费县上冶循环产业小镇 |
| 德州市（3个） | 临邑县德平孝德康养古镇 |
| | 庆云县尚堂石斛小镇 |
| | 乐陵市杨安调味品小镇 |
| 聊城市（3个） | 临清市烟店轴承商贸小镇 |
| | 茌平县博平颐养休闲小镇 |
| | 阳谷县石佛宜居铜谷小镇 |
| 滨州市（3个） | 滨城区三河湖教育小镇 |
| | 沾化区冯家渔民文化小镇 |
| | 阳信县水落坡古典家具小镇 |
| 菏泽市（3个） | 定陶区杜堂汽车小镇 |
| | 曹县大集 E 裳小镇 |
| | 郓城县郓州水浒旅游小镇 |
| 山东省第二批特色小镇（49个） | |
| 济南市（6个） | 平阴县东阿阿胶小镇 |
| | 商河县贾庄高端精纺小镇 |
| | 济阳县孙耿有机食品小镇 |
| | 长清区归德建筑产业化小镇 |
| | 天桥区桑梓店智能制造小镇 |
| | 章丘区文祖锦屏文旅小镇 |

续　表

| 地市 | 入选小镇 |
|---|---|
| 青岛市（6个） | 即墨市大信太阳能小镇 |
| | 平度市南村家电小镇 |
| | 黄岛区藏南藏马山医养小镇 |
| | 黄岛区灵山卫东方文化小镇 |
| | 城阳区城阳新能源小镇 |
| | 西海岸新区海洋高新区海创小镇 |
| 淄博市（2个） | 沂源县东里凤驿小镇 |
| | 高青县青城古商贸文旅小镇 |
| 枣庄市（2个） | 滕州市鲍沟工艺玻璃小镇 |
| | 山亭区城头豆香小镇 |
| 东营市（1个） | 东营区龙居林海小镇 |
| 烟台市（7个） | 龙口市东江南山养生谷小镇 |
| | 招远市金岭粉丝小镇 |
| | 长岛县北长山海岛小镇 |
| | 莱州市朱桥黄金小镇 |
| | 芝罘区向阳所城广仁基金小镇 |
| | 福山区清洋康养小镇 |
| | 牟平区大窑绿色健康小镇 |
| 潍坊市（4个） | 安丘市新安齐鲁酒地小镇 |
| | 寿光市侯镇智能家居小镇 |
| | 青州市庙子零碳小镇 |
| | 坊子区凤凰地理信息小镇 |
| 济宁市（3个） | 邹城市中心店智能装备制造小镇 |
| | 鱼台县张黄生态循环小镇 |
| | 金乡县胡集新材料小镇 |
| 泰安市（2个） | 东平县银山东平湖生态旅游小镇 |
| | 新泰市石莱有机茶业小镇 |

| 地市 | 入选小镇 |
|---|---|
| 威海市（2个） | 环翠区羊亭科技产业小镇 |
| | 火炬高技术产业开发区初村健康小镇 |
| 日照市（1个） | 莒县刘官庄云塑小镇 |
| 莱芜市（1个） | 钢城区颜庄无纺小镇 |
| 临沂市（4个） | 兰山区枣园鲁班精装小镇 |
| | 郯城县新村银杏温泉小镇 |
| | 沂南县岸堤朱家林创意小镇 |
| | 平邑县仲村手套文创小镇 |
| 德州市（2个） | 陵城区边临装配式产业小镇 |
| | 武城县武城辣椒小镇 |
| 聊城市（2个） | 临清市康庄国学小镇 |
| | 冠县店子灵芝小镇 |
| 滨州市（2个） | 沾化区富国国际足球运动小镇 |
| | 博兴县吕艺农创小镇 |
| 菏泽市（2个） | 牡丹区吴店创意家居小镇 |
| | 单县东城长寿食品小镇 |

参考文献

[1]　赵静.特色小镇之旅游小镇的开发现状、问题及模式分析[J].中国物价,2017(05):83-85.

[2]　林峰.特色小镇引领下的"旅游小镇4.0"[J].中国房地产,2017(29):54-55.

[3]　柴石.特色小镇为旅游地产披上"新装"[J].中国房地产,2017(23):18-20.

[4]　曾博伟.旅游小城镇：城镇化新选择——旅游小城镇建设理论与实践[M].北京：中国旅游出版社，2010.

[5]　王雨枫,高洪波,申晓伟,牛洁楠.以旅游为导向的特色小镇规划设计[J].城乡建设,2017(11):41-42.

[6]　秦诗立.特色小镇建设须着力"特"与"色"[J].浙江经济,2015(12):42-43.

[7]　张文博.北京市密云县古北口镇文化旅游开发研究[D].北京：首都师范大学,2009.

[8]　马晓龙,李维维.城市旅游综合体：概念建构与理论来源[J].人文地理,2016,31(01):124-129.

[9]　杨柳.田园综合体理论探索及发展实践[J].中外建筑,2017(06):128-131.

[10]　岳文海.中国新型城镇化发展研究[D].武汉：武汉大学,2013.

[11]　鹿媛媛.新型城镇化背景下的产城一体化探索[J].现代管理科学,2016(02):87-89.

[12]　哈沁夫.旅游引导的新型城镇化建设研究[D].兰州：西北民族大学,2017.

[13]　刘沛林.新型城镇化建设中"留住乡愁"的理论与实践探索[J].地理研究,2015,34(07):1205-1212.

[14]　李向明.发展旅游小镇的意义[N].中国旅游报,2010-05-12(011).

[15]　任耘.新型城镇化背景下四川旅游小镇发展现状与动力机制研究[J].商界论坛,2016(32):294-295.

[16]　叶钱赟,赵全鹏.小城镇建设背景下海南旅游小镇发展研究[J].琼州学院学报,2013,20(05): 94-100.

[17]　侯琰.特色小镇建设如何走出新路——海南特色旅游风情小镇建设现状及对策研究[J].今日海南,2017(03):56-57.

[18]　汪光焘.加强引导创新机制促进旅游与小城镇协调发展——在全国旅游小城镇发展工作会议上的讲话[J].小城镇建设,2006(07):9-12,20.

[19]　邵琪伟.推动全国旅游小城镇健康发展——在全国旅游小城镇发展工作会议上的讲话[J].小城镇建设,2006(07):17-20.

[20]　袁中金.中国小城镇发展战略[M].南京：东南大学出版社,2007.

[21]　郑玮.我国旅游小镇开发状况及模式探讨[J].山东商业职业技术学院学报,2017,17(04):23-26,40.

[22]　张玉枚.发展旅游城镇化的问题及对策——以江苏镇江为例[J].中国商论,2017(32):59-60.

[23]　高爱颖.新型城镇化视阈下山东省旅游小镇建设问题初探[J].山东社会科学,2014(07):67-70.

[24] 马庆斌 . 就地城镇化值得研究与推广 [J]. 宏观经济管理 ,2011(11):25–26.

[25] 胡际权 . 中国新型城镇化发展研究 [D]. 重庆 : 西南农业大学 ,2005.

[26] 金月华 . 中国特色新型城镇化道路研究 [D]. 长春 : 吉林大学 ,2016.

[27] 谢志强 . 现代田园城市 : "人" 的城镇化之路——对琼海新型城镇化探索的调查与思考 [J]. 国家治理 ,2016(18):20–28.

[28] 化秋平 . 城镇化进程中生态文明建设问题研究 [D]. 锦州 : 渤海大学 ,2017.

[29] 于立 . "生态文明" 与新型城镇化的思考和理论探索 [J]. 城市发展研究 ,2016,23(01):19–26.

[30] 包双叶 . 论新型城镇化与生态文明建设的协同发展 [J]. 求实 ,2014(08):59–63.

[31] 沈清基 . 论基于生态文明的新型城镇化 [J]. 城市规划学刊 ,2013(01):29–36.

[32] 李小兰 . "田园城市理论" 视域下浙江特色小镇发展探究 [J]. 山西农业大学学报 ( 社会科学版 ),2017,16(06):22–26.

[33] 余柏椿 , 林颖 . 面向新型城镇化的城市设计研究新思路 [J]. 南方建筑 ,2015(05):44–48.

[34] 王兆博 . 新型城镇化背景下的小城镇城市设计探究 [D]. 长春 : 东北师范大学 ,2014.

[35] 李浩 . 基于城市特色的城市设计 [D]. 广州 : 华南理工大学 ,2012.

[36] 王宁 , 王炜 , 赵荣山 . 小城镇规划与设计 [M]. 北京 : 科学出版社 ,2001.

[37] 蒋志勇 . 西部民族地区旅游驱动型城镇化发展研究——基于区域比较优势和竞争优势理论的分析 [J]. 广西民族研究 ,2015(05):157–163.

[38] 刘春 . 旅游资源开发与规划 [M]. 天津 : 天津大学出版社 ,2010.

[39] 梁明珠 . 旅游资源开发与规划原理、案例 [M]. 广州 : 暨南大学出版社 ,2014.

[40] 齐天峰 , 陈一静 . 旅游资源开发与规划 [M]. 西安 : 西北工业大学出版社 ,2012.

[41] 冯立梅 . 中国旅游资源开发模式与旅游区域可持续发展理念 [J]. 时代农机 ,2017,44(10):224.

[42] 吕连琴 . 谈旅游产品开发规划的理念和途径 [J]. 地域研究与开发 ,2008(03):57–60.

[43] 张宏 , 毛卉 , 刘伟 . 旅游规划编制体系研究 [J]. 地域研究与开发 ,2010,29(03):82–87.

[44] 孙洋 . 浅析新型城镇化背景下的特色小镇规划策略 [J]. 城市建设理论研究 ( 电子版 ),2017(27):82–83.

[45] 程艺 , 陈玲 , 张晓巍 . 特色小镇对中国新型城镇化建设的影响解析 [J]. 中国名城 ,2017(10):4–8.

[46] 刘征 , 吴南 , 陈新 , 李文 . 小城镇规划中的商业业态研究 [J]. 小城镇建设 ,2011(12):87–90.

[47] 杨振之 . 古城镇、景区的规划开发与商业业态研究 [N]. 中国旅游报 ,2006–11–22(011).

[48] 韩登 . 旅游小镇产业集群形成与演变研究 [D]. 昆明 : 云南财经大学 ,2015.

[49] 严登昌 . 古镇旅游业态规划创新 [N]. 中国旅游报 ,2016–11–15(A01).

[50] 周鹏程 , 陈丹丹 , 杨婷 . 古城镇旅游商业业态研究——以都江堰灌县古城为例 [J]. 旅游纵览 ( 下半月 ),2016(04):119–120.

[51] 胡丽慧 , 潘安 . 旅游古城镇商业业态探究 [J]. 经济研究导刊 ,2013(22):240–241.

[52] 吕晴 . 浅谈特色小镇规划设计 [D]. 咸阳 : 西北农林科技大学 ,2017.

[53] 李鑫,张峰.试论城市经营理念下的旅游小镇规划——以遵义市板桥旅游小镇为例[J].
重庆建筑,2017,16(07):11-13.

[54] 刘莹.云南滇西特色旅游小镇规划设计研究[D].昆明:昆明理工大学,2013.

[55] 李鸿飞.新型城镇化背景下的街亭古镇旅游开发与生态保护[J].建筑设计管理,2017,34(09):76-
77+80.

[56] 罗智兴.旅游与新型城镇化经济建设融合研究[D].昆明:云南财经大学,2016.

[57] 钟娟芳.特色小镇与全域旅游融合发展探讨[J].开放导报,2017(02):54-58.

[58] 姜巍,张莞航.全域旅游如何助力特色小镇魅力升级[J].中国发展观察,2016(21):11-13.

[59] 李丽,郑晶晶,陈卉云,林炎锋.文化导向下旅游小镇开发模式的研究——以乌镇为例[J].
北方经贸,2017(04):154-155,160.

[60] 周丽霞.城乡统筹背景下的旅游小城镇开发模式研究[D].成都:成都理工大学,2010.

[61] 孟昭荣.经济新常态下旅游小城镇经营研究[D].哈尔滨:哈尔滨师范大学,2016.

[62] 肖洪磊.我国旅游小镇开发演变模式研究[J].前沿,2014(Z3):115-117.

[63] 赵华.旅游特色小镇创新开发探析[J].经济问题,2017(12):104-107.

[64] 徐宗营.新型城镇化背景下近郊旅游小城镇发展模式研究[D].郑州:郑州大学,2015.

[65] 徐超.基于旅游开发的西安周边小城镇发展模式及规划策略研究[D].西安:长安大
学,2013.

[66] 王忠诚,李金莲.小城镇旅游开发模式研究[J].江苏城市规划,2009(03):27-29.

[67] 肖练练.城郊旅游小镇发展模式研究[D].济南:山东大学,2013.

[68] 肖洪磊,李柏文,王婷,胥兴安.云南省旅游小镇开发状况及模式研究[J].江苏商论,
2010(05):98-100.

[69] 沈晓栋.特色小镇的可持续运营[J].浙江经济,2017(10):43.

[70] 曾树鑫.产业新城、特色小镇开发运营模式[J].城市开发,2016(23):61.

[71] 齐拴禄,杨昆.河北省特色小镇创建与运营模式研究[J].经济论坛,2018(01):4-16.

[72] 周继恒.特色小镇经济运营模式分析[J].建设科技,2018(02):27-30.

[73] 冯奎.培育特色小镇建设的运营主体[J].中国国情国力,2017(06):1.

[74] 王艳侠,贾宁.特色小镇运营管理模式的杭州探索[J].浙江经济,2017(20):48-49.

[75] 范文艺,Noel B. Salazar.我国旅游小城镇商业业态升级研究[J].上海经济研究,2017(02):89-
94.

[76] 林文,郭明德.特色旅游小镇品牌塑造策略[J].现代营销(下旬刊),2016(11):153.

[77] 刘志艳.特色旅游小镇品牌塑造策略——以河口镇为例[J].旅游纵览(下半月),2016(08):75-
76.

[78] 郑福磊,丁炜.基于IP视角下特色小镇产业发展策略探讨[J].住宅与房地产,2017(30):223.

[79] 郭湘闽,杨敏,彭珂.基于IP(知识产权)的文化型特色小镇规划营建方法研究[J].规

划师 ,2018,34(01):16–23

[80] 叶海英 . 特色小镇建设投融资问题的若干思考 [J]. 审计与理财 ,2017(11):17–18.

[81] 严伟涛 . 新时期小城镇建设相关问题研究——以重庆市为例 [M]. 成都 : 西南交通大学
出版社 ,2015.

[82] 林峰 . 特色小镇的 PPP 投融资模式 [J]. 中国房地产 ,2017(05):62–65.

[83] 陈包 , 庞仙 .PPP 模式下的旅游特色小镇必要性及可行性研究 [J]. 旅游纵览 ( 下半
月 ),2017(07):194–195.

[84] 魏蓉蓉 , 邹晓勇 . 特色小镇发展的 PPP 创新支持模式研究 [J]. 技术经济与管理研究 ,
2017(10): 125–128.

[85] 程哲 , 蔡建明 , 杨振山 , 王守清 . 城镇化背景下的投融资规划框架研究 [J]. 工程管理学
报 ,2015,29(02):37–42.

[86] 管伟 . 新型城镇化投融资模式研究 [D]. 杭州 : 浙江大学 ,2014.

[87] 张文涛 . 小城镇建设的融资模式研究 [D]. 天津 : 天津大学 ,2014.

[88] 吴华 . 小城镇建设投融资模式研究 [D]. 北京 : 首都经济贸易大学 ,2013.

[89] 孟丰林 .50 个 "旅游小镇" 推动贵州旅游升级 [J]. 当代贵州 ,2012(17):42–43.

[90] 许灵然 . 浙江省特色小镇品牌影响力评价及其传播优化策略 [D]. 杭州 : 浙江传媒学院 ,
2017.

[91] 苏斯彬 , 张旭亮 . 浙江特色小镇在新型城镇化中的实践模式探析 [J]. 宏观经济管理 ,
2016(10): 73–75+80.

[92] 郭旗 . 建设特色旅游小镇　山东讲究五个 "真" [N]. 中国旅游报 ,2017–04–21(002).

[93] 吕晴 . 浅谈特色小镇规划设计 [D]. 咸阳 : 西北农林科技大学 ,2017.

后记

旅游休闲小镇是一个聚焦特色产业和新兴产业，具有鲜明的产业特色、浓厚的人文底蕴、完善的服务设施、优美的生态环境，集产业链、投资链、创新链、人才链和服务链于一体，产业、城镇、人口、文化等功能有机融合的空间发展载体和平台，是经济发展到一定阶段的产物。

旅游休闲小镇不是传统的工业园区，不是简单的旅游景区开发，不是城市小区建设，不是房地产开发，要准确把握休闲小镇的内涵，明确休闲小镇的发展方向，建好休闲小镇应贯彻落实创新、协调、绿色、开放、共享发展理念，把休闲小镇建成新型城镇化成功样本。

旅游休闲小镇的发展模式和路径选择可以分为基于特色资源或特色产业的建设模式。基于特色资源的休闲小镇建设模式围绕其特有的生态资源或历史文化资源做文章，通过发展生态休闲、旅游、文化创意等领域，满足日益增长的生态和文化需求，将资源优势转变为发展优势。而基于特色产业的休闲小镇建设模式通常以发达的产业为基础，并不断强化其产业优势，通过提升服务功能，优化发展环境，深化改革等手段集聚发展要素，优化资源配置，打造休闲小镇发展的核心竞争力。

无论从经验还是教训来看，旅游休闲小镇都不只是一个经济名词，更是一个文化名词。旅游休闲小镇根在文化，是"望得见山、看得见水、记得住乡愁"的诗意栖居地，是"产、城、人、文"的有机融合。山水人文融于一处的江西婺源县江湾镇和湖湘文脉、耕读之乡的湖南省双峰县荷叶镇等"来了就不想走"的休闲小镇成为中国乡村创新创业高地、产业投资洼地、休闲养生福地、观光旅游胜地，打造区域经济新的增长极。

根据住建部发布的第一批中国特色小镇名单，特色小镇的类型主要有工业发展型、历史文化型、旅游发展型、民族聚居型、农业服务型和商贸流通型。其中，旅游发展型特色小镇最多，共有 64 个小镇上榜，占比达 50.39%；其次是历史文化型特色小镇，共有 23 个小镇上榜，占比达 18.11%。由旅游发展型和历史文化型构成的旅游休闲小镇（文旅小镇）是我国特色小镇的主力军。

在 2007 年考入青岛大学读硕士之前，从 1999 年本科旅游管理专业学习经历算起，我已经学习了八年旅游专业知识。什么是旅游休闲小镇？如何建设旅游休闲小镇成为我学术生涯始终挥之不去的问题。在导师师守祥教授的激励和鞭策下，我才有了把多年关于旅游休闲小镇的思考付梓出版的信心和勇气。青大求学期间先生传道、授业、解惑，本书成稿之际百忙之中为我作序。师恩难忘，永铭于心。

感谢枣庄市旅游和服务业发展委员会、山东省台儿庄古城旅游集团有限公司、微山湖湿地集团有限公司等业界领导、同仁，特别感谢市旅服委规划发展科刘文义科长。"学贵得师，亦贵得友"。对我来说，刘文义科长亦师亦友亦兄长。

感谢李丽清校长、赵全科院长、徐玲院长、何芳处长、孙正处长等领导、同事在本书出版过程中给予的关心帮助。

感谢四川大学出版社的陈纯编辑。陈纯编辑的辛勤劳动令本书增色颇多。本书由陈纯编辑出版，是一大幸事。

感谢学界的前辈和同行。本书写作过程中参考了前辈和同行的许多研究成果，在此一并表示诚挚的谢意。

感谢我的家人。本书的写作过程中他与我就书中涉及的诸多问题进行深入讨论，提出了许多好的建议。

感谢方家的评判。好的著作需要多层面多方位的碰撞与互动，要"众缘合和"方能促成。期待方家对本书疏漏之处不吝赐教。

韩笑

2018 年 12 月 19 日